WOMEN'S WORK

A Reckoning with Work and Home

Megan K. Stack

女人的事

〔美〕梅根·斯塔克 著
詹涓 译

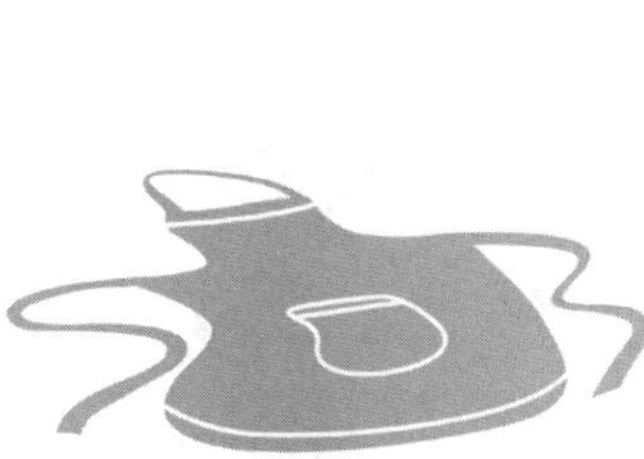

文匯出版社

新经典文化股份有限公司
www.readinglife.com
出　品

献给我的母亲

目 录

作者手记

成为母亲最终使我更加激进。

——艾德里安娜·里奇[1]

我在中国和印度生了两个孩子。他们是移民的后代，一出生就是侨民——在亚洲世纪即将到来之际，他们成为在亚洲大城市长大的美国人。在海外生孩子并非我的本意，事情就是这么自然而然发生的。我在能怀孕的时候怀了孕，在当时所在的国家生了孩子。我是记者兼作家。我不想为了生儿育女放弃工作，而我也确实没有这么做。生了老大以后，我已经写了两本书。这是其中一本。

我想继续工作，同时也想要孩子。在没生育之前，这似乎是件很简单的事。

---

[1] 艾德里安娜·里奇（Adrienne Rich，1929—2012），美国当代著名诗人、散文家，女性主义者，被视为美国二十世纪后半期最有影响力的诗人之一。此句引文出自里奇散文作品《从根源分裂：一篇关于犹太人身份的文章》（“Split at the Root: An Essay on Jewish Identity”）。——本书脚注均为编译者所加

但后来孩子们出生了。我的丈夫来了又去，忙着工作，他走着我曾经走过的路，走着我们曾经一起走过的路——穿越国家，走遍世界，带回我从未踏过的道路上的细沙，我能从他的皮肤里嗅见一缕香料、一抹细烟的遗味。而我呢，留在家里陪着孩子，继续写作，一些女人帮我照看孩子、打扫房间，这样我才能继续写作。这些女人和我没有什么共同之处。她们是贫穷的女性，棕色皮肤的女性，进城务工的女性。起初，我把她们塞到脑海边缘。她们对我很重要，主要因为她们能让我自由。我希望她们开心，但不想知道任何细节。这种局面并没有持续太久。这些女性来来去去，有时在这儿，有时在那儿。不变的是，我们都滞留在家庭里。对于这种安排的功能性目的，我再清楚不过，但我不确定它是否有意义。

我发现我们家的混乱和琐碎并没有真实地反映在任何媒介上。人们通常使用下列几种方式描述家政工人：她们是毫无内疚感的家庭所做的必要性财务投资；她们既精力旺盛又天真纯朴，是无情、无知的富人残酷剥削的对象；或者——我得说，这是最阴险的说法——她们“亲如家人”。女性的基本经验永远被简化成最粗浅的漫画。生孩子就是一通尖叫。月经是血。家务劳动是一则童话：灰姑娘被无情的继母欺压，但终有一天梦想成真，她成为和善的公主，手下的仆人微笑有礼。

我渐渐意识到，我们的住宅是一个由职场妈妈构成的封闭景观。这是基本事实。为我工作的最重要的员工——那些改变我的思维、为我的工作扫清道路、将我的孩子当成心头肉来疼爱着的女性——是一群为了在城里工作、把自己的孩子留在老家、最终在我家落脚的农民工。我们编织了一张由妥协、牺牲和金钱组成的网，而这一切都围绕我展开——我的工作、我的钱、我想象中一对一公平贸易的乌托邦，但这种想象从未真正实现。

在我还是一名记者的时候，对于那些报道海外战争和其他人道主义灾难的女性，曾存在一些陈词滥调。他们过去常说——有时我们自己也常说——我们是某种“第三性”。当然，我们不会梦想成为男人，但我们也被免除了一些束缚——而我们所报道的女性仍然要受到这些约束。我们可以在街上露出面容，也可以在男女分桌的晚餐上和男人们同桌吃饭。也许一个永远不会和本国女人直接说话的指挥官会给我们一个采访的机会。在默认属性为雄性的新闻机构，与受到新闻事件影响的那些悲痛的母亲和忧心忡忡的妻子之间，我们充当一座桥梁。我们既和这些女人不同，又和男人不同。

不管我在一个选题上花了多少时间，不管采访会变得多么亲密，我和我所写的人之间仍然相距甚远。他们过着一种生活，我过着另一种。报纸的具体性和新闻的抽象性束缚着我。女性所面临的特殊问题并没有影响到我，我个人的挣扎也与我采访的女性无关。我只是从她们身边路过。

可是在生完孩子后，在和我雇来帮忙的女人同居一室一起抚养孩子后，这种必要的距离开始扭曲和消解。我无法让自己相信，我在继续前行，一切都很顺利。事实上，情况似乎不太好。有时乱成一锅粥。

家庭生活的直接和小人物的绝望，令我们几乎没有机会随时质疑自己的选择。我们晕晕乎乎、跌跌撞撞地穿过一间既是家也是工作场所的房子，在内衣、浴室、喂奶和抱着孩子睡觉的亲密气氛中纠缠。我们的日常生活被怀孕、堕胎、流产、婚礼、家庭暴力、葬礼、生病的孩子和学费打碎。我的，她们的。全世界女人的那些事情。我们住在一起，生活在一个男人暂时离开的空间。殴打我们和我们爱着的男人，失望和消失的男人。男人的承诺，男人的威胁，男人行为的不确定性。

那些年，我们生活在中国——一个正在崛起的超级大国，以及印度——一个新兴的经济引擎。从人口统计上看，这些地方有减少女性数量的倾向。这种做法并不是政府的主动行动，而是一场广受欢迎的、半地下性质的基层运动。当然，女性自身也参与其中。

与此同时，我们——我和那些住进我家的女人们——却被留下来忍受所能忍受的一切，让自己变得愈发古怪。我们的存在和互动是一种真正意义上的内在行为——在四壁之间，在彼此之间。

我们并非个例。毫无疑问，我们的私人问题在全球各地的家庭中不断重复着。然而，家务活很少被认为是一个严肃的研究课题，连讨论的空间都很有限。

这在很大程度上是不公平的，因为家务就是一切。这是一种无处不在的生理需求，在人类历史的大部分时间里，这种需求一直阻碍着女性的发展，让她们保持缄默。我相信，争取女性平等的斗争集中在办公室和生产厂房里，但我开始相信，第一场且最具决定意义的斗争发生在家里。

当我们在家中承受着不成比例的劳作时——事实上，研究表明所有女性都是如此，养育孩子的那些年尤甚，我们羞于大声说出来。我们不想抱怨。我们不想给自己的婚恋关系再添上一重负担。到头来，承受各种指责留难的还是我们自己。这种不成比例的劳务安排进一步证明了我们的无能。我们没有选对伴侣（我们太愚蠢)，我们没有为自己挺身而出（我们太软弱)，我们在自己的家里一败涂地（我们缺乏战术技巧)。这些统统证明，我们要么是对孩子不够投入，要么是对事业不够热心，这取决于谁在评判。这些也统统证明——而且证据还在积累——我们做得并不够。

雇用家政服务是权宜之计，也是一种逃避。整个模式对中产阶级没有任何帮助，只有足够富有、能够支付家政服务费用的女性，或者穷得从社会流动性或仅仅是从生存角度考虑这些工作的女性，才会受到影响。不过，对于负担得起这笔费用的人来说，请保姆可以减轻父母和婚姻的压力；减轻雇主和整个社会的压力。我在网上看到过一些文章，把雇人做家务当作婚姻生活的灵丹妙药，甚至是幸福生活的秘诀。然而，这些安排是否为家政工人提供了个人满足感和婚姻幸福——这个细节从未被提及。

我想起辞职在家工作后住过的所有房子。我记得那些场景和故事。我认为，应该有人探寻一下，应该有人把这些都写下来。

但这就是我的生活。如果我去探寻，我必须接受审视。如果我提出问题，我也必须是那个回答的人。

序幕

中国，李罗村

2011 年 2 月

清晨，天还没亮，北京长途客车站昏暗的候车室里回响着一片令人昏昏欲睡的喧闹声。旅客们在行李的重压下摇摇晃晃地走着：一堆堆用绳子捆着的衣服，一盒盒廉价的玩具，一袋袋鼓鼓囊囊的粮食。疲惫不堪的面孔焦急地寻找着正确的大巴。这是中国的农历新年，工人们正在返乡的路上。

这只是几年前的事情，但那个早晨似乎已经过去很久了。那是另一种生活，另一个人的生活。那会儿我还是一名驻外记者，为《洛杉矶时报》报道中国。那天早上，我和同事们——一个摄影师和一个翻译—— 一起出差，但我们之间几乎不怎么说话。这类差事，我们已经做过无数次了。我们像驮畜一样在人群中且走且停，眼睛盯着猎物。

李广强（Li Guangqiang）[1]，一名建筑工人，成了我们了解全

[1] 书内中文人名均为音译。

世界最大规模人类迁徙的窗口。我们要求记录他假期回家的旅程，他没怎么思量，就自豪地应承下来。每年，大批农民工离开中国的城市和工业中心，回到遥远的家乡。在错综复杂的公路、铁路交通和人群中，数以十亿次计的长途旅行交错展开。

老李的眼睛不安地从一扇门转到另一扇门，但当他发现我在盯着他看时，他调整了一下姿势，摆出一副很放松的样子。他又矮又壮，站着时信心满满，直挺胸膛。他会迅速展开一张真诚的笑脸，但在休息时，又立刻拉下脸来，眼睛眯成一条缝，好像在琢磨着什么点子。

他在城里的日子过得清苦，住在一个用煤渣块和瓦楞铁皮盖成的棚屋里，屋边的运河到了冬天会上冻，屋里冷入骨髓。但在回家时，他选了一套没有透露出半点艰辛痕迹的衣服：时髦的做旧深色牛仔裤、蓬松的羽绒服，肩上挎着一个黑色单肩包。

跟着老李，我们把包扔进车子下面的行李厢，抢着跳上车，推推搡搡地挤过过道。引擎颤抖着发动起来，大巴呼啸着穿过黑暗的街区，来到城市边缘，然后行驶在平滑的高速公路上，这条路如同一根线从城市的缠结中散开，延伸到更空旷的地域。乘客们扭着身子，用手机拍下他们的告别照，记录下即将褪去的城市灯光。

“我们没有坐错车吧？”有人问道。

“我忘拿行李了！车子能回去吗？”

“找人把行李送到你们村，不行的话你现在就下车。”大巴司机吼道。

一声大叫传来：“师傅，开下暖气吧！”

“不行。”司机喊着，“太费油了。”

中国滚滚而过——工厂、建筑工地、起重机。广告牌上嘶吼着令人生疑的承诺，号称要在荒凉的道路两旁建起豪华公寓。在这片景观中，到处都是广告、冒险和正在进行的工程。

我喜欢在公路上穿越大国——俄罗斯、中国、印度、美国。我喜欢大地的辽阔和无边天空下广袤空间的孤寂。在想象中，中央王国[1]在我们周围展开：土地向西延伸到戈壁沙漠，向东延伸到太平洋，向南至黄河，向北直至地球的尽头。看着世界在玻璃窗后逼近又消失，我让思绪掠过已逝的岁月，越过还未度过的时光。也许长时间乘车的错位感打开了我们的大脑，鼓励我们去翻阅时间和人物的私人全景图。我们习惯于这样一种错觉：世界安静而温顺地停留在原地，而我们却在场景中狂奔。我们在移动，而地球静止不动。当然，这只是一种感知错觉。没有什么是静止的。

那天早上我带了笔记本和笔。我的工作开辟了我的人生之路，将我推到不同的地方，并指示我到达目的地后应该做什么。作为一名驻外记者，我曾生活在世界各大城市。我报道过战争、自然灾害和历史的突变瞬间。我在相当年轻的时候就全身心地投入到这份工作中，所以我真的不太知道，如果没有了新闻工作，我还能剩下什么。我不知道，也不去想。工作变成了我；工作便是我的组织原则。

但现在我要辞掉那份工作，一切就要改变了。我刚递交了辞呈，正处在离职通知期内。去老李他们村的旅程将是我为这份报纸做的最后一篇重头报道。

在鼓鼓囊囊的羽绒服和毛茸茸的羊毛衫下，我未出生的宝宝

---

[1] 中央王国（The Middle Kingdom）为“中国”的一种英译名称，于十六世纪进入欧洲语言，十九世纪中期成为流行译法，并渐渐保留下来。

蜷缩着，踢来踢去。此时，我已经怀有四个月的身孕。我还在着手写一本新书。一本书和一份工作就已经够我忙的了，可如果是一本书、一份工作再加一个宝宝呢？我知道，这实在是不可能的任务。

工作、书、宝宝：我强迫自己选出最不喜欢的一项。这是一个可怕的选择，因为我爱它们每一个。

这是真的，我热爱我的工作。出差、忙碌、写作。我喜欢那种无忧无虑的自信，因为我知道，不管某段经历是令人不快还是光彩夺目的，一切都将随时改变。一座新的城市，一段新的对话，一个新的故事。我生活在不断变动的世界里，我喜欢那里。房间和气味，许许多多个压得人喘不过气的下午，你不得不强迫自己挺过去，手指划过桌面，鼓励自己再试一次，再打一次电话，抓住机会，走出那些碎片和场景。

最后一次出差的时间一分一秒过去。大地爬升，眼前现出高山和更为茂密的林木，继而变成平展的农田。我坐在颠簸的车厢里，想起往事。

我曾和汤姆在世界的许多地方相遇。在巴格达机场，我们并排坐着，盯着一块萨达姆·侯赛因时代遗留下来的起飞时间显示牌，等待飞往安曼的飞机。薄薄的塑料字母标明着从未飞行过的航班。我俩研究着这块已经废弃的显示牌，好像它是一件艺术品，而此刻外面正在打仗，在倾斜的光线下，复兴党[1]掀起的尘土像粉笔末一样细密。伊拉克遭到入侵，政府被推翻。而我们是年轻的美国人，来这里记录这些不可思议的事情。汤姆带着一个旅行袋和一本但

---

[1] 复兴党，全称为阿拉伯复兴社会党。1968 年，复兴党成为伊拉克执政党，直到 2003 年伊拉克战争被美国推翻。

丁的书。我带着一个背包和一本美国短篇小说。我们相遇，我们交谈，我们分开。这个世界把我们带走，又把我们一起冲回。季节，屋顶，山峦，街头的争吵，倚着墙壁的亲吻。贝鲁特阴雨绵绵的夜晚，也门的山顶，冲上莫斯科街头感受我们在俄罗斯经历的第一场降雪在脸上融化。沿着威尼斯的运河散步时，他向我求婚。几周后，我们驱车北上，穿过南奥塞梯，试图进入又一场毫无意义的战争中最激烈的战役。这时一架俄罗斯米格战机发射了一枚导弹，好在汤姆注意到了这架战机并大声叫司机转弯，我们的车子这才躲过了导弹袭击。那天晚上，我们坐在第比利斯一家酒店房间的地板上，为婚宴预订了一支乐队。

接着，我们结婚了，定居北京。我们度过了一个炎热的夏天。信鸽从邻近的屋顶盘旋而出。它们飞过，羽毛扇动，鸽哨发出嗡嗡声，轻快的影子掠过草地，小草拨动我们的头发，刺痛我们的皮肤。我们吃着红豆冰，在后海的酒吧里听音乐。雷阵雨，刀削面，垂杨柳。我确信我从未如此快乐。

我去澳大利亚参加了一场新书宣传活动，回来时已经是秋天了，我在学习中文，忙着工作，就在这时，我怀孕了。上中文课的时候，我慌张地冲出教室、跑进洗手间吐了起来。冬天阴沉沉的午后，我在办公室的沙发上一躺下就能睡着。我知道我得辞职了，但就是没法完成这件事。我花了好几个星期写辞职信。

在我终于点击“发送”的那一天，北京舒展着冰封的身躯，在冬日暖阳下闪闪发光。我坐着出租车穿过城市，经过湖面上一群溜冰的人，经过破旧低矮的贩卖手套和玩具的商店，经过冒着热气的小摊，工人和学生在那里排队买糖炒板栗。我告诉自己，从那天起，一切可能变得更好，也可能更糟，但至少情况正在发生变化。我怀着孕，开始写一本新书。我的牙齿划过冬天的空气，像是可以把未来一口吃掉。我甚至已经准备好品尝错误的滋味，准备好失去一切，只为获得从零开始的乐趣。

一件事接着另一件事，把我带到这儿来，带到这辆大巴上。这是我最后一次记者之旅，此后很长一段时间都不会再有了。就我所知，永远都不会有了。我的最后一篇重头报道并不是一场冲突、一起腐败、一场飓风或一次选举——它是对一个家庭小插曲的延伸报道，是对一个家庭的白描。老李是这个家庭里的男人，这个家庭就是故事本身。

家庭从来没有引起过我的兴趣。住宅到处都是——在战区内，在议会大楼对面，在阅兵路线的两旁。它们是重大事件的背景；它们的居住者都是趴在阳台上、俯瞰街道上各种动静的小人物。家，就是几面墙、几张床、几堆吃的东西。没什么大不了的。只有当它们的成员遭遇暴力或在更广阔的世界取得成就时，才会引起我的注意。

我还没有意识到家庭就是生活本身；家庭维系着整个人类文明，并使之成为可能。我唯一生活过的家庭是一个我渴望逃离的地方。成年后，我工作了许多年，才能为自己买张沙发，这意味着我要过一种安稳的生活了。

到达我们那站时已经是晚上了。烟花在空中绽放。我们几个记者爬上老李表哥的面包车后座，轻声嘀咕着。摄影师提醒我们，等到了老李家时，先别急着进去。

“我需要拍一张他跟老婆重聚的照片。”他说。

我们驶入乡下的夜晚，老李静静地坐在副驾驶座上，车子在崎岖不平的道路上颠簸，两旁是冬季干燥的麦田和玉米地。最后我们在一座漆黑的房子前停了下来。去年人们对繁荣和幸福的愿望已渐渐褪色，却还紧紧地贴在铁门上。

老李弓着背，握紧拳头，迈了几大步穿过院子，推开门，踏上水泥地面。客厅冷得刺骨，笼罩在一片昏黄的灯光下。摄影师蹑手蹑脚地跟在他身后,手里拿着照相机。翻译和我躲在外面看着。透过隔壁房间的棉布门帘，可以看见一台电视机在闪烁。

老李回头看了我们一眼。我们无言地回望着他。他的脸上掠过一丝被逼到绝路的愁容。

“嘿,”他朝电视机的方向不耐烦地大喊，“出来啊！”

他的妻子低着头，盯着地面，不情愿地撑开门帘走了出来。她的脸在风吹日晒下变得干裂发红。为了迎接回家的丈夫，她把头发挽成一个发髻，穿了一件印有红色螺旋花纹的棉袄。

老李皱着眉头，生气地看着久别重逢的妻子，一副不耐烦、难以捉摸的表情。我无法理解他的烦恼。也许圆圆脸的妻子一出现，就粗暴地粉碎了他的城市美梦。也许他只是紧张。她走近他，带着些犹豫站在他身边。他们肩并肩，看着我们。没有伸出的手，没有绽开的笑脸，没有张开的双臂。没有人说一个字。

当邻居们涌进门来迎接老李时，不安的情绪被欢笑声冲淡了。

第二天早上，老李的妻子用一把磨得闪闪发亮的切肉刀一遍又一遍地剁着羊肥膘，准备炖汤。她的呼吸像雾一样悬在冰冷的厨房里。肉冻得结结实实，抵住了刀刃，她不时将粗厚的手指在肚子上摩挲取暖。她叫孙凤芝（Sun Fengzhi)。

“你知道吗？”她刚见到我就说，“我也出去过一次。看——”

她擦掉手上的羊油，领我进了卧室。衣柜上方最显眼的地方挂着一张已经有点褪色的照片，上面是小孙和其他三个女人。她们穿着工厂制服，站在一个遥远港口的码头上，对着镜头腼腆地微笑。照片中的女人非常年轻漂亮，跟眼前的几乎不是同一个人。可这张照片不过是两年前拍的。

那一年，小孙把孩子们留给她的父母带，自己在青岛的一家DVD组件厂找到一份工作。她对这次外出感到兴奋，为来到这座新城市雀跃不已，和工厂里的朋友们在一起时也很开心。但她的儿子越来越不听话，外公外婆根本管不住他。于是，她回到了村里。

她告诉我，她也不想这样，但还是辞了职。和老李结婚后，她几乎没怎么见过丈夫。她知道故事的结局是怎样的：孩子们长大后会在其他地方找到工作，而她将要负责带孙子孙女。这个循环将会重复。

“到头来，就只有我和孙子孙女们留在这里。”走回厨房时，她这么跟我说，语气十分平静。

我感受到她在情绪上的松弛，面对具有同情心的陌生人时的解脱。另一个女人。

“他出门打工，我要留下来照管一切。”她轻声说，“这对我来说真的很难。我要自己带几个孩子。娃抱在手上放不下来，抱得两条胳膊都疼了。真是又当爹又当妈啊。”

她丈夫家那边的女亲戚们蹲在门口听着。其中一个突然离开，挨家挨户去找老李。*你老婆在跟外国人讲你坏话！*

孙凤芝脸色阴沉，眼泪快要涌出来了。她压低了声音。

“一开始，在他出门的时候，他会找——”话未说出口。但我知道，找女人。

老李冲进房间。

“别老是发牢骚了。”他粗声说。

他突然向妻子走去，怒吼起来。她身子一斜，躲开了他。看着他们的眼睛和身体，我想老李以前打过她，可能还会再打她，就因为她回答了我们的问题。

“她怎么能有这么多牢骚。”老李对我们说，眼睛却盯着妻子。

他们的儿子也加入进来。“别发牢骚了。”他对母亲叫道。

她垂下红红的眼睛，看着那锅炖肉。

老李无言的恐慌是显而易见的。这让我觉得他大概只是出于怀疑和尴尬，没想明白就同意了我们的报道计划。也许他认为这会提高他在村里的地位。他没想到我们会写他妻子的事。他可能压根没想到我们会和他妻子说话。

现在我们在他的厨房里转来转去，像笨拙的希腊合唱队[1]一样跟着他，我们窃窃私语，记录下他的每一个喷嚏，盯着他，给他拍照，向每个人提问。

好吧，并不是每个人。再次见到老李的妻子时，她看都没有看我们一眼。我设法引起她的注意，但她总是把目光转向别处。她是个女人，所以很容易就能消失。当男人们在墓地为祖先烧纸钱时，她留在家里做饭。她把最肥美多汁的食物分给男人们。这个家庭的女人只吃剩饭。

她是个女人，所以可以消失在我们中间。世人总认为这是一件适合女人做的事。

采访结束后，我们离开了这个村子。因为不想再坐大巴，我们随便叫了辆出租车，坐了很远的路，花了不少钱，总算去了个偏远的机场。我们在候机大厅的餐厅吃面条，喝咖啡，然后飞回

---

[1] 希腊合唱队是古希腊戏剧中的一个组成部分。它由十五到五十位带着相同面具的表演者组成。这些表演者会对戏剧表演中的道德问题齐声发出评论。

北京。回去后，有为期一周的派对和节日活动等着我。我将飞到丈夫身边。我将飞回我自己的生活，飞入我余下的人生。

我以为这是最后一次旅行。这就是旅行的奥义：你甚至不知道你去过哪里，直到你离开那里。我不知道我去了哪里，也不知道将要去哪里。

我不知道，在未来几年里，更多的时候，我是和像老李的妻子这样的女人共居一室，而不是和我的丈夫在一起。我不知道，我自己的家庭生活即将与外来务工人员的生活交织在一起——她们离开家乡，丢下孩子，来我家挣钱。我不知道，那种困惑感，那种一头扎进另一个家庭闹哄哄的私人生活的感觉，会很快主导我的生活。

我不知道，自己也即将消失。

第一部分

如何消失

第一章

那是一个星期二的早晨，汤姆正在收拾行李准备启程。他将动身前往中国南方的一个小镇，那里的工人正在罢工。这就是汤姆的冒险之旅——去外省，去真实的中国。这是一项有点刺激的实实在在的任务。

至于我呢，只想让自己舒服一点。我试着将脊椎直接顶向地板，然后把骨盆抬起来。我躺在地上，哼哼唧唧。

汤姆把衣服卷成一条条细卷，然后把它们竖着排在背包里，故意不理我。

“你真的好意思在这种时候出差吗？”我没好气地问。

“你行了啊。”他冲我笑了笑，“预产期还有两星期呢。”

“也就是说，从现在开始任何时候都可能生。”我竭力翻了个身，侧躺起来，肚子里沉重的羊水和宝宝闷声在地上拍了一下。

“医生说你可能会晚些生。”他开心地说，“我敢打赌还要三个星期。”

“你什么都不知道。”不行，这么侧躺着也不舒服。我将空气吸进肺里，屏住呼吸，想把感觉已经插进子宫里的肋骨挤出来。

"每小时都有回来的航班。"

我叹了口气。宝宝在肚子里拳打脚踢。他总要出来的。我的血肉之躯挡住了他的去路。肌肉组织会被撕裂，血液定会涌出，疼痛必将到来。

"我要从办公室直接去机场。"汤姆轻轻吻了一下我的头发，"给我发短信，告诉我医生是怎么说的。"

"别走。"我太热了，热得无法思考。他还能去我钟爱的机场，踏上我热爱的冒险旅程，我在以一种自己都无法厘清的方式妒忌着他。也许我已经感觉到我们的命运即将发生根本的变化；也许我笨拙地想让他分担我的行动不便、动弹不得；也许我只是想有一个人陪伴，我的爱人，孩子的父亲；也许我害怕了。

"亲爱的，"他说，"我不能在这里干等上四个星期。"

于是，他就这样走了。

"你的羊水太少了。"第二天医生说，"孩子得马上出来。"

"什么？"她还不如说我怀了个袋鼠宝宝。我向汤姆发泄的愤怒，实质上是对配偶施加的一种空洞的负罪感。我当时压根没想到分娩真的即将来临。"为什么羊水这么少？你说他得马上出来，这是什么意思？"

"他不尿尿，所以羊水少了。这意味着他没有得到营养。这可能跟妊娠期糖尿病有关。胎盘有时没法发挥作用。"

我脑子里一团糨糊，很难理解医生的话。接着是一阵恐慌。

"他饿肚子了？"

"没有，"她温和地说，"但他确实现在就要出来。"

"我丈夫不在这里。我是说，他在出差。"

她眯眼看了看超声波报告，用笔抵着嘴唇："他明天能来吗？"

"能来。"不能也得能，"你确定拖一拖没问题吗？"

"一天还成。回家吧。多散会儿步。希望你能自个儿生，不需要我们来催产。"

"也就是说，我明天就生了？"

"如果明天不行，那就是星期五生。"

"但是孩子真的就要来了。就是这个星期的事？"

"没错。"她在笑话我。

我给汤姆打了电话，这会儿我整个人还是蒙的，所以一点高兴劲都没有。然后，我一个人在公寓里开始挨个给朋友们打电话。我明天就要生孩子了。我重复着这句话，希望多说几次就能让自己相信这是真的。

我还没收拾好待产包。大多数孕妇提前几个月就为分娩做好了准备。互联网上充斥着各种清单：柔软的枕头、放松的音乐、最爱的巧克力。但是我——一个为各种天气和危机收拾过不下数百次箱子的人，一个长期在办公室放着一个"逃生包"以应对突如其来的自杀式炸弹袭击的人——却完全没有准备好待产包。

宝宝就要来了。我还没有准备好。汤姆不在。整件事都偏离了轨道。

怀孕期间，我对自然分娩着了迷，但我已经不记得为什么这在当时是那么重要了。我想在不借助药物的情况下，通过阴道将我的孩子推向这个世界。我告诉自己，我是一个作家，一个艺术家，一个不受恐惧、痛苦和传统束缚的女人。我想要纯粹的体验。

我了解关于分娩的一切，至少我是这么以为的。当然，事实上我那时一无所知，现在也同样如此。我只知道，除了正在分娩的女人，没有人能了解分娩。就像所有巨大的痛苦，就像每一次状态的剧变，只有身处其中才能理解。分娩，无法被预计，也无法被记住。

我以为分娩是泥土的质地，月亮的颜色。我以为分娩轻而易举。我以为痛苦并不是痛苦。在我的想象中，它就是如此。

我没有停下来想一想，真正的“自然”分娩可能包含一个十几岁的母亲所面临的不小的死亡可能性，也没有想到我的怀孕到目前为止没有任何所谓自然的成分。在建立事业的时候，我通过节育来避免怀孕，后来才发现自己根本不必担心。直到飞越半个地球接受了子宫内膜异位症手术，我才总算怀上了宝宝。

多年的艰苦生活和忽视，令我这具三十五岁的躯体僵硬而沉重，我的身体已不再是由灵活的韧带和肌肉所构成的生气勃勃的网络了，生物学更偏好后者这种母体盛器。“高龄产妇”，医生在我的病历档案上方写着。

我的性格也不适合自然分娩。我是一个跑步者和失眠症患者，而不是瑜伽修行者或冥想者。在我和汤姆一起参加的催眠分娩课上，我是当中最不放松的妈妈。助产士翻了个白眼，在我紧张的肩膀上发出啧啧声，所以我咬紧牙关，更加使劲地放松。我试过了，真的试过了，但不知何故，这就是问题的一部分。我不知道该如何停止尝试。

在所有这些迷迷糊糊的准备中，我几乎没有想过孩子。这个新的人类生命是一个模糊的概念，是一捆我难以言明的个人情绪，它被包在一个轻若无物的毯子里，现在回想起来，我并没有拥有过。

要考虑的事情很多，而且一直很多。也许这就是我们当代人心理应对剧变的方式。情侣们沉迷于鸢尾花和常春藤插花装饰以及誓言中的词汇，以掩盖对终生承诺的恐惧。当你可以和幸福的孕妇们一起啜饮洋甘菊茶，讨论着如何智取可怕的产科医生时，谁会想到尿布和肠绞痛呢？（“他们是外科大夫，你懂的。他们认为自己的工作就是把你切开。”）

在看待分娩这件事时，我带着一种从事紧张的新闻工作所特有的竞争和兴奋心态。分娩是一个竞技场，我将在那里奋斗，并且最终不可避免地取得胜利。我会做到的。绘满海洋生物的古老地图上，母性潜伏在边缘。此处有龙[1]。

汤姆还在拼命往家赶。那天晚上，中国南方雷暴肆虐。他的航班在跑道上停留了好几个小时。他俯身坐在电脑前，汗流浃背，在一篇报道里加进了刚刚做好的采访。终于，飞机载着我的丈夫向北飞进夜空。

他心烦意乱，湿漉漉、兴冲冲地在凌晨三点回到我们的公寓。我躺在床上，完全没有睡意。

四个小时后，我们喝了一壶咖啡，坐出租车去了医院。

安着护栏、铺着洁白床单的小床，带着刻度盘和屏幕的仪器，钢制桌子，金属框架和挂钩，各种东西都带着滚轮方便推拉。汤姆也有张能折叠的沙发床。

我踢掉鞋子，爬上床，但躺在那里感觉太像是在装模作样。医院是用来治疗骨折、做手术和缝针的。而现在我隐隐约约觉得，我在一个普通的周四上午在医院闲逛，简直太把自己当回事了。

“我们一整天要做什么？”我问汤姆。

---

[1] 古地图常会在水域上添加海洋生物的插画，并在情况不明的边缘地带画上龙、水怪等神话生物，标上“此处有龙”的警示语。

我一直看着他，心想，你应该去上班了！我想我甚至跟他提过一次："可能还得等一会儿。有情况我再给你打电话吧。"

"别傻了。"他说。

我讨厌那些把病床弄得像笼子一样的护栏。他们把男人和女人隔开，把母亲和父亲隔开。我穿着病号服，在一片塑料和金属物品中感觉像是在装病。汤姆坐在那里，面色憔悴，穿着便服。我也想让他察觉到这里的奇怪之处，但他不像我那样激动。在我抱怨病床护栏时，他皱起眉头，心不在焉地说："你知道，这只是为了人身安全。"

即便意识到我们已经被隔开，他也并不介意。也许他在成长过程中就已经做好了这种准备；也许我没有。那些护栏的记忆会在我脑海里停留很多年。

医生来了。她皱起眉头。

"没有入盆。"她说，"胎头还没下降，子宫颈还是没有打开。"

她把病历板夹在腋下，看着我的脸。

她说："催产对你来说不会太容易的。我知道你想自然分娩，但在这种情况下，我建议你选择剖腹产。"

这正是助产士警告我们的事情——医生想用医疗手段干涉我的分娩！

"我不想做剖腹产，"我立刻说，"但你说我可以'选择'，对吗？我现在还有选择？"

"算是吧，"她慢慢地说，"我不能说你必须得剖。还没到那种地步。所以，当然，这是你的选择。"

"那就不，"我坚定地说，"不要剖腹产。"

"好吧。"她说，"我们先试着软化你的宫颈，让宫缩开始。然后再看看结果如何。”

夏日压在医院和城市上方，压在我的肚子上，带来一种钝痛，让我无法动弹。我们对护士们好话歹话说尽，想要出去散个步。走出产房就像走出监狱一样。在表格上签名；被迫做出保证；戴上手环。

北京北部单调的小街小巷里没有什么令人愉快的散步场所。人行道断断续续。我们经过褪色的、布满灰尘的店面和货摊，里面挂着拐杖、陈旧的绷带和折叠得像恐龙骨架一样的劣质轮椅。一家连锁意大利餐厅，成堆的水果，洗衣店。到处是铺路石、塔和围墙，一切都有着矿物般坚硬的表面。

“我们进去吧，”我说，“好像有什么操场或公园——”

“这是家属大院。”汤姆说，“中国各地都建了这种大院。所有住在这里的人都曾在同一家工厂、同一个政府部门或者类似的地方工作过。”

我们穿过一扇生锈的门，走进一个砖房公寓群。老人们在公园桌上打麻将，他们洗着牌，用手拢住香烟。这一天极其闷热，雾霾笼罩着天空，空气中弥漫着即将来临的大雨的湿润气息。年轻人和老年人都逃出拥挤的住处，走在露出裂缝的人行道上和杂草丛生的院子里。几个女人一起低着头，孩子们在疯跑。那里有一个微型游乐园，里面有一个小小的旋转木马，一些在阳光下晒褪了色的塑料玩具小动物，还有个蹦床。一个老人负责收坐旋转木马的钱。只有一个小女孩有零花钱，她独自一人，严肃地旋转着，仿佛她以前也骑过这匹马，但从来都不喜欢玩这个。老人用力咳着，吐出一口痰。很快，她这轮马车结束了。

“我们没法从这条路出去。”汤姆发出警告。

“一定有第二个门。”

“这些住宅区一般只有一个入口和一个出口，”他说，“但我们可以试试。”

“好吧。”我继续走着。

我们脚下的路正在变窄；周围的建筑从四面八方压过来。我在前头走着，走过一条又一条小巷，但每一条都是死胡同。

汤姆是对的。

“你是对的。”我对他说。

“这种事情争什么对错啊。”他说。

前进的动力撞到了墙上。我们只能返回，撤退，回到开始的地方。

回到医院的病房后，痛苦的宫缩加剧，又在毫无意义的节奏中消失。时间过得很慢，肚子里的宝宝完全不为所动。

护士给汤姆的沙发床盖上被单。我也钻上床，蜷在他身边，又倦又难受，跟着宫缩调整着身体，直到日出。

与清晨相伴而来的是早餐托盘和黄色的光线。浓厚的烟雾弥漫在空气中。在医院后面的校园里，孩子们唱着国歌，给他们的体育锻炼计数。我已经在医院里待了二十四个小时，可实际上什么也没发生。从早晨到下午，从日落到陷入一片黑暗，宝宝仍然没有入盆。又是一个不眠的夜晚。太多的疼痛让我无法入睡，但我却渴望更多的疼痛——够痛，就意味着宝宝将最终从我的身体里挣扎出来。又是一个早上，医生再次劝我去做剖腹产，我还是拒绝了。带着“我们——已经——警告过——你们”的严峻表情，他们给我挂上了催产素点滴，让我的血管里充满生育激素。

我已经疼麻木了，浑身肿胀，但现在我的身体开始以令人痛苦的速度被撕裂。我清清楚楚地感觉到我的髋骨自行扯开了。这种感觉让我想起绞架，想起被分尸成四段的中世纪倒霉军官，马朝着相反的方向狂奔，滚烫的鲜血喷溅到臭烘烘的尘土上。酷刑，死刑，欧洲历史——上帝！我不想满脑子净想着这些。我知道会有些撕裂和拉扯，但这种感觉更深入、更致命，而且痛得无法形容。我的骨架正在被拆解。我脑子里只有可怕的画面和一句咒语：*我要死了。*

我应该想些别的事情。助产士曾训练我们冥想，“到一个内心深处的地方”——一个嬉皮士妈妈就是这么描述分娩的。但我就是办不到。我已经连续两天没有合眼，毫无力气，我内心的那个地方如果真的存在的话，现在也已经找不到了。

医院的房间变得单调乏味。我在遥远的海面、在雾蒙蒙的黑夜里翻滚着。海浪不停翻腾，我无法将头探出水面。我在这里，我迷路了，让我走吧。另一个生命埋藏在我的身体里。那也是我的生命。我的生命必须从我身体的中心抽出，让我死去。让他们带走我的生命吧。让我走。他的生命，我的生命。拿走，快点。我再也坚持不下去了。

“我要无痛分娩。”趁着能说话，我赶紧气喘吁吁地说。

宫缩很频繁。

针头非常粗。

我压根不会在乎针头这种小事。

医生警告说：“就算针进去的时候开始宫缩，你也得一动不动。万一针头滑出去，你可能会瘫痪。”

冰冷的钢铁迅速滑过，噢我的上帝，那是我的脊椎。我还漂在海上，但现在这片海水荡漾着虚无的甜蜜。我虚弱得说不出话来。“我去冲个澡。”汤姆跟我说，显得有点拿不准主意。

“你是应该洗洗。”我同意道。他走进浴室，那里传来水拍打瓷砖的声音。我沉溺于虚无之中。

但是，突然有什么事情发生了。监控器嘟嘟作响，蜂鸣器轰鸣着，护士们从大厅里冲了进来。房间里一下子挤满了人，她们匆匆忙忙，叽叽喳喳，翻看着病历表。

“你要马上接受手术，”有人喊道，“胎儿心率在往下掉。”

“一、二、三！”他们把我抬上担架。还在滴着水的汤姆一脸困惑地从浴室里出来，然后在我身旁跟着跑了起来。有人给了他一顶帽子和一个口罩，有人给了他一套隔离衣。有些时刻，我再也无法记起。我明白发生了什么，我明白这一切都发生在我身上。它在很久以前就发生过了，但那也是一段实时发生的回忆。

手术间非常冷，灯光亮得刺眼。恶心感在我胸中翻腾。

“我要吐了，”我小声对汤姆说，“我不知道该怎么——”

“我们已经把你剖开了，”一个护士叫道，“不要动啊。我给你下巴底下垫条毛巾，要吐就吐到那里。”

我照做了。

我听到了婴儿的啼哭声。

他是个男孩，我们给他取名马克斯。是不是每个女人看到自己的第一个孩子都会感到震惊？好多事情是我没有预料到的。他皱巴巴的小脸上已经刻下古老的悲伤和无名的愤怒。他所激起的爱——激烈而炽热；自然灾害；血腥甜蜜、摧枯拉朽的龙卷风。

“可以喂他了，”护士温柔地说，“他需要喝奶。”

她把宝宝放在我的胸口，抓住我的乳房，把乳头凑到他的嘴上。他咀嚼，吸吮，咂着嘴。

“很好。”她说。

“他已经在吃了？”

“是的。”

“已经有奶了？”

“会有的。”

我崇拜这些护士。我永远不想离开她们。每当我想喂宝宝的时候，按下床边的按钮，就会有人出现，微笑着、轻言轻语地把我们摆弄成一个犹如耶稣诞生塑像般的造型。我喜欢召唤她们的按钮。我喜欢她们的脸和声音。每一个护士都比上一个护士更甜美、更温柔。我想永远接受她们的照顾。

在宝宝出生前很久，他的脸就已经印在我的脑海里。他是个男孩，所以我敢肯定他长得像汤姆：有一对酒窝，长长的睫毛，乌黑柔和的眼睛。一团巧克力色的卷发，最后会架上一副眼镜。

我错了。

我抱着我的孩子，满心以为会看到我丈夫的脸。但是，哦，上帝，这是我父亲的脸，这副骨骼、这对耳朵，活脱脱就是我死于癌症的父亲。我选择汤姆，是为了拥有新的生活、新的家庭、新的基因、新的房子、新的世界。我冠上汤姆的姓氏，因为我自己的姓氏满载着孤独童年的负荷，满载着眼睁睁看着父亲去世的记忆，直到最后，我们之间的矛盾也没有化解，他什么都没说，除了那句终于说出口的我爱你，因为到了最后，除了它，再没什么可说的了。

这孩子不仅长得像我父亲——这一点无可辩驳。在最初那疯狂的几天里，由于马克斯先是在子宫里饿得够呛，接着又被宫缩折腾得够呛，他看上去就像我父亲临终前的样子。我在中国的一间产科病房里抱着孩子，但似乎转眼间回到康涅狄格的那间客厅，我的父亲正处在高烧的谵妄中，他拼命地想要握住生命，愤怒地胡言乱语着，用海绵一点点吮吸着吗啡止痛。

就在那时，我知道前路无望。我可以舍弃自己的名字，可以去环游世界，但我无法逃离我自己。我生下的，既是遭受致命折磨时的父亲，也是年轻时的我自己，当年的我不孝、反叛、不忠。我曾试图开辟新的天地，但这片土壤就是我，我的基因里写满了过去的鬼魂。我为自己感到难过，也为这个小家伙感到难过，我的宝宝，张着小嘴巴拼命吮吸、脸蛋瘦瘦小小的宝宝。

我的孩子就是我的父亲，现在我的任务就是喂养他，让他活着。这句话简直可以说是出自弗洛伊德之手。不，全都不对。不应该是这样的。我必须让他活着。可我怎么才能让他活着？

汤姆就在我身边，胡子没刮，睡眼惺忪，带着又是惊奇又是安详的神情。他出去散了会儿步，回来后说："我可以那么清楚地看到他的脸。我不记得曾见过这样一张脸。"

我像木偶一样说："是的，他生得很好看。"可我的内心在尖叫。我吃不下也睡不着。护士们主动提出带他去育婴室，但我不能忍受和他分开。我把他抱到胸前，打着盹，梦见了西班牙，梦见我父亲住在西班牙，我的宝宝是一枚鸡蛋，立在方格桌布上，然后鸡蛋滚下来，裂开了，蛋黄渗了出来。蛋头先生[1]的恐怖，我把我

---

[1] 在十八世纪的英文俚语中，把又矮又胖的人叫作蛋头先生（Humpty-Dumpty），后演化为童谣，歌中骑墙的蛋头先生摔碎后再也拼不回原形。

的宝宝掉地上了！我在恐惧中猛然惊醒，但他仍然趴在我的胸前，肉鼓鼓的粉色脸蛋紧贴着我的脸。

他的肠子是不是坏了；我们给他换了几十次尿布。我们大汗淋漓，惊慌失措。

“这样正常吗？”

“我怎么知道？”

然后他睡着了，这可就更糟了。我惊恐地盯着他。发现他的胸部和眼睑没有丝毫动静。他是死在这里，死在医院的摇篮里了吗？与此同时，护士们就在走廊里闲聊，我就坐在那里看着？我把一根手指放在他瘦弱的胸膛上，感受到胸膛的起起伏伏。我把汤姆叫醒，低声啜泣，讲述我的恐惧。

“我不知道，”他嘶声说，“他不应该睡觉吗？”

“他昨晚没睡。”

“那么，你想做什么呢？”

“我不知道！”

“我们该叫护士来吗？”

“我是不是疯了？”

“嗯，亲爱的，我不知道。我想我们在医院，所以如果你觉得有什么不对劲，我们应该叫护士来。”

“他在睡觉！”护士来的时候，我抽泣着对她说。

“很好。”她说。

“不是，我的意思是，他睡得太熟了，好像没有什么能把他叫醒似的。他以前从来没有这样睡过，”——好像我是根据多年做母亲的经验说的——“这让我很害怕。他好像不怎么呼吸。我只是觉得有点不对劲。”

“他累了，”护士说，“他需要睡觉。分娩对宝宝也是很辛苦的事情。而且你的产程又非常长。这让他很累。”

“我不知道。”

“他好好的！别担心。”她的微笑充满了同情，还有些别的意味，好像认为我是在卖萌。

“你不想做些检查吗？”

“最好别把他吵醒了。”

“但是——”

“多谢。真的非常感谢。”汤姆意味深长地看了她一眼，放她离开。

当我们单独在一起时，他说：“亲爱的。一切都很好。”他说：“你为什么哭呀？我们有了孩子，瞧，他多完美。”

他说：“你需要睡一会儿。”

我说：“我知道。你以为我不知道吗？”

整个晚上我一直疯狂地盯着摇篮。当第一缕微弱的晨光缓缓洒向窗帘时，我给我妈打了个电话。

“妈，”我说，“他在睡觉，而且没有醒来，我觉得好可怕。没有人认为这有什么不对。护士说他很好，但我觉得他不应该这么睡觉。我是说，新生儿不应该一整晚都睡觉，对吧？我是说，听着，我真的知道是我疯了，但我又忍不住这么想。我就是太害怕了，我怕他会死。”我抽泣着、哽咽着，我想回到小时候，把脸埋在她的膝盖上。

“亲爱的，”她说，“宝宝要睡觉。他们也是会睡的。他可能是很累很累了。而且他们才一丁点大，你很难看到他们呼吸的样子。但现在你在医院里，我敢肯定，如果出了什么事，他们会告诉你的。”

“真的吗？”我吸着鼻子问，“你觉得他没事？”

即使是在地球那一头，她也是世上唯一可靠的人。

“真的，”她说，“我觉得他没事。”

的确如此。他确实没事。

“我已经连续四个晚上没睡了，”汤姆醒来时我对他说，“我以前根本不认为人类能做到这一点。”

我讨厌医院的病房。我讨厌从软塌塌的窗帘里透进来的沉闷的光线，讨厌那些原本纯白单调却沾上我激烈情感的墙壁。我讨厌回忆起那些敦促我接受剖腹产的医生，我讨厌自己的顽固拒绝。我觉得自己既愚蠢又鲁莽，好像我在做母亲方面已经失败了，既缺乏自然分娩的身体能力，也缺乏变更计划的常识。这间屋子里充满了自我厌恶，我不顾一切地想要离开。

另一方面，我又害怕回家。她们怎么能让我们把孩子带回家呢？这简直太疯狂了，根本就不合法吧。

“我们什么时候要带他回来检查？”我问护士。

“两个星期以后。”

这确实是犯罪。难道她们不知道我们的无知和无能足以在两周内害死他一千次吗？

“如果我们有问题，可以给你们打电话吗？”我渴望地瞥了一眼床边的呼叫按钮，“我们不懂的事情太多了。”

她们很同情我，把护士站的直拨电话号码抄在一张纸片上给我。回家的路上，我的手一直在口袋里翻找着，好确保它还在那里。

那天北京下着雨。急促的雨点咆哮着，火炉般的城市迎来了季风雨。雨水汇集在城市的地面上，淹没了一些房子，强迫人们离开家园，还灌入了地铁轨道。那天整个城市都被淹没了，但我几乎没有注意到。我从路上感受到的敌意如此巨大，以至于没有一场飓风，没有一场瘟疫能让它们变得更加可怕。就连灯光都在刺向我们，所有的东西都在移动、在吼叫、在闪光，我还怎么能保护这个宝宝呢？我已经一个星期没睡，精神几近错乱。

我坐在医院大厅里，怀里抱着马克斯，汤姆在外面找出租车。门被撑开了，房间里轻柔地回荡着夏日倾盆大雨的声音。工业照明灯亮得刺眼，上面还挂着水珠。我不敢相信医院墙外居然还有一个世界。

对面的沙发上坐着三个无精打采的英国俱乐部打扮的孩子，大概是学生，两个男孩和一个女孩。我盯着他们，他们心不在焉地回望着我，就好像我们是在电视上看到彼此。

他们看着马克斯，其中一个男孩对女孩说："其实我很喜欢小婴儿。"

"那你想要孩子吗？"她用纤细的手指捏着下唇。

"大概是吧。"

我坐在那里看着他们轻言细语，挪动着身体。美丽的生灵，他们说话轻柔，身上散发着烟草和护肤霜的味道，他们是来自另一个世界的使者，不曾遭遇过我和宝宝刚刚经历的一切。人，真实的人，对他们来说，婴儿只是一时的心血来潮。有那么一分钟，他们分散了我的注意力，使我不再担心自己会把孩子摔下去，孩子会停止呼吸，雨会不停地下，卷走他的父亲。

汤姆回来了，他手忙脚乱，满头大汗："我们走吧。"

宝宝很轻，软软一摊，就像怀抱着一堆散乱的鸡骨头。当潮湿的空气触碰到他的脸时，他在座位上扑腾着，愤怒地号叫起来。

轮胎发出沙沙声，霓虹灯在暴风雨带来的异常黑暗中闪烁。雨水的味道从汽车的缝隙里渗了进来，通风口呼出冷气。宝宝歇斯底里地大哭，我把脸贴在他的脸上，低声乱说一气。这是雨，这是天气，这是中国，这是世界。这是我对我的孩子们说的无数次话中的第一次，我能感觉到汤姆在倾听，但努力不去猜想，也不去关心我的伴侣对我的语言是何种态度。我们一起生活在这个世界上，一切就是如此，你见过像雨这么好的东西吗？它滋润着田野，我们吃的东西就是这么长出来的。

而我的内心在尖叫，我做了些什么，我怎么能带他渡过这一切，我们要怎么保护自己？

一段时间后，他安静下来，盯着雨滴顺着玻璃流淌成的银色河流，看着红色、黄色和蓝色的光晕，然后我们一起坐在那里，看着雨水和它映出的颜色，这是大雨为这座城市的夏日做出的一块巨大涂片。

他眨眨柔弱的小眼睛，噘起小嘴巴，于是我知道，如果爱能杀人，我早就死了。

第二章

出租车停在大堂外面。我们到家了。马马虎虎算是个家吧。我们没有真正意义上的家。我们回到的，是在一幢高楼里租下的一套公寓，仅此而已。大堂里散发着干花和好闻的香水味，门卫见到我们很高兴。几天没住，屋里空气浑浊，热烘烘的。雨水闪着光，在窗户上滚落。我们打开灯和空调，在这个炎热的夏日午后，坐在凉爽明亮的房间里。

我觉得胃不舒服。在沙发上怎么坐也不安稳。

“我好担心。”

“担心什么？”汤姆的目光停留在宝宝身上。

“我也说不清楚，”我说，“这才是最糟糕的地方。”

这套书和易碎品不少、厨房用具却极为精简的公寓，是一座博物馆，盛放着我们的过去。汤姆在屋子里横冲直撞，收复失地。新婴儿床上的新床单，襁褓上的印花图案，抽屉里满满当当没穿过的宝宝衣服。

我在边边角角挪动着——肥胖、肿胀、缠着绷带、汗水蒸腾。家已面目全非，我也是如此。

宝宝在哭。

宝宝在哭。

宝宝一直在哭。

我们又是拍，又是走，又是摇，又是哄。我们打开音乐，再关掉。我们上网找到各种视频，研究怎么拍嗝、怎么发出嘘声、怎么让婴儿趴在我们的前臂上来安抚他。在午夜过后的绝望时分，我们坐电梯穿过寂静的楼层，把他带入黑夜。建筑物消失了，夏日的天空在我们头上绽放，马克斯安静下来，张开小嘴，看着神秘的天堂，就这样，不知过了多久。

然后，他又哭了起来。

每当他哭的时候，也就是说，几乎每次他发觉离开妈妈怀抱的时候，总有人好心地把他还给我。

“宝宝饿了。”

“他刚吃了奶。”

“可他在哭呀……”

谁能在这件事上争辩？看在上帝的分上，别让他哭叫了，把你的乳头塞进他嘴里。我们没有别的办法能让他安静下来。我的神经颤抖着、号叫着，直到他偎依在我的肋骨上，紧接着，乳汁像美味的麻醉剂，从我的血管里迅速而又确定地涌出来。宝宝严肃地看着我。他的眼睛是小而饱满的杏仁，小小的手指弯起来，伸手去取世界之物。在此刻，一切都刚刚好，每次都是如此。我轻唤着他的名字，就像碾碎手中的一片树叶那样碾碎名字里的辅音，心里想着，不知道我的头脑和躯体能否经受住这份绝望而又新鲜的爱。

我妈妈走进公寓的那一刻，我五脏六腑里打着的结啪的一下就松开了。她真的曾经搅得我心烦意乱吗？我们真的吵过架，有几回还放过狠话吗？怀孕期间，我甚至很天真地考虑过劝她留在家里。给我们一点空间。让我们一家三口真正连为一体。现在我知道了，当时我简直是疯了。我妈是一位女神，是个圣人啊。她生过三个孩子呢。

在沙发上，她坐在马克斯旁边，轻快地朗读着一本平装本的凶杀推理小说。“读什么内容不要紧，”她狡黠地说道，“只要用舒缓的语调读就好。”她吃着外卖沙拉，把洗好的衣服挂在狭小的阳光房晾干，洗着没完没了的碗盘。

我尽量不去想，剖腹生产时，我的下腹被切开的各个部位。在古代，人们只在母亲已经去世，或者认为她们活着也无关紧要时才会把她们切开。我曾在书中看到中国有一个帝王亲手将六个儿子从孕妇的子宫里取出，让孩子们的娘亲躺在一边等死。[1]

我妈为我剖腹产的事情烦心。她三次都是自然分娩，而且还总说，生孩子一点都不疼。可是细想一下，这怎么可能？

“你骗了我。”我跟她说。

“我没有，”她坚持道，“生孩子不疼。有一种很强烈的感觉，但那不是疼痛。”

“你就是不记得了呗。”

“也许吧。”她退让了一步。

“你肯定是忘了，”我说，“不可能有人生了孩子还说不疼的。”

---

[1] 此处应为《史记·楚世家》中提到的：“吴回生陆终，陆终生子六人，拆剖而产焉。”但史上有无陆终存疑。

我希望妈妈告诉我，她生了孩子后也总是哭，但不会一直这么哭哭啼啼下去。但她摇了摇头，说，她没有哭，不过既然如此，我应该记住分娩的残暴。

“宝宝差点就没命了。”她总是这么念叨。

我唯有默默接受。她这些话听起来不对，好像我在拿着不正当的理由博取同情。我认识很多女性，尤其是我这个年纪的女人，她们都是通过紧急剖腹产生下的孩子。我试着回想那个我真心认为宝宝可能会死的时刻。眼前的图像模糊而不真实，就像半睡半醒间听到的电台音乐。我能回想起疼痛、疲惫、呕吐。还有，骨头被拖拽得脱离原位的感觉。我记得我当时在想，我知道，自己就要死了。

但孩子没事。他不会死在分娩中途。他的生命必将成形。不管我同意与否，我的身体都愿意为了帮助他而死去。我们曾在分娩中互相抵抗或互相协作，我们曾经竞争或合作，这两者是同时发生的吗？或者大致是这样？我回想不起来了。生理作用已经洗刷过我的头脑。我不在乎这些，重要的是，我的宝宝在这里，我的妈妈也在这里。

“我们得听点弦乐，”宝宝哭的时候，我妈妈爽朗地说，她的一只胳膊懒洋洋地抛向空中，“钢琴也成。肖邦的夜曲。”

“喂夜奶时喝杯啤酒。”宝宝频繁醒来时，她建议说，“对付你们，这招一直管用。”

“你得让他趴着睡，”她嗔怪道，“你们这么睡总能睡得更久。”

荒唐的建议，无用的建议。但我喜欢。她是在告诉我，做错了付之一笑是可以的，想出愚蠢甚至是有害的方法来解决小婴儿令人一筹莫展的问题，也是可以的。

只是出现在这里，活生生地站在这里，她就已经在说明这一点：新生儿一直哭也不见得是多么可怕的事，只不过是生活所能给予的最复杂的祝福里，有点困难的那一种。我妈妈是在告诉我，说到底，没必要把这一切看得那么严重。

最重要的是，我喜欢她糟糕的建议，因为它们让我觉得，即使身处中国，我也在自己家里。

这个时间从来都没错过：凌晨四点爆发的哭声。你可以根据它来调钟。

每天早上，婴儿的哭声将我从无梦的浅睡中粗暴地拽出来，令我一头坠入黎明前的黑暗中。我裹起尖叫着的孩子扎进黑暗的客厅。他喝一会儿奶，然后抽泣着离开我的胸脯。接下来就没招了——他一直哭啊哭啊哭。我用背巾把他挂在肩上，昏头昏脑地煮着咖啡，疼痛的眼睛半闭着，尖叫声敲打着我的耳朵——我的天啊！

然后我坐在客厅的沙发上，抱着他，吓得发呆。他哭，有时我也跟着哭。我不知道该摆出怎样的姿势，该如何触摸他，不知道该说什么、想什么，也不知道自己将成为什么。太陌生，太吵闹了。我家客厅有一整面通向黑暗的落地窗。顶灯的映像在窗玻璃上颤动。我筋疲力尽。对我的神经来说，空袭比孩子的哭叫更容易忍受。老天爷啊，来人啊，送我去战场吧。快挑动我的肾上腺素，把我推进生死之间。我不想要这么半梦半醒着，满脑子只有哭声。不是这个，求你了。

我想按照医院给我们的那本中医小册子给他按摩，但我的手指僵硬得像木头一样。笨拙的抚摸只会让他哭得更加凄厉。我把他的腿举到空中，想象他在骑自行车。我把他的大腿压到肚子前方。什么用都没有，哭声没有丝毫停顿，没有半点减弱。

阳光洒在地平线上，在高楼的钢铁和玻璃上痛苦地闪闪发光。我如癫如狂，憔悴不堪，仿佛已经丢了魂。光线刺痛了我的眼睛。

三个小时。四个小时。哭声还在继续。

我不够冷漠。我缺乏把哭泣当作客观事实的经验，缺乏让自己与之共存、并行，最终接受它的经验。我还没有意识到，投入到小生命的感情中是错误的。相反，他的每一次抽泣、每一丝颤抖都被我深入骨髓地感受到。我抱着他，直到手臂发麻。我不理解儿子的痛苦，但我也在承受，带着惊慌失措的爱参与其中。我一直在尝试各种方法，任何方法，来抑制他的悲伤，去发现他痛苦的秘密来源。

最后，他精疲力竭，哭声停止了，沉默回来了。

汤姆轻轻地走进房间，他的睡衣干净又柔软。最初的几个早晨，他也会慌慌张张地跑来帮忙，但很快就不来了。甚至我母亲也放话说，孩子怎么哭都不耽误她睡觉。

“他怎么啦？”

我连看都不愿意看汤姆一眼。

“我不知道。”

“医生怎么说？”

“肠绞痛。”

商店和街道再次慢慢迎来人流。透过玻璃向外看，我让自己在这样一个平凡无奇的早晨获得了一点乏味而确定的支撑。这些陌生人都曾是婴儿。他们肯定在黑暗中哭过。他们肯定曾轻声啼哭，或号啕大哭，但是有一天他们停了下来，后来什么也不记得了。

总有一天哭声会停止。我将是唯一记得的人。

马克斯总是要吃奶。我一定是做错什么了。在我的印象里，其他新妈妈除了喂奶，有时还会做点别的事情。我责备自己，他在我的子宫里肯定饿坏了。难怪他吃个不停。

至少，我认为他是饿了。我们又不能问他。

令我又惊讶又鄙夷的是，我自己的母亲不记得婴儿喝奶的频率。她怎么能忘记这种事情呢？

我一边哺乳，一边单手在笔记本电脑上搜索。我经常访问儿科医生西尔斯的网站。他的语气给我的感觉是非常权威、居高临下。他强烈反对按时间表来喂奶，坚持婴儿必须跟父母睡在一张床上。他有八个孩子。我的祖父母也生了八个孩子。他们是怎么做到的呢？我对西尔斯医生的妻子很好奇。我确信她在派对上不会像我奶奶那么有趣。我也确信我奶奶当年是照着时间表给孩子们喂奶的。他们都很好。过得去。活着。起码大部分都健在。

相反，和蔼可亲的斯波克医生比较赞成按时间表喂奶，但在如何或何时创建时间表这个问题上却闪烁其词，令人恼火。

我需要细节，斯波克医生。我快淹死了，斯波克医生。

我依稀记得，一个打扮时髦、脚蹬细高跟的哺乳顾问在我生完宝宝后出现在病房里。在我们讨论的过程中，我一直在控制不住地抽泣。她看着我涕泪横流的样子，问道："你还好吗？"当时我总觉得她的语气充满嘲讽。

我因为这个问题讨厌她。我相信，礼貌给了她两个选择：要么把还在流着血和泪的我搂在怀里，要么假装什么都没发生。

"我不知道我是怎么了。"我恨恨地嘟囔着。

她低声说了些关于激素之类的话。

后来我试图把她的来访从记忆中抹去。但是现在她的职业听起来跟我的处境搭上了关系，我开始努力回忆她到底说了些什么。哦，是这个："按需哺乳。"这听起来像是阻力最小的一条路。也是我已经在做的事情。我每天如果不在洗澡、吃零食、睡觉，就是在喂奶。

我模糊地意识到，我在用一种很困难的方式解决问题，但调转方向需要集中注意力并拥有调查的能力，这些能力是我无法企及的。我无意中闯入了一个默认的程序，我太累了，头脑昏昏沉沉，无法做出任何改变。我不懂怎么用吸奶器。我没有足够的手段来解开这些管子和绳索，更不用说弄清楚它们和我身体的关系。

足够的手段。这个说法不断地在我的脑海中浮现。*我没有足够的手段*。它意味着精力、健康、头脑、乐观——简而言之，就是我在得到孩子时失去的一切。

在这一片乳白色的混沌中，我从来没有想过要给马克斯一瓶配方奶。我和自然分娩的妈妈们共处过一段时间，给我的印象是，如果我给孩子喂一瓶配方奶，天就会塌下来。喂上一瓶，我的哺乳期就结束了。他们会在我背上盖个鲜红的"不及格"，然后把我和我那即将成为次等人的孩子发配到城镇的边缘。

我用谷歌搜索信息，继续母乳喂养，日子一天天过去。我妈负责做饭，汤姆打扫卫生，我喂奶。我们叫外卖，看 DVD。每一天都是忙乱而短暂的。孩子每长大一天，我妈妈的离开就更近了一天。这种尚能保证营养和卫生、勉强把我们从一个钟头送到下一个钟头的安排，很快就要结束了。

然后，在一个普普通通、天气晴朗的夏日早晨，我们家发生了一场巨变：汤姆冲了个澡，穿上衬衫，扣好衣领，蹬上一双出门的鞋子。

“再见，亲爱的。”

他要重返工作了。

“你什么时候回家？”

“嗯……”他专心理顺手机充电线的结，带着贬低人的耐心说，“我不知道。得看发生了什么。”

门咣的一声关上了。他走了。我曾在外面的世界与他相遇，现在他将回到这个世界。

马克斯只有两周大。我的大脑像果冻一样颤抖着。我从生命的边缘夺回一个微小的生命——我们的微小的生命。汤姆居然这就要走，他能走去哪里？

我没有理由感到惊讶。我知道他工作的性质——毕竟，那也曾是我的工作：灾难和变故，抓起一个手提箱冲到机场，扭过头来匆匆道歉。除非全力以赴，否则他不能把工作做好。

我知道。谁比我更清楚？

而且我们需要他的工作。多亏了他的工作，我们的小家庭才得以运转。

谁比我更清楚？

然而，我只能抱着孩子，周围是一堆脏兮兮的早餐饭碗，仿佛置身于一幅二十世纪五十年代的家庭插画中。这是一幅过去的景象，但它正在发生。一个单身母亲的儿子和一个女权主义者的女儿，正在重演旧时代的场景。

直到汤姆重返工作岗位，我才明白：我丈夫会在经济上支持我，但他对我的书爱莫能助。如果由他来决定，我的事业就完蛋了。

不是因为他不在乎，而是因为他根本不在家里。他没有足够的时间分担一半家务。我不能问心无愧地要求他整夜不睡觉，哄着闹肠绞痛的婴儿，然后第二天清早偷偷溜进一个藏族村庄。他不能为我的写作腾出时间——我需要自己解决那个问题。

我开始发觉在家写书的计划有缺陷，但这还不是最糟糕的。我在医院里感到的恐惧非但没有减轻，反而在一直加深。在内心深处某个隐秘的角落，我担心自己会发疯。

“你获得了前所未有的情感。”这是一个朋友在成为母亲后对我说的。她将之描述成一个奇妙的发现。在某种程度上，确实如此。我为从未有过的爱而激动、战栗。

但那是一种湮灭般的爱，充满恐惧。

漫长而疯狂的早晨。诡异的不眠之夜。夏日闪电的脉络。睡眠供给生命又在浪费生命。我是一个影子；我的孩子已经老迈；我永远在喂奶。我在梦里进进出出，头碰撞着、抽搐着，脖子生疼。马克斯咕嘟咕嘟喝着奶，睡在我的心口上。我们一起昏昏沉沉，半梦半醒。

死去的孩子们又回到我的身边。小小的鬼魂从被遗忘的城镇废墟中爬出。所有的死者都回来了，但这当中最多的还是孩子。他们要求我为他们哀悼，在他们死时，我没来得及这么做。

也许是睡眠不足，也许是看到死去的父亲的脸出现在我刚出生的儿子身上所带来的震撼，死亡就像一则我不想看到的新闻短片，在我的脑海里播放。

首先是父亲的离世。那年我二十三岁。

几个月后，我在得克萨斯州旁观了一场行刑。犯人被绑在轮床上，注射了毒药。他的家人在一个黑暗的房间里看着，受害者的家人则在另一个房间里观看。现在我已经记不清自己和哪个家庭在一起，但我也在那里，作为一个新手记者，和双方的亲人一起透过窗户观看死亡。

在这名男子的心脏停止跳动，医生宣布死亡时间后，狱警拉上了行刑室的窗帘。双方的家属们哭泣着被带离现场，他们的路线经过了精心设计，以避免遇到彼此。

回到记者室，我的上司开始盘问我：

“绑了多少根束缚带？胳膊上，腿上？膝盖上面，下面？门在房间的哪一边？有扬声器、时钟，还有其他东西吗？他说了遗言吗？眼睛是睁着还是闭着的？”

我们仍然坐在行刑室，坐在桌边喝着罐装苏打水。他让我画一张轮床的示意图。我是新手，他负责教我。

我画出了这张图。我记得每一个细节。我表现得无动于衷，上司对我很认可。我明白他的意思：什么都看进眼里，什么都不要说出口，然后把一切写下来。就这样穿行于世界。我默默地同意了。

几周后，得克萨斯处决了另一名男子。那一次是我一个人去的。

之后，我开始报道战争，再也记不清死亡的人数。阿富汗、以色列、伊拉克、黎巴嫩。飞机轰炸、自杀式爆炸、枪战、法外处决。尸体被丢弃在车子里、马路边。

现在看来，我父亲的死是一扇大门。我全身心地投入到工作中，让悲伤麻木，工作却不断地将我推回死亡。

但直到我独自坐着，喂那酷肖我死去的父亲的小宝宝时，那些面孔和气味才又涌了回来。失去生命的小身体。垂死的小孩。

垂死的小孩呻吟着呼唤他们的父母，但父母终究没有来，因为他们已经死了。浑身是泥，干涸的血划出印记，身体扭曲成不自然的角度，或者干脆一动不动，皮包骨头。

我没有目空一切。我感受到了那些死亡，但也会尽快抑制住我的感受。我会清点尸体数量，草草记下人们的言论，找个地方发稿，在截稿时间前完工，做后期编辑，然后睡觉，这样我就可以在早上醒来后重复一遍这套工作。

我知道孩子的死亡尤其令人厌恶。我也认为所有平民的死亡都是骇人的和不可原谅的。

也许哺乳使我第一次有机会安静地坐下来思考。也许是在迷信的恐惧的驱使下，我开始搜寻记忆里的尸体，并把他们一一掘出，我担心看到这么多死去的孩子意味着我……我不能再想下去了。

于是我坐在黑暗中回忆。我记起了他们的家和家人、他们的玩偶和他们死时穿着的衣服。我坐在黑暗中，在脑海里四处漫步，沿着被遗忘的道路进入停尸间、医院和家庭。我坐在黑暗中，给我的孩子喂奶，为那些死去的孩子默默地流着沉重的眼泪，几年前我报道过他们的死亡，却把他们遗忘了。我为他们的母亲、我的父亲、我自己，为我完美无瑕但最终只会被这个世界玷污的孩子而哭。

在浴室里刷牙的时候，我的脑海中浮现出一首歌的片断：谁也不能把你从我的记忆里夺走。[1]

---

[1] 爵士名曲“They Can't Take That Away From Me”中的歌词。下文中的“你唱歌走调的样子”同样出自这首歌。

洗刷刷，三个男人在浴缸里。[1]不管那天还发生了什么——或者什么也没有发生，我都把牙釉质擦亮了。漱漱口、吐干净；胜利带着薄荷味。一旦刷完牙，就回不到没刷的样子。

你唱歌走调的样子……

现在，到哪儿了？哦，是的，我的资产。我必须要清点我的资产。

我的第一本书：即将被世人遗忘。那么快就成了过去式。很快，它就会像从来没有出现过一样。

我的第二本书：一堆未完成的手稿。

工作：没有。

丈夫：有。

多亏了我丈夫的工作：足够的钱，良好的医疗保险，在北京商业区一幢大厦的二十三层拥有一套沐浴着阳光的公寓。

没有问题，对吧？对的，没有问题。

但我还是觉得有问题。我开始明白性别的冷酷现实。我已经对骚扰、家庭暴力、工资差别，以及外界对你的外表、笑容和谈吐那无休无止、令人疲惫的关注有了足够的了解。但在孩子出生之前，这一切基本上都是可以应对的——虽然并不理想，甚至让人愤怒，但都是可以驾驭的。

母亲的身份迫使我理解女性处境所带来的永恒恐惧。女性写小说、指挥军队、在银行业工作、做医生、探险或画画的比例不像男人那么高，原因很明显，但大家对此视而不见。

过去我认为原因在于女性被禁止工作。情况恰恰相反：几个世纪以来，我们一直在昼夜不歇地做着所有的工作。

[1] 十八世纪一首英文童谣中的歌词。

毕竟，总要有人给孩子洗澡、喂饭、教他们技能、买菜、打扫房间、照顾病人和老人。这项工作很耗体力，在烦琐程度上也令人生畏，而且没完没了。这不是一份工作，而是对劳动力持续扩大的需求。这是一项永无休止的工作，它吞噬了我们的能量和耐力，侵蚀了我们共同的健康，使我们几代人的集体思维缺氧。

我们做了这项工作，教我们的女儿做这项工作（假设我们没有死于生育），然后死去。如此而已。家务劳动把我们一个接一个地碾为尘土。我们没有受过教育，否则很自然地，我们可能不会愿意做这项工作。我们也许会大胆地指出，所有的工作都是我们做的。我们也许会让男人做一部分，而他们也不会想做。如果可以逃避，没人愿意做这种工作。

我们仍然认为主要问题以及这种处境的实质在于男人拥有解释权，或者在于同工不同酬。

但最基本的问题在于这项工作——不知何故，我们仍然无法逃脱它。我们假装它并不存在。

只有在生完孩子后，我才接受了辞职的现实。为了保住那份工作，我曾拼尽全力、奋力厮杀，但到头来却像放飞气球一样手一松就把它放走了，我体会到了大胆赌博的新鲜滋味。这并不是退休。当时我怀孕了，打算辞职，但在我看来，这与“自愿离职”恰恰相反。完成第二本书的时候刚好赶上孩子出生。我想象着在一尘不染的房间里度过漫长而寂静的下午，孩子在阳光下幸福地睡着午觉，而我在一边敲打出一行行干净的散文。

类似这样吧。我所做的那些假设，那些对和新生儿一起生活的模糊想象，是如此愚蠢。我再也无法如此想象了。

其中一方面跟汤姆有关。在我的想象中，他在我身边，出现在每一个关键时刻。我从没想过他的工作。我曾经假想万一生活乱成一锅粥，这种破坏性的局面也会由我们两人平均承担。这是我们这一代人的期望。我们被鼓励期待一种平等，即便我们的母亲一直对生孩子给身体和情感带来的严酷挑战轻描淡写——或许是因为她们有点健忘，或许是出于爱，她们不想让我们知道自己初来世界时的破坏性。她们对生育方面的问题没有答案。她们的革命发生在其他地方。说到孩子和家务,她们提不出什么解决方案。

我没有把孩子考虑在内，至少没有以一种现实的方式考虑过。他的感情，我的感情，我们的共生状态。我曾想象婴儿是对现有生活的一种改造，就像在现有房子的基础上再增加一个房间。现在我明白了，婴儿会抹去之前的一切，用爱、暴力和生物学上的自以为是和无可辩驳来重建家庭。

我没有考虑到睡眠不足或精神崩溃，也没有考虑到想要靠近宝宝、闻到他的气味、抱着他的原始渴望。

但最重要的是，我当初不明白一旦孩子出生，家里就充斥着必须面对的工作。

美国的产假平均有三个月。因此，我认为三个月一定是一个神奇的里程碑，一旦过了这个时间点，婴儿的需求就会显著下降，与每周四十个小时的工作相协调。美国家庭就是这么应对的。女性重返工作岗位。单亲妈妈游刃有余。直到来到中国之后，我才开始深入体会到美国产假政策的残酷，我试图弄明白，如果我在孩子才三个月大的时候就要被迫重返工作岗位，我该怎么做才不会发疯。

即便如此，现在我还是在想，也许我辞职辞得太仓促了。

如果不辞职，休完产假后我本可以回去上班——这是痛苦但显而易见的结果。产假本可以为我在职场，在这个充满截稿日期、交易、政治和金钱的世界里，保留一席之地。这个男人的世界。

想到这里我得承认，不是没有人警告过我。*既然你怀孕了，他们就不会炒你鱿鱼了*，一些身经百战的职场妈妈这样建议过我，*这样你就有权享受产假了。*

一个单身母亲直截了当地对我说，*白给的钱你居然没拿就跑了。*

我认为这些建议有些损人利己，它的逻辑有失我的尊严。如果我想要一份工作，我会争取得到。没必要拿着别人给的薪水，却饱食终日。

冷静下来，我严肃地看着自己的眼睛对自己说。*无论如何，那份工作已经结束了。*

这是真的：我想写书。我已经写了一本，还想再多写几本。我有自己的图书经纪人。我的书获得了很好的评价，还入围了一个重要奖项的决选名单。写书是件自然而然的事情，我可以，我将要，我应该写更多的书。

但现在局面相当混乱，这一点是不可否认的。也许我已经疯了，也许我会好起来，也许不会。不管怎样，日子一天天过去。时间不等人，我妈妈总是这么说。我必须行动起来，重新开始工作。

我的初稿躲在电脑文件夹的深处。宝宝在婴儿床里翻了个身。我连现在究竟是上午还是下午都说不准。

但所有这些问题都有一个显而易见的答案。我是一个生活在北京的美国人，记得吗，在这个城市里，到处都是想做保姆、厨师和清洁工的农民工，而我是一个有经济能力的人。

*帮手是雇得起的。*那句话在我耳边回响。

这是一个委婉的说法。它的意思是“这里的劳动力很便宜”。

外国人总是这么说。我从没听到一个中国人说“帮手是雇得起的”。

清洁女工并不是什么新鲜事。我已经很多年没有打扫过自己的住处了——我总是在出差，不管当时租住在哪里，都没正经住过。我们住老北京四合院的时候，一位戴着眼镜的老奶奶每天早上骑自行车到我们家，煮一壶咖啡，切一碗水果，在房间里来回拖地。为了享受集中供暖和源源不断的热水带来的便利，我们放弃了那间风景如画但已经快要散架的小屋，搬到了城市的另一头，我们请她继续为我们工作，她礼貌地回绝了。花在路上的时间不划算。

我们原本打算在孩子出生之前雇一个新阿姨，但一直没有找到。而现在，我们生活在混乱之中，任何一对中国的父母都会立即明白：这是一种不必要的、自我强加的牺牲。到处都有帮手，只要提出要求就会找到。

我怀孕的时候，北京的朋友热情地说：“你能在这里生孩子真是太幸运了，因为这里的帮手很便宜。”

帮手！

第三章

我看着她。她看着自己的手。餐桌隔在我们中间。

这不是我打电话给家政中介公司时想到的那个人。我想象的是一个乐呵呵的老奶奶，衣衫破旧，举止沉着，一个穿着旧毛衣的老村妇，会煮汤面，对小婴儿的一切了如指掌。

这个女人很年轻，也许太年轻了——肌肉发达，精神饱满；尖下巴；手肘突出。她乌黑的眼睛在时髦的刘海后面扑闪着，脸上棱角分明，浓密的头发快要及腰。她穿着一条酸洗牛仔裤和一件印着色彩明亮却意思含混的英文字母的T恤。

事实：我在生活中遇到的最好的人，第一印象都不太好。

“你有孩子吗？”我问。

她顿了一下，嘴巴张开，眼睛飞快地看向中介——她可以回答吗？一个不易察觉的点头。她转过身来对着我。

“有。”

柔软、甜美的声音。太软了，太甜了。哦不，这简直让我抓狂。她三十岁了，却不敢直视我的眼睛。

“她有一个女儿。”那个叫于兰达(Yu Landa)的中介插话说。“三岁了。”我还没来得及说话，她又补充了一句，一边说一边轻拍着面试开始时她放在我面前的那张纸。

哦，对了，就在这里，上面还写着她的出生地（河北省，在北京的保姆里这是个很受欢迎的出生地，因为那里的普通话很纯正，万一保姆拿方言污染了宝宝可就坏事了）、身高（矮小）和体重（轻）。

我对中介笑了笑，她脸上的笑容自打进门就没停止过。我担心她嘴上的口红很快会裂成碎片，就像在太阳下曝晒的赤陶土。

“你女儿——她的女儿——”我不知道该跟谁说话。

“跟外公外婆住一起，”于兰达坚定地说，“留在河北。”

“你——她——你在这儿是和——”

“丈夫”。

“她住在哪儿？”

（听不清。）

“从你家到我们这儿路上需要多长时间？”

坐公交车，中间换乘一次，差不多要两个小时，但她还是愿意在我们家工作。

“我需要有人帮我打扫卫生，还要做饭洗衣服。”我解释说，心里突然有种为自己辩解的冲动，“我不需要她帮忙带孩子。也许等宝宝再长大一点。等我和她之间更加了解的时候再说。”我先对着年轻女人的头顶说话，然后转向中介那张始终不变的亲切的脸。

于兰达说了几句普通话，然后转向我。

“好的。”她宣布。

“你明白吗？”我问这个年轻的女人。

“好的。”她温顺地重复道。

“嗯——”我停顿了一下，不知道该怎么把她们送走，“我需要确认她的推荐信。我可以打电话吗……”

于兰达低声对这个候选人说了几句，候选人咯咯地笑着说：“谢谢你。”然后匆忙穿上凉鞋，消失在门外。

“你觉得呢？”于兰达的声音像是抹了蜜，但阿姨们在她面前显得畏畏缩缩。她的牙齿像盾牌一样闪闪发光。*为了更好地把你吃掉，亲爱的……*[1]

“她的英语不太灵光。”

“她听得懂的。你先让她试试。”

“我们还能再见见别的人吗？”

“现在，没有。全职，没有。夏天，找人一直很难。”

我已经束手无策了。我会给这个女人——她叫什么来着？——一个机会。

为了核实她的推荐信，我给她搬到新加坡的前雇主打了电话。

“她应该会很不错，”远方的那个女人说话时带着利落轻快的口音，这使我想象着巨大的房间被刷得四面落白的样子。“她是我亲自训练的。我们快走的时候，我已经让她管理整个房子了。”

我努力想象着今天见到的这个胆怯女人利落地管理一处宅院的样子，向汤姆复述了这句话。

“听起来不错。”我丈夫说，眼睛盯着手机。

我们让中介叫她来试工。

第二天早上，她大步走进我们家，放下包，拿起扫帚。到了中午，

[1] 出自童话《小红帽》。当小红帽问伪装成奶奶的大灰狼为什么牙齿变大了，大灰狼说出这句台词后露出真面目。

地板闪闪发亮，厨房里弥漫着类似柠檬的气味，水龙头上可以照见自己的脸。

她做事井井有条，反应敏捷。蹲着，站起，关门，大步穿过走廊，拎着垃圾出去，拿着毛巾进来。在我给孩子喂奶的时候，她在我周围擦来擦去。对这些混乱的感知使我平静下来，因为混乱自行平复着，却不怎么需要动用我的身体和大脑。当我和她的目光偶然相遇时，她会微笑。她每个工作日都来，从早上八点一直做到晚上六点。星期六也来，算是加班。我们每月付给她不到五百美元。

“阿姨”是对中国女性家政工作者的统称，字面意思主要是指妈妈的姐妹。但是这位女士不想当我的姨妈。

“不，你可别这么叫我，”她咯咯地笑着说，“老女人才被叫成阿姨。”

“那我们该怎么称呼你呢？”

“小李怎么样？”这样显得很年轻。

事情似乎总是这样：我要找一位老奶奶，结果找到了一个妹妹。不过，就是从那天早上开始，有她在家的时候，我感觉好多了。那是再明显不过的事实：小李来了，我好转了。

嗯，任何人在干净的房间里都会感觉更好，尤其是当他们一直没睡觉时。对于房子，我还发现了一个可怕的事实——只要是别人打扫的房间，总是感觉更干净。小李无法清除我的存在性恐惧，但她的出现在某种程度上减轻了这种恐惧。与我的孩子和丈夫在一起的每一刻，焦虑和黑暗仍在不断延伸，就像一幕背景悬挂于我的抱负和想法之上。恐惧已经成为我的潜台词，我脚下的土地。自从孩子出生，它就一直在那里。我能感觉到它，但我不知道该如何解释。甚至对汤姆也说不出，或者说，尤其是对汤姆。

“我可能得了产后抑郁症。”一天我说。

“我觉得你只需要好好睡一觉。”他回答说。

他忙忙碌碌，来来去去。他的建议：好好睡觉。然而，如何好好睡一觉，他没有给出任何建议。

我憎恶夜晚。汤姆跌进了他的血肉之躯里，留我一人在断断续续的意识里。伴着婴儿的啼哭，我在梦里进进出出。在梦境里，我要么在午夜的深海里，在群蛇间游弋，要么在荒凉晦暗的大地边缘行走，身后有可怕的强盗和狼在追赶。

早晨带来了阳光和咖啡，有时也带来客人，但最重要的是，它带来了小李。她头脑清楚，有条不紊，温柔可亲。我仍然又累又害怕，但恐惧不再那么尖利。

只花了几天时间，我就意识到了她的重要性。

小李带的午饭装在塑料盒里，热水装在保温杯里。在我家的小厨房里，我们在橱柜和嵌入式微波炉之间塞了一把直背的硬木椅，中午她就坐在这里匆匆吃饭，然后把脖子扭成一个不太可能的弯度，脸枕在桌面上，就这么趴着眯一会儿。

第一次看到这个令人痛苦的休息场所时，我惊呆了。

“小李，”我轻轻地把她推醒，“你可以在沙发上躺着休息。去客房也行。”

她眨了眨眼睛，脸红了，但没有动。

“我喜欢这里。”她简单地说。

后来，我试着跟她讲道理。

“你不能在那儿睡，”我说，“这样睡很不舒服啊。你可以在桌子上吃饭，然后去沙发上睡一会儿，这样不好吗？”

“我很舒服。”她坚持说。

一天汤姆碰巧在家，他甚至比我更加不安。“她为什么要在那把椅子上午睡？”他生气地低声说。

“她不会换地方的，”我说，“我试过了。”

“小李，帮帮忙，”我听见他说，“这看起来太不舒服了。”

她笑了起来。

“我没事！”

一天，有朋友带了一盒日料外卖当午饭。她也刚生了孩子，但在孩子出生后就立马回到了记者的工作中。现在我们把寿司卷浸在酱油里，她给我讲着报道中遇到的冒险故事。

她告诉我，最近她去了北京的一个垃圾场，报道一个老妇人从垃圾堆里救出女婴的故事。

她小声嘟囔着，以免小李听到：“你能想象吗？”

“别担心，”我低声说，“她睡着了。”

“顺便说一句，”我补充说，“你能去看看她是怎么睡的吗？”

她蹑手蹑脚地走到厨房门口，往里面张望了一下，然后笑着回到桌边。

“真的快把我逼疯了。”我说。

“她可能喜欢那里，”她说，“那是她自己的一片角落。”

“可是看起来难受死了。”我说。

“中国人，”我聪明而富有同情心的朋友回答说，“对身体上的舒适有着完全不同的感觉。”

那些话在我脑海中挥之不去。几个月后，拿起朱莉娅·博伊德的书时，我突然回想起朋友的话，不适感跟着涌上心头。这本书讲的是义和团运动爆发前的那几年里，旅居北京的外国使团的故事。博伊德在书中写道，外国人认为北京人的生活“有娱乐性，有挑战性，偶尔还有些吓人，但终归都是虚幻”。

“外国人也告诉自己，中国人行事依靠的是不同的标准，这样外国人就能更容易接受中国人一直在过苦日子这个事实。”她接着写道，“中国人对身体上的疼痛的忍耐力要比西方人强得多。”[1]

小李把衣服送进洗衣机，挂在太阳下晒干。她把干干净净的床单铺在床上。她买了蔬菜、大米、面条、肉、蛋、食用油和调料。她每天晚上给我们炒菜，把热气腾腾的食物盛进我们的盘子，然后在餐桌上摆好。

这还不够。小李渴望宝宝。她在宝宝身边盘旋，对着他的脸耳语。宝宝朝她微笑，她高兴得喘不过气来。我越是想要打消她的兴趣，她就越是温柔地坚持。一天，我抱着宝宝走向尿布台，她挡住了我的去路。

“我来。”她说着，伸出手去抱孩子。

“不，我来做。”我厉声说，被自己生硬的语气吓了一跳。“你可以看着，”我用更加温和的语气补充了一句，“先学着怎么做。”

“好吧。”

她的眼睛闪烁着压抑着的笑意。那是一种友善的笑。她对我的怒意并不是完全不能理解。

“好吧。”

一天下午我去银行办事，意外地耽搁了很长时间，我急急忙忙赶回家。我的心像被抛到地上的鱼一样扑腾着。我敢肯定，马

---

[1] 此处译文引自朱莉娅·博伊德著，《消逝在东交民巷的那些日子》，向丽娟译，商务印书馆 2016 年版。

克斯正在哭喊着要妈妈，他的小脑袋瓜里一定想着妈妈不要他了。我猜想他又饿、又怕、又孤独。我无法承受想象他的焦虑所带来的焦虑。

我冲进公寓——冲进一个宁静的场景中。小李在窗边搂着婴儿。她用普通话轻柔地唱歌给他听，在一缕阳光中轻轻地给他翻身，宝宝喜滋滋地盯着她的脸。她转向我，咧嘴一笑，好像在说："瞧啊。"

看着他们，我明白了，如果我真的想回去工作，我必须鼓励这种关系，而不是压制它。

我开始每天至少把马克斯交给小李一次。她推着宝宝穿过房间，跟他叽叽喳喳说着话、哼着歌。她把他放在沙发上，自己坐在地板上，和他脸对着脸，唱歌般地说一长串话哄他开心。她指给他看太阳和云彩，还有白天里淡淡的一抹月亮。她大声朗读着色彩鲜艳的纸板书，发现我在偷听她那不标准的英文时，掩嘴笑了起来。"白天有脚，晚上有脚。"她一边尖声说着，一边挠他的脚趾。

我永远也不会忘记她叫他名字的方式。带着诱人期待的 M；长时间慢慢咂摸的 a；强有力的 x 就像一个热吻带来的惊喜。每次都用感叹号。Max！

好像这个名字本身就很甜美可口。

"你要吃午饭吗？"

我在平时坐的地方重重地坐了下来，那是书柜旁边的米黄色扶手椅——背对着厨房，面向一扇收入整片天空的窗户。我凝视着秋日的午后，啜饮着加了牛奶的咖啡，试图让自己振作起来。而小李在一边，打算给我做点吃的。

"我不想吃,"我沮丧地对她说,"我还是太胖了。"

"没有啊。"她礼貌地说。

我叹了口气:"我的衣服都穿不进去。全都太小了。"

"好吧。"她温和地说,挥挥手表示这无关紧要。她没有美国人的那种倾向,想让我相信肥胖出自我的凭空想象,但她又足够好心肠,坚持认为胖一点也没关系。

"你的孩子还很小,"她说,"生了女儿后,我也很胖。像这样——"她鼓起双颊。

我笑了:"我才不信呢。"

"真的。生完一年后我还是很胖。过后就好了。"

"她现在多大了?你女儿。"

"三岁。"

"哦!大孩子了。"和我的小婴儿相比,就连一岁大的孩子也显得像巨人卡冈都亚[1]那样。

小李点头表示同意。

"她在你们村里?"

"是。原先在我这儿,我自己带她,但太难了,现在是我爸妈带。"她说。

"你丈夫也在北京?"

"是的。"她说。

"他在工作吗?"

"是的。"

"他做哪行?"

[1] 巨人卡冈都亚(Gargantua)是法国小说家拉伯雷的长篇小说《巨人传》中的巨人国王。

我并不是在礼貌地假装不知情。所有这些对我来说都是新闻。小李来面试时，我听到了这些细节，但转头就忘了。

“他盖房子。”

“建筑业。”

“建筑业。”她同意这个说法。

“有意思。”我笑了笑，把问题抛到脑后。我没有再追问孩子怎么接受教育，谁负责照顾她。我没有问小李出来工作是不是她自己的选择，也没有一直想着因为小李负担不起照顾女儿的费用（不用说也知道），只好把她送回村里跟老人同住这个令人不安的消息。我没有努力去了解，她的生活是一场宏大的冒险，还是令人心碎的苦役，抑或两者兼而有之。

这些问题在我的脑海里一字排开，但我没有理睬它们。它们把我们地位上的差异映照得过于明显。我有钱，不必与孩子分离。她很穷，没有受过教育，别无选择。

我隐约觉得我的沉默是一种高姿态。我告诉自己这样做是为了不让她难堪。我当时并没有想到，我只是幸免于难的那个。

不管怎么说，我们确实没法很好地沟通。我会的那点汉语和她不流利的英语只能为我们提供一小部分与婴儿和家庭有关的名词和动词。

但我故意没有发挥自己的想象力。没有去想象小李和丈夫一起住的那个遥远的房间，也没有想象她在我们公寓之外的生活：漫长的公交通勤，为她自己的家做饭、买东西、打扫卫生。

这样想下去会很危险。如果我了解得太多，如果事实太残酷，那么我可能会得出这样的结论：我的家务安排从根本上讲是不公平的。这就是我无形的、潜在的恐惧：如果我了解得太多，我可能不得不打破现状。要么淹死，要么把小李当成我的救生衣。没有第三个选择。

“我能带马克斯出去吗？”一天下午，小李提议道，她歪着头，眼睛闪闪发亮。

“嗯。”我暗自有些恼火。

我的本能反应是：绝对不行。

我环视了一下干净的、空荡荡的公寓。那是一个星期二的下午。家里除了我、马克斯和小李没有别人。汤姆要到周末才会回来。我想起那本遗忘已久的书稿。小李是在为我们工作，她需要找点事情干，比如带着宝宝出门散步。

我知道。我完全知道。

大家就是这么做的，我提醒自己。每个人都在这么做，你认识的每个人。他们信任临时保姆、阿姨、托儿所。他们研究看护者的性格和保育机构的政策，但谁也无法避免这种时刻，要把一个无助的孩子交给几乎陌生的人。

这感觉很疯狂。糟透了。

这一定很疯狂，很糟糕。

不，疯了的人是我。

“行不行？”小李打破了我的沉默。

“行吧。”

我把马克斯放进婴儿车里，伸手去拿安全带，但她斜眼看了下我，轻轻从我手中接过塑料搭扣，把它们扣好。她想证明自己能做好这些事情。

“你带了手机吗？”

“带了。”

我听到电梯的叮咚声、嗖嗖声和哐哐声。

他们走了。

我做了些什么啊？

我独自一人，脑海里闪过许多灾难场景。多年的新闻工作在我的想象力中永久地埋下了各种人类邪恶可能性的种子。最坏的结果是什么？这是我最不喜欢的反问句，因为我总有答案。

以此刻为例：人口贩卖。小李和一个绑架团伙达成了协议。马克斯是一个完美的婴儿，没有缺陷，刚刚来到这世上，值不少钱。他们可能在楼下的车里等着。马克斯还不会说话，他永远不会记得我。汤姆为什么非要用那家中介公司？这公司可能也卷进去了。我一直不喜欢那个中介，还有她那狼一般的牙齿……

不，停下，停下！这种事情再简单不过了，我责备自己，应该没事的——不就是保姆推着婴儿车带着宝宝散步吗？试着——你总得试试——正常一点。

不，这就是不对的！

我在想什么，让一个陌生的女人在陌生的国度带走我的孩子？我母亲决不会做这样的事。

不，她会随随便便把我们丢给十几岁的孩子来照顾；那更糟糕！

我是个没用的母亲。

我在发神经。

我试着跟自己讲道理——在中国市场上转卖一个白人婴儿会很麻烦。我儿子带来的麻烦肯定超过了他的价值。

但是——俄罗斯人！

哦上帝。俄罗斯人。

离我们公寓不远，便是弥漫着超现实主义喧嚣的俄罗斯社区，那几个街区里有几家乌烟瘴气的卡拉OK歌厅、狂野的夜总会和可疑的货运站。锈迹斑斑的卡车咯吱作响，气喘吁吁地行驶在通往中亚的尘土飞扬的高速公路上，驶进公路附近的城镇，在戒备森严的仓库里卸下箱子。

她可以把我的宝宝卖给俄国人！

我在客厅的窗前徘徊，眯着眼透过正午的强光往外看，想在下面的人群中分辨出宝宝的红色婴儿车和小李的黄色衬衫。那里有时装店、咖啡馆、干洗店、美容院。铺好的小路蜿蜒而上，草坡上点缀着石榴树和银杏树。那是一个怡人又热闹的地方，完全不存在街头犯罪，穿梭其间的是为数不多的上班族、情侣和学生，有一小群保安负责看守。那里没有流露出丝毫危险的气息。

在那里！小李推着婴儿车懒洋洋地转来转去，时不时停下来和其他带孩子的阿姨聊两句。她弯腰看了看宝宝的脸，调整了一下他的遮阳伞，然后沿着人行道走着，看了看商店的橱窗。她把车子推到阴凉处，紧挨着宝宝，在旁边的马路牙子上坐了会儿，然后站起来继续走。

一切都很好。我太可笑了。

她把孩子抱回来的时候，我接过他温暖的小身体，闻着他身上甜蜜的乳香，毫无疑问，这是我的宝宝。他朝我咧嘴一笑，然后依偎着我的脸颊，好像我是发生在任何人身上的最好的事情。

我兴奋得满脸通红。不仅我的孩子回来了，我还瞥见了一条前进的路。小李带走了他，又把他安全地送了回来。她就在这里，哼着小曲，欢快而平凡。那么，也许这的确是一个可以信任的女人。

起初确实如此：我与小李的关系是交易性的，战略性的，令人恐惧的。

对我来说最宝贵的一切——我的工作和孩子——都与一个我几乎不认识的女人的行为息息相关。

现实简单而残酷：如果小李来工作，我可以关上书房的门，坐在书桌前，写一两个小时。如果她不来——得了流感，或者家里出了事——就会粉碎我在那一天写作的所有希望。

因此，我让自己陷入了一张女性工作的网络之中——既是雇员，又是雇主，同时还是受益者。我自己的工作是以另一个女人的劳动为基础的。我的写作是一种商品。我的时间是有限的原材料。雇用家务帮手的选择是一种投资，也因此是一场赌博。

像苹果电脑和固特异轮胎一样，我从中国的廉价劳动力中获益。但与那些公司不同的是，我住在自己的工厂里，与廉价劳工共处的时间比跟配偶在一起的时间还要多。

而且，我也为自己的精神状态感到不安。

有一天，一位朋友从香港打来电话，她也当了妈妈。

“你好吗？”她问。

“我每天都在经历后现代女权主义的崩溃，”我告诉她，“但除此之外还蛮好的。”

她笑了：“欢迎加入俱乐部。”

这是真的，有不少人和我一样。我在世界各地遇到的最聪明、最具社会意识的职业女性——企业家、艺术家、记者、外交官和学者——都是通过雇用贫困妇女照顾自己的孩子，才确保事业得以发展。

这是软肋。这是取舍。

眼前没有其他解决办法。

汤姆吃腻了小李做的饭菜。

即使是我，最喜欢她的盟友，也不得不承认她做的炒肉、蔬菜和鸡蛋都是一个味儿；堆得高高的白米饭；泡在醋里的黄瓜。一盘菜但凡有一口没吃完，就会在下一顿饭中作为配菜重新出现。汤姆把这些黑乎乎的剩菜推到一边，但我非常羞愧，不好意思叫小李浪费食物。所以我只能趁她离开后拿纸巾包住剩菜，偷偷地倒进垃圾滑道里。

我能感觉到汤姆无言的愤怒在膨胀。一场爆发即将来临，我的愤怒也如预期般增长。我要靠勉力支持才能保持头脑清醒，他怎么敢在饭菜上大惊小怪？这些菜确实不怎么新颖，但它实用、有营养，比我或他做的任何菜都好吃得多。他就不能闭嘴乖乖吃饭吗？我沉默不语，看他敢不敢把这件事提出来。

当然，他这么做了。

“太难吃了。”一天晚上，汤姆哗啦一声把椅子往后一推。

“不，怎么会。”我知道这是第一枪。

“我再也吃不下炒菜了。”

“我喜欢吃！这些蒜苗——”

“你就不能教她做点别的吗？”

“占用我自己的那点业余时间？”我的声音里带着警告。

“我要去楼下的意大利馆子吃饭。”

“那我怎么办？”我说。

“你不是说你喜欢吃吗，”他假装很有耐心地说，“所以你就吃这个呗。或者，如果你愿意，我回来的时候你可以出去吃。”

他回来时，我一声不响地和他擦身而过。我早已没了食欲，但这关系到原则问题。在楼下的日本餐馆里，我点了一瓶啤酒，慢慢地喝着，眼睛盯着窗外。没有孩子的情侣们穿过暗夜，打扮时髦，举止神秘，在路灯下进进出出。

我到家时，汤姆已经上床睡觉了。

我被困在自己萎缩的世界里，试图创造另一个世界。

我找到了记忆、声音和气味，循着它们回到莫斯科。然后，在记忆中的莫斯科，我软化了城市景观，撼动了建筑，把它们改造为一个虚构的莫斯科。这座对我来说曾经真实的城市，我当年的家，现在必须在想象中重新安排。真实必须存在于虚构的细节之中。这就是将真实化为虚构作品的诀窍。如果句子不能以一种可感知但非公开的笔法来掩盖真实成分，那它们就是彻头彻尾的垃圾。可一旦你尝试这么写，你就失败了。这当中有一种盲目，一种自由。我不得不放手，任由自己跟随着词语，将自己拖拽出来，因为我知道下面可能是一片泥海，一句话可能会变得松散、会中断。现在就放手。这是我的机会。放手。

电脑是白色的。纸是白色的。窗户里空荡荡的天空是白色的。莫斯科冬天的白色。夏日天空的白色。白色的夜晚。圣彼得堡。疲惫的图像。明信片。别人会写的东西。不是我的。

把白色的空间变成雪。用语言填补空白。找到一些真实的东西，在上面加一些词语。

我太累了。这种疲劳并不狂野，也引发不了什么联想，它是空洞的。莫斯科已经遥不可及。于是，我写道：

你想到了二十世纪五十年代。你认为压抑情绪、闭口不谈也许有些作用。你觉得和唐·德雷珀[1]这样的人住在一起或许更合意，至少更诚实，他是一个毫不掩饰的男性至上主义者，不会给自己的生活方式披上进步、平等的伪装。你想知道那个说过永远不会把照顾孩子的工作交给别人的男人怎么了。你想到了短期需求之间的竞争。你想到了妥协。如果你生气地说出来，他会说你疯了。如果你悲伤地说出来，他会说你在扮演受害者的角色。你试着不说话，但这会让你更悲伤、更疯狂。如果你不说出来，什么都不会改变。如果你说了出来，什么也不会改变。你无法再认真对待那些处在异性恋关系中，但不曾生儿育女的女权主义者了。你已经懂得，最血腥、最艰难、最棘手的战斗就发生在家里，但多数时候都隐藏其间，因为数以百万计的家庭都在沉默中寻求平衡。

我的头嗡嗡作响，我累了。我又和汤姆吵架了，所有能吵的新事物，我们都会为之吵架——家务、时间、睡眠和责任。我们吵架是因为我们都筋疲力尽，并且暗中相信对方多占了一点便宜。我们吵架是因为我们神经兮兮、小心翼翼，不想当着孩子的面吵起来，这意味着我们几乎没有机会吵架，而一旦吵起来，这些烦恼就发酵成一种力量，完全掩盖了争吵的起因。我们吵架是因为我们以前把对方当成孩子一样宠爱，而现在除了宝宝，没有人还会被捧在手心里。

至于我，我吵架是因为我在惊恐中瑟瑟发抖，而汤姆根本不

[1] 唐·德雷珀（Don Draper）是美国电视剧《广告狂人》（*Mad Men*）中的主角。

在我身边。他轻而易举地溜回原来的生活中，我却被炸回到某个史前的我。我很生气，因为他将所处的优越的地位、所受到的较小的冲击，默认为一种与生俱来的权利。所以我要和他的缺席做斗争。

刹那间，我们觉得自己好像处在崩溃的边缘。但话说回来，我认识的每一对新手父母都有过类似的争执。这让情形显得安全了一些——就像伤风或某个发育阶段，它会随着时间的推移而结束。

不吵架时，汤姆饶有兴趣地听我说话。我告诉他，我是如何变得更加谦卑，我描述身体和心理上的变化。

“你应该把这一切都写下来。”他告诉我。

“什么一切？”

“成为一名母亲。”

“不！”

这个建议让我怒不可遏。在我看来，每一个受过大学教育的女性，只要有一台笔记本电脑、一个孩子和粗通的语法，就能把自己重塑为一个“育儿博主”。

不，不可能——对我来说不可能。我奋力拼搏，久久挣扎，就是为了不走上这条路。我永远不会离开更广阔的世界，脱离政治和经济这些严肃的抽象概念。我打败过男人，也不会就此停下。我的作品不会放在冰箱和婴儿床之间，不会散发出橡皮鸭和护臀霜的味道。

是的，我在为人母的世界里漂泊，在乳汁和激素的溪流中丰满着、游荡着，但我不允许自己沉溺于繁殖之中，在那种洁净的生活里荒废。这让我想到熟透的西红柿上的一个小点，那里的果皮剥落，指甲轻轻一掐就会陷进烂熟的果肉里。

那不可能是我。

这就是为什么我需要小李。

第四章

六个完美的点心在玻璃下闪闪发光。猕猴桃的籽像玛瑙粒一样晶莹剔透。它们永远不会被吃掉；这家西点店苗条的常客们不会买这么容易发胖的甜品。面包师们穿着精致的围裙，说的法语带着浓重的中国口音，他们是这家博物馆里揉搓着面团的守卫和道具。

我和两个朋友在喝茶。一个是两个小孩的母亲。另一个几个月以来一直穿宽松的衬衫，喝柠檬苏打水，我们早就疑心她怀孕了，但她这会儿才承认。

“我丈夫已经准备好换尿布了。”这位孕妇沾沾自喜地说。

我们笑话她。

“尿布？那是小事一桩。”我说。

“那什么是大事？”

我们四目相对。应该坦白到什么程度？

“嗯，比方说睡眠——”我小心翼翼地说。

“还有母乳喂养——”另一位母亲说。

“没错。”我同意，“我的天！”

桌子上一阵沉重的沉默。

“会有一段时间，大概是一年吧，你丈夫会成为这个家里的外人，”另一位母亲最后说，“就好像他都不住在那里一样。”

我盯着她。

“那，”我惊奇地说，“正是我的感觉。”

我这位同样做母亲的朋友三言两语就诊断出了我自己家庭生活的疾患。

汤姆成了家里的外人。

“你的书写完了吗？”几天后，汤姆问道。他的目光从电脑上移开，看起来像是一个满腹牢骚的学生，为了期末考试成绩，强迫自己在课堂讨论中发言。

“写了一点。”我想方设法让语气轻松些，“我还在努力找时间。”

“也许我们需要找一个比小李更好的人。”他漫不经心地说。

我惊恐地盯着他。

“你在说什么？”

“我们已经雇了个全职女佣，但你还要处理所有家务，这根本说不通啊。”

各种各样的反对声从我脑子里的所有角落一齐涌上来，立刻扑向我的嘴巴，它们互相碰撞，汇合成言语的攻击，在无望的咆哮中倒塌。

“问题是——”

我该说什么，该从哪里说起？对于维持我们清新整洁、供应充足的现状所需要投入的时间，汤姆一无所知。

他打断了我的话：“好吧，亲爱的——”

"等等，"我厉声说，"等一下。"

我捂住眼睛，用力往下按。

小李本应该给我自由，但她却变成了一个陷阱。

事实上，小李和我都在全力以赴地工作。我们购物，为大人做饭，为婴儿提供食物，打扫，洗衣服，当然，照顾宝宝还需要付出无休止的时间。

如果汤姆和我愿意住在一个脏乱的公寓里，或者多吃点外卖，那么小李的加入可能意味着一条我回到书桌前的捷径。但我们都是洁癖狂，汤姆很挑食，而且自打小李开始为我们工作后，他觉得没有必要再忍受邋遢的家庭环境了。

是的，我失败了，但不是像汤姆想的那样。我失败在没能很好地和丈夫沟通我真实的日常生活上。现在我不得不试试，但已经晚了，而且一说起话来我就按捺不住火气。

"不是小李没做好她的工作，"我终于开口，用力拉住声音的缰绳，这声音稍一放松就可能变成尖声厉叫，"只是要做的事情很多。如果她在打扫房间，那我肯定要负责照顾马克斯。"

"不能趁他午睡时打扫吗？"

"我有时也得做别的事情吧，比方说，我要洗澡。"仇恨的尖刺，句子的碎片：时间被打碎——我必须解释——他算老几，怎么能质问我？——他整天都在哪里？——如果他去公园散步了，如果他出去喝咖啡了——那他怎么还敢这样审问我——我永远不会——

我想用盘子砸他的头。

"你不明白，"我终于说，"你不是整天都在家里，你真的不知道有多少事情要做。"

“是，我猜我确实不知道。”他刻薄地说。

现在我连杀人的心都有了。

“你应该相信我的话。你应该相信我。”我爆发了，“因为我做过你的工作，我清清楚楚地知道你每天是怎么过的。但你从来没有做过这些事，而且我敢打赌你永远不会做。”

汤姆怒气冲冲地回到卧室，我坐在那里惊恐地审视着自己的处境。小李给了我一些至关重要的碎片时间，以及对我的事业来说十分宝贵的希望，但我为她的出现付出了金钱，我才刚刚开始明白这一点。现在我意识到了，如果我强迫汤姆分担更多家务，他就会要求解雇小李。他与家务活的疏远变成我（身份是家里的经理人）或者小李（身份是全职女佣）的失败。

他总是用那个词，女佣。这让我很不舒服。这个词暗示着富足，隐藏着指责。我是一个以穷人为食的剥削者。我已经变成了我们从来都不想成为的那种人。

当然，汤姆仍然在外面的世界自由穿梭，他为弱者挺身而出。他已经为人父，却还能继续追求自己的事业，没有做出任何降低身段的妥协。他不像我，绝望地数着自己的分分秒秒，就像一个乞丐在翻看口袋里越来越少的硬币。

宝宝过第一个圣诞节的时候，我们从宜家给他买了玩具：毛绒动物、木制火车和拼图。不是塑料的东西，是从斯堪的纳维亚进口的玩具。我们害怕中国的化学品和塑料。

平安夜，小李冲进我们的公寓，她的脸红扑扑的，手里拿着一份包装好的礼物，那是给马克斯的。

“圣诞快乐，”她甜甜地对我们的孩子说，“我爱你。”

她帮马克斯撕开包装纸，里面是一只圆底的硬塑料鸭子。敲打侧面，鸭子会直立起来，发出轻轻的鸣叫声。

马克斯喜欢这只鸭子。他敲了敲，转了转，大笑起来。在我们单调乏味的木制玩具和毛绒动物玩具旁边，小李的鸭子又亮又响，马克斯喜欢它胜过其他人送给他的任何东西。他对着这个吵吵闹闹的东西又打又笑，小李得意得满脸通红。

“我们得弄走那只鸭子。”小李一走，汤姆就小声说。

“你在说什么？”我其实明白他在说什么，“这可不行。”

“亲爱的，”他说，“万一马克斯把它放进嘴里……”

我知道汤姆是对的。这只玩具鸭子不安全，宝宝还太小。

但我也知道汤姆是错的，中国孩子玩这样的玩具。我们要永远把孩子悬在空中，让他看着这个世界但不参与其中吗？

当然，还有小李。她女儿也拥有这种玩具。我怎么可以看扁它？那就等于是在宣布，她的生命以及她拥有的东西太廉价了，我们的孩子太宝贵，小李的礼物配不上他。

我试图想出一个巧妙的法子让鸭子消失。但是马克斯的玩具不多，这只鸭子的缺席肯定会被注意到并被问起。你很难对打扫你房间的人隐瞒任何事情。

我试着让每个人都满意，这是一个艰巨的任务。

我把鸭子埋在高架子上的毛衣里。我没有明确告诉汤姆我把鸭子扔掉了，但允许他这么以为。小李四处翻找那只鸭子的时候，我心烦意乱地耸耸肩，心里记着第二天把它拿出来——汤姆一出门上班就这么办。我总是记得在汤姆下班回家之前再把它藏起来。

我把鸭子藏来藏去，拉长它出现的时间间隔，等着每个人的记忆褪色。

我需要一些伪装，所以我扩大了马克斯的财产阵容。现在他有一个来自美国的变形玩具，一个来自澳大利亚的拼图，一把来自德国的小电子琴。

当然,有一天,我还是出了点闪失。汤姆发现马克斯在玩鸭子。

“为什么这只鸭子还在这里？”他沮丧地叫道。

“哦，”我假装惊讶，“我不知道。”

“我以为我们把它处理掉了。”

我本想说我也这么以为的，但没说出口，因为严格来说这是个谎言。“是的，”我说，“我们应该把它扔了。”

我看着丈夫把鸭子从地板上拽起来，跺着脚走出我的视线。族长和保护者，有毒家禽的征服者！我听到垃圾滑道的钢门嘎吱一声打开，然后啪的一声关上，把鸭子整个吞了下去。

马克斯呜呜咽咽哭了起来。我把他抱进怀里,进了另一个房间。

不一会儿，他就忘了。

至于小李，如果她注意到鸭子不见了，她也只字不提。

我数了一次，又数了一次。我翻找了另一个侧兜和两个后兜。是的，钱确实不见了。我塞进口袋的那叠钞票少了几百块。我很肯定。

嗯，几乎可以肯定。也许我把钱花了，然后忘记了。也许我拿的钱比我以为的要少。我茫然地站在洗衣间里，手上提着一条牛仔裤，努力回想我那个早晨的一举一动。

我把钱塞进口袋，出门给马克斯买拖鞋。我走在明亮、坚硬的冬日街道上，掀开厚重的塑料门帘，一头扎进昏暗零乱的秀水街市场：一排排货摊和小店高高地堆着适合各种人的衣服，所有你能想象到的仿冒品、盗版产品，以及各种稀奇古怪的人造物品，都有一群吵吵嚷嚷的小贩、买家、游客和流民在围着它们讨价还价。

我的要求很明确：一月份寒风刺骨，地板很冷，马克斯需要厚厚的羊毛拖鞋袜——脚底有点塑胶块的那种，这样他就不会滑倒。我四处寻找，边走边摸，很快就找到了想要的拖鞋。双方迅速讲好价，然后我就回家了。

这段时间里，那堆钞票紧贴着我的大腿，妥帖地放在口袋深处，而且还有一件及膝的大衣盖住了口袋。

我确实被人撞过，还坐过相当拥挤的自动扶梯。不过，我敢肯定没有人从大衣下面偷偷把手伸进我的口袋里。路上，我在一家小店喝了杯咖啡，咖啡洒到了牛仔裤上。回到家，我冲上楼，在床边匆忙换了衣服。所以，卧室是最有可能找到钱的地方——钱可能掉到了地上。但是哪儿都找不到。

"小李。"她在厨房停了下来，凝视着保温杯的边缘，"你有没有在家里看到掉的钱？"

血涌上她的面颊。

"没有，"她说，"是多少啊？"

"几百块。"

"哦……"她皱起眉头，"你去过秀水街——"

"不是在那儿丢的。"我打断她的话。

"但是那里扒手很多，"她反驳道，"他们摸起口袋来可快了。你根本感觉不到——"

"你能帮我找找吗？"

我们一无所获。与此同时，我把自己的记忆撕得七零八落，直到它们变得毫无意义。我编造出十几个可能的解释和错误的回忆——把钱递给乞丐，心不在焉地把零钱扔在一堆商品上，其中一个可能是真的。这没什么。也许没什么。可能吧。

但也有可能，我已经连续几周、几个月都在丢钱了，谁知道呢？也许小李是一个邪恶的陌生人，她窃笑着，趁着我这段时间睡眠不足、精神脆弱来骗我。

小李似乎读出了我的想法，她拼命地寻找着。她把我多年没穿的大衣口袋翻了出来，在早就不用的购物袋里胡乱翻找，还不停地告诉我，我一定是被偷了，这些贼很聪明，我根本察觉不到……

我很不安，她也很不安，很快马克斯就会从午睡中醒来。我没有说小李半点不是，甚至没有表示出怀疑，但关于小偷小摸的嫌疑横亘于我们之间。我懊恼地想，也许这种怀疑是合理的。也许在疲惫与绝望间，我请了一个聪明的骗子来洗劫自己的家。

所以，万一她偷了钱呢？我突然想。也许我该换个角度考虑这件事。

但这种想法的根源也充满恶意。仿佛小李的贫穷把她排除在人际交往的规范之外；仿佛她不是一个真正的女人，而是一个可怜虫，谁都会认为她行差踏错是意料之中的事，可以一笑置之。

此外，我还得考虑自己的良心。如果我们付给她的钱不够，让她觉得我们理应被偷，那么显然应该给她涨工资。

我们付给她的钱已经够可以的了，我提醒自己。比大部分阿姨的薪水都高，我提醒自己。

不过，我们是把钱付给了中介公司，这便是麻烦所在。中介公司为所有相关人员提供保护：它给小李买了健康保险，如果我们炒了她，还会给她介绍新工作。但这样的安排导致我们出的钱比行情价更高，因为中介每个月都要从小李的工资里抽走一部分。

我在一间间不是由我打扫的房间里，找着不是由我挣到的钱，所有这些想法翻腾而过，一个牵引出又一个。

至于汤姆，当然了，他对此毫无疑问。

“是她拿的。”我还没讲完，他就打断了我。

他指控中的随意让我怒火中烧。我的短暂猜疑是一回事，而汤姆——这个漫不经心地游离于家庭生活之外的人——指责小李，则完全是另一回事。“你不知道！”

“得了吧，”他说，“看看我们花了多少钱。我们以前从来没有花过这么多钱。”

“我们以前没有孩子。”

“这孩子几乎还不吃东西呢！”

“他改变了我们家的整体开销。”

“改变了整体开销——？”

“看，”我说，“我一直在告诉你，你已经不了解我们这个家了。所以你应该闭嘴！因为我不是傻瓜，而且我整天都待在这里。”

我停下来。汤姆什么也没说。

“我们要买尿布。都是进口的，价格不便宜。”

“不是尿布——”汤姆打断道。

“还有湿纸巾，”我也打断他的话，“和护臀霜。还有高档保湿霜，有机洗发水，各种东西。最重要的是，我们过去常常不做饭，总是出去吃。不知道怎么回事，这比买来自己做还便宜。”

“我们吃的地方不便宜！”

“有时候也吃便宜的馆子。而且，现在我买的是有机牛奶、有机蔬菜和高档农场生产的肉，这都是因为有了马克斯，我要给他喂奶，还有，现在他也开始吃东西了——”

“很好。我接受你说的一切，”汤姆说，“但我还是觉得这和我们花的钱对不上。你应该看看银行对账单。”

“我很乐意。”我们都知道我在撒谎，我才不想看银行对账单。

“不管怎样——”他开始说，我打起精神准备反驳。

现在是讨论我不负责任的财务行为的时候了。我用现金管理这个家，我没有记账或保存收据。我总是把口袋里的钱一股脑儿地倒在桌子和橱柜上。

“你不能再在家里到处放现金了。”他说。

“我知道。”我气馁地叹了口气，“但我放的钱都不多。我相信小李。信任她。信任。”

“但这对她也不公平，”他争辩道，现在他的声音更温和了，“那笔钱对她比对你更重要。你不应该那样试探她。”

我明白他是对的。不是在所有事上都对，但在这一点上确实没错。是的，好吧，他是对的。

我们始终没有找到丢的钱，也没有再讨论过，但几张钱不翼而飞的记忆却挥之不去。

每天早上，小李都会拿她那副钥匙开门，脱下咔嗒作响的平底鞋，放下人造革小包。然后，她从洗衣间旁边的柜子里拿出牛仔裤、T 恤和人字拖，走向浴室，出来时就换装成了家政工人。

坐公共汽车上下班时，她穿着宽松长裤、衬衫、整洁的高领毛衣和正装鞋。人们会把她看成是秘书或者小公务员。我认为这么做的目的是：在人群中伪装自己，丢掉身份，不必听命于任何人。

不管怎样，这些都是我的猜想。我没问过衣服的事，免得她难堪。更何况我也没有资格谈论时尚。

我还没甩掉怀孕时长的肉，但我拒绝买更大号的衣服。我穿着沾了污渍的孕妇装，宽松的上衣，还有不再需要系腰带、已经磨破了的裤子。我的几双鞋子都擦花了，还有裂口。我最喜欢的皮挎包的接缝处裂了一个大口子。

“哎呀，要是我们住在一个满是能工巧匠、收费超便宜的城市里，也许你就能把那个包修好了。”汤姆尖酸地说。

“梅格，说真的。”又有一天，他一边说，一边把手探进我袖子上的一个洞里摸了摸我的胳膊肘，“请你——请你——买几件衣服好吗？”

不，不，不。我就是不买。

我特别想要瘦下来，添置大号衣服就等于投降。我在钱的问题上也陷入困境。一想到我是一个没有收入的家庭成员，我就会发抖。我们靠汤姆的工资生活，把剩余的可支配收入存起来，但我讨厌依赖丈夫的工作。无论我在心里对自己说了多少鼓励的话，比如陪伴马克斯的重要性啦，写作生涯的长期投资啦，我还是感觉自己既然没有在赚钱，就没有权利去花钱。

而且我看上去糟透了。我知道，汤姆知道，也许最重要的是，小李也知道。宝宝是这个家里唯一不认为我丢人的人。

一天下午我准备去超市，套了件从大学时就开始穿的蓝调兄弟（Blues Brothers）T恤，衣服领口已经裂开了，上面有些模糊的芥末色污渍。我还没走到门口，小李就坚定地挡住了我。

“你就穿这个？”她指着T恤说。

“怎么了？”

“太破了。”她突然说道。

“没那么糟。”我吃了一惊，还有点受伤。

“真的很破。”她坚持道，“看起来太邋遢了。”

我明白，在她眼里，我没有尽到自己的本分。我们有一个体面的孩子和一套体面的公寓；我丈夫穿着体面的衣服，去体面的办公室工作。我是这当中的不和谐音符。我应该去时装店购物，去美发沙龙做头发。那才是小李愿意为之服务的女人。

小李不再让我联想到小猫了。她的羞怯消失了，我看到她在沉思或被迫时所表现出的尊严。她个子不高，但站得笔直，苗条得像个芭蕾舞演员，昂首挺胸，端详着我。

我想，如果她处在我的位置上，她会魅力十足、泰然自若地管理家务。她用的手机比我的好——她的是山寨 iPhone，我的是老款黑色诺基亚。她穿得也比我时髦——哪怕更便宜。

我很肯定，她认为鉴于我生活条件优越，应该多在自己身上下功夫。

冬天天黑得很早。我一个人在公寓里。

小李推着马克斯出门散步，但是外面天寒地冻，我想让他们回家。我一遍又一遍地给小李打电话，她没有接。

焦虑攫住我的喉咙。肯定有什么事发生了。有人受伤了。黑暗中的汽车、摩托车、绑架。车灯在暮色中闪烁，匆忙的人群用兜帽或帽子遮住眼睛。失踪了，我的宝宝失踪了。我在地板上踱来踱去，强迫自己喝了点水。

终于，我听到电梯在楼梯口叮咚作响，钥匙插进锁孔。他们到家了。

小李很慌张。她在厨房的橱柜间来回走动，双手在餐具间一阵忙活，眼睛转向别处。马克斯烦躁不安，小脸蛋冻得通红。

“你刚才去了哪儿？”

“我去了银行。”

“什么？哪儿的银行？”

“就是这儿的，很近。”她说。

“请不要带着马克斯去办你的私事。”我用自己的脸蹭了蹭马克斯冰冷的脸颊。

“对不起。”她说。

“还有，你得接电话啊。一定得接！”

“街上太吵了——”

“我不希望这种事还有第二次。”

“好吧。我很抱歉。”

“这种事没有第二次。”我冷冷地说，“你明白吗？”

我要拿她的工作作为威胁，这是我能说的最重的话了。

“我明白了。”

我觉得出了什么事，小李没告诉我。这件事显然是我们日常家庭生活中的反常现象，而我不知该作何解释。

但是没有人解释。我和小李已经达到了沟通的极限。至于马克斯，只有他脸上的寒意讲述着发生过的事。我紧紧抱着他，低声说着我有多爱他，然后告诉自己并没有发生什么不好的事情，我觉得这一点应该没错。

我知道，小李只要再这么吓我一次，我一定会解雇她。

只有马克斯和我坐在草坡上，让早春的阳光浸透我们的皮肤。孩子们的叫喊声从下面传来，他们的影子在人行道上飞舞，商店橱窗的玻璃在太阳下闪闪发亮。我们把手指探进青草里，大地已经解冻，泥土味扑鼻而来。

我们在等小李。她一做完晚饭，就会过来和马克斯一起呼吸新鲜空气，而我则会回到楼上安静的公寓里工作。在等待中，我爬上了这个小坡，因为不知道还能去哪里。

母亲、保姆和蹒跚学步的孩子在户外转来转去。一群大孩子的妈妈喝着红酒，在路边的咖啡馆发出一阵大笑。她们的头发保养得光滑如丝，身材很苗条，说话的声音太大。“这就像《欲望都市》里的一个场景。”我听到其中一个嚷道。而在孩子们中间，一场关于塑料铲子的争吵爆发了。一个保姆在斥责由她照看的哭闹的孩子。

我感到一阵疲倦和困惑：有了孩子后就必须参加这种活动吗？这看起来太糟糕了。

我回想起自己的童年：慢慢挪到操场上，不知道如何交朋友。其他的孩子很吓人，他们陌生又奇怪，对自己充满信心。我非常想加入他们，但不知道该怎么做。

后来我变得很擅长说话。我长大了，搬到新的城市，交了很多朋友。我的工作有一半是和陌生人聊天，但我不知道和这些女人聊什么。而且我痛苦地发现，相比于和一个自称正在写小说的矮胖的新妈妈交谈，大家更想和一家知名报纸的主编聊天。

最近我去喝了个早午茶，参加的都是些作家、记者和知识分子。我坐在院子的地上给孩子喂奶，要不就只能去厕所里喂。我蜷缩在那里，盘腿而坐，衣衫不整，像农妇一样困守于乳房、婴儿和大地，而过往生活中激情的欢声笑语在头顶光秃秃的树枝上飞驰而去。

我不再属于这个群体。我不再去他们提到的城市，没去采访他们讨论的人。我告诉自己不要介意，但这是谎言。我介意极了。

现在，我笨拙地徘徊在婴儿和看护人的群体之外，感到我的社会自我被完全摧毁了。我曾经环游世界，最终却回到起点——在操场的边上兀自难堪。最糟糕的是，我的孩子跟随着我。他不得不向我学习，这是一条死胡同。我把他靠在身边，用腿支撑着他，心里为我们俩感到难过。

接着，小李出现了。她手忙脚乱地爬上小山包，一只手抛向天空，在春天的空气里笑意吟吟。

“为什么坐在这里？”她用中文问道，“这里没有小朋友！”

“这里阳光很好。”我无力地解释着，但小李并没等我回答。

她抱起马克斯，带着他下山，把他送进一堆孩子里，跟其他阿姨打招呼。她向另一个宝宝低声问好，伸手去拿玩具，然后介绍了马克斯。她编织了一张喋喋不休、咯咯大笑、轻松明亮的网。她知道如何让马克斯合群，知道怎么带他结识朋友。

我茫然地走开，进入突然获得的自由中。我很感激马克斯置身于我一直渴望的热闹之中。

不是因为我，而是因为小李。

谢谢上帝，我有了小李。

第五章

晚上的情况一直都不是很好，但现在越来越糟。容易让人绊倒的漆黑走廊，阴沉沉的房间和窗子在灰蒙蒙的天空构成一幅景象，我和宝宝在其中来回穿行。在漫长的无眠时光中，白昼是一道明亮的闪电。

其他宝宝大一点后似乎都开始延长睡眠时间，而马克斯不然，他反而醒得更频繁了。除了给他喂奶，我找不到任何办法让他睡着，由于奶水完全出自我的身体，我陷入了一个疯狂而寂寞的循环。

我们告诉自己马克斯一定是在长牙。我们咒骂自己的运气。汤姆需要继续正常工作，所以我只能搬去婴儿房隔壁的客房睡。

“这太疯狂了。”在我描述完每天的日程后，我最亲密的朋友之一、一位美国医生在电子邮件中写道。我感觉她好像要从电脑那头伸出手来摇我的肩膀。

“你会精神崩溃的，”她责备道，“你需要睡眠训练。现在。今晚。”

我妈妈同意这个说法。网上也有一些人同意这么做——尽管有些人认为我们正涉嫌虐待儿童。

最后，我们尝试了所有人都在建议的解决方案：让马克斯一个人哭着睡着。要做到这一点，我必须克服头脑和身体里每个一闪而过的应急本能。故意不去回应宝宝的哭声会在我疲惫不堪的内心释放出激素和情感的飓风。他每掉一滴泪，我一定都跟着流了三滴。

然后，真正可怕的事情发生了：马克斯的睡眠模式更加恶化。他开始疯狂地有规律地醒来，一有人靠近婴儿床，他就会变得非常紧张，于是他在白天彻底不愿意小睡了。

我吓坏了，连带着恨上了自己和所有鼓励我们进行睡眠训练的人。最终，我放弃了。

“我精神高度紧张，心都碎了。”我发电子邮件谴责我的医生朋友。

马克斯出生以来的九个月里，我没有一觉能超过四个小时，现在更是几乎睡不着。我们一晚上醒六七次。日出之前，我已经灌下几壶咖啡来保持清醒。咖啡因猛烈地冲击着我的血管，敲打着我的心脏，我连眯瞪一下都做不到。太阳升起，太阳落下；搓出泡沫，冲洗，重复。

这种生活有一点疯狂，我自己也带着些疯劲。无论白天黑夜，只要马克斯在睡觉，我都会发出嘘声，瞪着眼睛，试图让房间安静下来——让小李和汤姆安静下来，当然，也让我自己安静下来。我用一千种神经质的把戏来约束自己：

我可以通过木板上的纹路辨认出地板上每一个吱吱作响的地方，然后在黑暗中凭着记忆避开它们。

我清楚地知道松开每一个门把手时不让插销发出咔嗒声所需要的力度。

我强忍住咳嗽，用手指压住上唇来止住喷嚏。

我学会放缓脚步，以免膝盖和踝关节发出声响。

仔细研究后我发现，在这所房子里，碗碟的哗啦声和餐具的叮当声是最响的，即使隔着最厚的墙也能听到，但电视的声音和手机铃声不会穿过墙。

我生活在吵醒宝宝的恐惧中，也向快递员、客人以及任何其他出现在我熟睡中的宝宝周遭、因而犯下战略性错误的人，传递着这种恐惧。

汤姆自然是最过分的犯案者。当他大声地把一只碗丢进厨房水槽，或者打开电视，或者在马桶还没冲完水之前打开卫生间的门时，我用几乎听不见的声音训斥他。当他的橡胶拖鞋咯吱咯吱地踩在地板上时，我咬牙切齿，发誓一旦身体恢复正常就要和这个任性的混蛋离婚。

“你把家里的气氛搞得一团糟。”他抗议道。

“你才把这里搅成疯人院了。”良好的进攻是最好的防守。

“不弄出一点声音来，我该怎么生活呢？”他尖着嗓子小声说——现在我们都是用这个音量说话。

我承认：我在黑暗的房间里踱来踱去，就像古怪而眼神狂野的麦克白夫人。现在我明白了，当我堂兄在关着门的浴室里擤鼻涕时，我那一阵压抑的愤怒——好吧，我懂——是不合适的。而且，只因为我的女友们笑声太大，就在一月寒冷的夜晚把她们从我家赶出去，也不太合乎待客之道。还有，我婆婆夸张地蹑手蹑脚，踮起脚，但不知怎的，她的脚仍然在地板上发出重响，这很有可能是在开玩笑，而不是恶意满满地嘲笑我。

我有罪。我认罪。

我能给出的粗陋的辩解就是，我实在是累得超乎常理。我没有假装绝望，这是真实的。当然，我愤愤不平地想，其他人来制造噪音很容易，但承担后果的可不是他们。

我没有想到，自己也正在变成后果。

对所有让我苦恼的事情，一个公认的药方是晚上出门参加社交活动。我的朋友、汤姆、小李、我妈妈——每个人都唠叨着说我得“出门”。

每当有人跟我谈什么晚上的计划，我都会强颜欢笑，假装同意这听起来很有趣。也就是说，我假装仍然认同“有趣”这个概念。私下里，我觉得这些活动听起来很可怕：这是一场酷刑，意味着我要见不想见的陌生人，聊不想聊的天，见到那些对我糟糕的心理状态和产后几个月依然肥胖的身材感到同情的朋友。

最重要的是，这听起来像是几个小时的失眠。想想自己会变得更累，感觉就像从刚刚停止转动的嘉年华旋转舱的墙壁上慢慢滑落，头晕欲呕。

但是，和大多数处于理智边缘的人一样，我非常想被当成正常人。所以我配合了。我嘴上做着安排，同时心里秘密盘算，精心设计了借口，打算在最后一小时用编好的借口发短信爽约。

真的出门时，我会整晚痛苦地想着要多晚才能到家，早上会觉得自己浑身有多疼痛、多苍老。马克斯再过两个小时就醒了，然后再隔两个小时还会醒一次，之后再过三个小时就要起床。*我太惨了，太累了，我想死。为什么人们就不能让我自己待着？*

与此同时，那些曾经从“太私人化、太不讨喜或太露骨，因此少说为妙的信息”中筛选出“有趣、可供分享的逸事”的心理机制都已经不再正常运转。除了值得信赖的知己之外，与其他任何人交谈感觉都像是倚向一根预期中的栏杆，结果却被抛向无底的空中。我无意中发现自己以全然诚实、毫无讳饰的态度回答任何熟人提出的任何问题，不论男女。我模糊地意识到自己说得太多，给人的感觉很奇怪，让别人不舒服，或者更糟的是，我助长了他们对低俗细节的猎奇心理——没有什么能让我闭嘴。我缺觉太严重了，简直就像喝了一杯吐真剂[1]。

一个星期五的晚上，汤姆把我赶出家门，勒令我和几个朋友一起吃晚饭。我们是四个女记者：一个发誓不生孩子，两个已经当了妈妈，还有一个正怀着第一胎。

谈话不可避免地转向孩子对事业的影响。恐怖故事穿插其中：关于生孩子生得太多和生得不够的人。

“再说一遍，为什么这应该是我想要的？”那位铁了心不要孩子的朋友眼中闪烁着烛光和幸灾乐祸。

“可是有那么多好的方面。”另一个母亲热诚地插嘴说。

他们转向我——你呢？像往常一样，我听到自己开始说话，却不知道从我的嘴里会冒出什么来。

“我觉得自己好像从这个世界上消失了。”我听见自己说，“就好像我已经沉到海底，再也游不上来了。”

一桌人沉默了一分钟。

“这幅沉没的画面，让我感觉你有点抑郁。”那位热诚的母亲皱着鼻子说。

“我想是的，”我同意了，“但我没有感到抑郁。我并不难过。我想我只是太累了。”

---

[1] 吐真剂（truth serum）是一种麻醉剂，人被注射后会进入一种特殊的镇静状态，在无意识状态下回答问题。

那天晚上回到家后，我开始写一篇题为《如何消失》的文章。

“你一层层消失，轻柔地飘落在淤泥中。首先从工作场所、酒店大堂、新闻发布会和行李传送带上消失。接着，从晚宴、鸡尾酒会和家庭聚会中消失。你依然坐在医生的候诊室里，肚子滚圆，里面是个动来动去的宝宝。你很平静，还自鸣得意。总之，你太累了，宁愿在家睡觉。可随后身子变得太重、太热，你便不在乎了，你被打败了，被生物学摔倒在地。但即便如此，你还在商店里、在人行道上。再过一阵子，你就只在漆黑的房间里出没。再之后，你会像鬼魂一样在 Facebook 上发出声响，掠过那些在其他任何地方都不存在的人。其他消失的人——大多数是母亲，还有失业者和病人。”

我一直没有写完这篇文章。

我去找妇科医生讨论我的存在性恐惧。这有点尴尬，但我想不出其他法子。

想象一下焦虑的阴霾。想象一下，你对自己那张如同油灰一般的脸厌倦不已，最轻微的刺激都会让你哭泣，而且，多数情况下，你就像剥了皮的白蘑菇的菌肉一样粗糙易碎。我的脑袋嗡嗡作响，醒着也好似在做梦，滑入一种半幻觉的状态。我听到几个小时前的声音。我信步走进房间，却忘了要找什么——这样的事情发生了一遍又一遍，直到我在屋子里来回走了一个小时，然后在挫败中哭泣。我发现自己走在人行道上，却不知道是什么时候离开家的，也不知道要去哪里。

但最糟糕的是挥之不去的恐惧。我一直很害怕，每根骨头都在害怕，每一天都在害怕。我害怕这种恐惧本身——它很快就会把我的理性和理智阻挡在外，我最终会住进中国的一家精神病院，在那里，除了发疯之外，我无法为自己辩解。我非常害怕被锁起来，害怕和宝宝分开，所以我对所有人都守口如瓶，甚至对汤姆也不曾提起，我已经对自己的身体失去了控制。

我问妈妈为什么我感觉如此糟糕。*亲爱的，我不知道*，她说。*这和我的经历很不一样*，她说。*我很抱歉*，她说。

我问婆婆。*孩子们一直是我生命中的亮点*，她说。*我从没想过生儿育女是容易的*，她说。

我认识的每一个新妈妈都疲惫不堪，忧心忡忡。我不知道如何区分正常的糟糕和糟糕的糟糕。

在没人能求助的情况下，我转向了过度夸张的猜测，把喉咙沙哑和坏心情归为癌症和精神疾病。换句话说，我把烦恼交给了谷歌。谷歌回答，如果女性怀疑自己患有产后抑郁症，她应该去看妇科医生。

这听起来很奇怪，但我根本不知道是谁在帮助新妈妈解决各种问题。毕竟，我推断，英文中歇斯底里症这个词的词根是“子宫”[1]。有一种低级别的精神错乱在历史上一直与女性器官有关。我觉得这种想法既厌恶女性又不可原谅，但现在我觉得，这也许是真的。

我坐在妇科医生办公桌旁的一把塑料椅子上，在她好奇的目光下紧张地搓着双手。我告诉她，我很焦虑，在与恐惧做斗争，而且根本无法入睡。

从她结结巴巴的回答和困惑不解的停顿中，我推断出我不应

[1] 英文中，“歇斯底里症”用“hysteria”一词表示，该词源于希腊语“hysterikos”，字面意思为“源自子宫的”，词根“hyster”意为“子宫”。古代西方医生认为，只有女性才会出现歇斯底里的症状，原因在于子宫功能失调。

该带着情感上的烦恼来找她。我很尴尬。那些该死的网站！这位医生能看懂超声波图像，能分析实验室数据，还能接生。她能做节育手术和巴氏涂片检查。但我的心理状态超出了她的专业。

不过，她也在努力。她告诉我，她的大儿子睡眠也很差。他现在已经是个相当大的孩子了（六岁？七岁？），可还是常常害得她晚上休息不好。在提供了这个令人沮丧的前景后，她帮我开了一封转诊信，请一位精神科医生对我进行产后抑郁症筛查。

“我们得先排除这种可能。”她用鼓励的语气补充说。

医院的主楼洁白无瑕，里面有卡布奇诺咖啡吧、古怪的室内植物和透过天窗倾泻而下的阳光，与之截然不同，医院的精神科是一栋光线昏暗、破旧不堪的砖砌建筑，很像我报道过的路易斯安那州种族隔离学校。防碎窗户保护前台工作人员免受像我这样的疯子的伤害。候诊室里一股霉味、景象凄凉，椅子有裂缝，还有几本脏兮兮的杂志。

医生是一个看上去很邋遢的中年人。我告诉他我已经好几个月没睡觉了。我解释说，我不知道自己是失眠还是抑郁，甚至不知道两者有什么分别。

医生吃力地想要听懂我的话。我重复了一遍，放慢速度，又重新组织了一下语言。

“我不明白，”他最后说，“你有丈夫和孩子。你丈夫有工作。你生活得很好，住在漂亮的公寓里。你有个阿姨帮忙。你不是——”他指着空中说，“独自一人带着孩子，住在山里头。”

这番话让我无法呼吸，因为我恰巧被这个画面折磨着：宝宝和我独自坐在黑暗中，躲在山洞里，风拍打着我们的背，狼嗅着我们的血。我必须靠自己让宝宝活下来，在绝望中，在荒野中……

“但这正是我的感受。”我哭着说，“在我的脑子里，我知道从逻辑上说这不是真的，但我无法摆脱这种感觉。太可怕了。”

我强忍住泪水。在他茫然地盯着我看时，我不愿意承认头脑中的所有丑陋。

医生从抽屉里拿出一台我见过的最旧且最厚的笔记本电脑。他敲打一下键盘，屏幕上弹出一个电脑纸牌游戏。我不敢相信居然还有这种检查方法，但还是顺从了。我在电脑上玩了将近半个小时。这个游戏包括一些配对和记忆的环节——我不记得了。

之后，医生研究了我的分数，然后皱起眉头。

“你的心理机能受到严重损害。”他宣布，“这个结果，呃，与你的职业背景不符。”

“我跟你说了，我没有睡过觉——”

“我想你得了产后抑郁症。”他继续说，“我现在有百分之七十五的把握。要百分之百确定，你要再来，只见这一次我还没办法做出诊断。”

他让我一周后再来，又给我开了一个疗程的精神药物和安眠药。

“但你说你还不能做出诊断。”我说。

“没错。”

“那你怎么给我开这些药呢？”

“安眠药对你会有帮助的。”他说。

“不是我自己睡不着，是我的孩子整晚把我吵醒。而且，我指的是其他药，这些抗抑郁药。”

“这些药会让你感觉好些。”他说。

我不反对抗抑郁药。但我以前从来没有吃过，现在觉得它们出场得太快了。

当然，我去看精神科医生时就知道，最有可能的结果是药物。我已经下定决心接受诊断和所有建议的治疗。我知道自己陷入了可怕的困境，所以警告自己不要再说话，乖乖吃药。但当这个时候真的到来，我发现自己还是做不到。医生在开处方时没有解释，没有讨论，也没有替代方案，没有提到副作用或其他选项。

我不喜欢这样，很不喜欢，以至于我那迟钝的、原本已经奄奄一息的影子，在破碎的大脑废墟中挣扎着恢复了生机。我走出精神科医生的办公室，没有说再见。我不停歇地走着，走出那座破烂的砖房，没有在前台停下预约下次门诊。我一路走到街上，搭出租车回家。每走一步，这种生疏但真切的蔑视感就强烈了一分。

我无法接受的不是药物本身，而是医生对我心理状况的粗心大意。承认没有确诊，但不管怎样，还是先吃这些药吧。不，我告诉自己。不是那样的。

回到家里，我感到很生气。这个中年男人透过眼镜眯着眼睛看着我，好像我是动物园里的稀有动物，这激起了我的斗志。到头来，我们之间的语言隔阂却像是对他脱身而出的暗喻。他听不见我的话，他不理解我的意思，他无法诊断我。

但他可以用药片让我安静下来。

“一定还有别的答案，”那天晚上，我气冲冲地对汤姆说，“这不可能是答案。”

“什么意思？”他说。

“如果一个女人处于一种无法忍受的情况下，答案不应该是让她吃药，好让她能够忍受下来。答案应该是——应该是——改变这种无法忍受的局面。”

他点点头表示理解。

“我明白了，”他说，“那你打算怎么办？”

“我要找到另一条路。”

于是我开始这么做了。

我决定，也许我要反向看待这个问题。也许我痛苦的精神状态，实际上是创伤性分娩外加无法忍受的睡眠不足所引发的正常反应。

我把注意力转向马克斯。如果想让头脑清醒，我就一定得睡觉。如果我想睡觉，他就得睡觉。睡眠训练失败了，但也许还有其他选择。我做了一些调查，在北京找到一位儿科睡眠专家——她是一位澳大利亚华裔医生，经营婴儿睡眠诊所，正准备写一本关于婴儿睡眠的书。大家说她可以创造奇迹，于是，我预约了她的门诊。

在那之后，一切变得出奇地简单。两次快速的门诊，一切都改变了。

我们了解到宝宝白天需要吃更多的固体食物，他夜里总醒，既是因为饥饿，也是出于习惯。我们还了解到存在第三种方案，一种常识性的中间道路，介于同床睡（这是我们所有人，包括睡眠很轻的宝宝，都不愿意做的）和让马克斯一个人“哭个够”（实际上就是哭到累昏过去）之间。她给了我们一个简单易行的方法：在宝宝哭的时候要抚慰他，然后趁还醒着把他放到床上，让他自己入睡。

医生告诉我们：“关键是，你必须真的相信这种方法，否则不会起作用。你必须每次都用同样的方法做每件事。但是，如果你这样做了，我向你保证，一定有用。”

确实如此。真的有用。马克斯学会了自己入睡。

医生也把汤姆带进了婴儿房，鼓励他把孩子放到床上，对孩子夜里的哭声做出回应。她说："你剥夺了孩子获得安慰的一个重要来源——他的父亲。"

几周后，我们有了一个天使宝宝，他晚上七点就心满意足地躺在床上睡着，一直睡到早上七点。我们的宝宝过去是这栋楼里睡眠最差的一个，而现在却是睡眠最好的。

改善宝宝的睡眠居然这么容易，而且一直以来这种帮助都触手可及，这一点确实费解。我松了一口气，但同时觉得自己好蠢。事实上，其他妈妈几个月前就建议我向这位医生寻求建议，但我没有留意。我对那些宣传无用理论的愚蠢书籍、黏糊糊的肠胃舒缓水[1]和笨重的白噪音机器感到失望，对任何宣传睡眠解决方案的东西都越来越鄙夷。

也许我把初为人母的痛苦看作一种补偿——这是为如此完美的孩子、如此充盈的爱所必须付出的代价。或许我太累了，分不清良医和卖假药的推销员。

在马克斯开始睡整夜觉的头几个晚上，我偶尔会被并不存在的哭声惊醒。但渐渐地，我的神经系统放松下来，也开始能跟着睡着了。然后我就像以前从没睡过那样狂睡。有时太阳还没落山，我就爬上了床。

经过几个晚上的酣睡，我觉得浑身充满能量，于是提高了对自己的要求。我报了一个健身房，重新开始吃力地、汗流浃背地跑步，怀孕时我放弃了这个习惯。

我的头脑慢慢清醒。喧闹声从耳朵里消失。最重要的是，恐惧消散了。

---

[1] 肠胃舒缓水（gripe water）是一种用来帮助婴儿缓解肠绞痛、牙痛、胃食道反流和其他不适的药水，多数没有科学依据。

一天早上，我骑自行车穿过阳光去农夫市集买新鲜水果，感觉到夏日的第一缕暖风吹在脸上。在一次文学节上，我说出几句有点刻薄的俏皮话，然后兴奋地意识到，我的个性并没有永远消失。

个性尚存，我也仍然幸存。一直没变。

我有了自己的宝贝，可我一直没变。

但我花了大半年才意识到这一点。

第六章

我烤了一个胡萝卜葡萄干蛋糕，抹上奶油奶酪，切了几块滴着汁水的西瓜，在马克斯的餐椅扶手上绑了一个氦气球。我热切地做着这些事，心想，正如浪漫的爱情需要用性爱表达，母爱也通过蛋糕上抹匀的糖霜、搅打好的鸡蛋和抻平了的被子来寻求有形的表达。我干别的活儿赚钱，才能请别人做这些事情，我默默思忖，却在爱偶然发作的间隙把这些事情抢回来。

我们点燃蜡烛，为我们的第一个孩子唱他人生的第一首《生日快乐》。马克斯坐得直直的，视线从一张脸挪到另一张，胖乎乎的前臂像狮子一样威严地搁在高脚椅的托盘上。他还不懂，但已经非常欢喜了。他对客人很满意——他最喜欢的三个人。他对着跳动的蜡烛火苗欢呼，狼吞虎咽地吃着西瓜，胸前沾满了玫瑰色的果汁。

汤姆又是蹲着，又是站高，从各个角度拍照。

吹蜡烛的时间到了，我握着马克斯满是肉窝的小胖手，在他耳边低声说出了他的愿望。我们曾是一体的，我们一起生，差点一起死，也一起疯过。现在我代他许下愿望，因为他还不会说话。

我吹灭蜡烛。马克斯跟着大家一起鼓起掌来。

生日会结束了，我们迎来新的一年。汤姆匆匆去上班。我把马克斯放到床上小睡。小李扫干净蛋糕屑，把剩下的西瓜放进冰箱。

马克斯玩累了，很快就睡着了，我拿起相机，翻看照片。就在那时，我意识到每一张照片里都没有汤姆的身影。

一切发生得太快，没有人注意到。至少我没有注意。也许汤姆曾希望我拿着相机，把他赶进镜头，或者我可以让小李帮我们拍几张全家福，这个受到些打击却依然开心的家庭在生日蛋糕后面摆着姿势。

但我没有。这些照片拍到的是我、马克斯和小李。这显得有些尴尬。我们没有专门取景。照片不是事先计划好的，也不是我们特别想要拍成的样子，但回想起来，它们包含一定的纪实真相。在我的记忆中，生孩子后的第一年被我、马克斯和小李占据着。

那天小李穿了一件 T 恤和一条抽须毛边牛仔裤，还大胆地把一顶闪闪发光的派对帽戴在头上。马克斯往自己脸上抹蛋糕时，她蹲在旁边咯咯地笑。她微笑着，带着一种简单又明显的幸福——这不是她的孩子，而是一个由她不知疲倦照料着的孩子，这个孩子已经到达了一个里程碑。

而汤姆呢，他的脸没有被拍到。他在那儿，又不在那儿。让这一切发生，却又在这一切之外。

从那以后，我拿相机拍照时会特意找个角度，把小李放在镜头外。我总是不太想在 Facebook 上或者给家人的电子邮件里附上有小李的照片。我不好意思承认她在那里，不想宣扬这样一个事实：我们雇了别人做家务，我们没有清理自己的烂摊子，我们生活在新式殖民的舒适环境中，身边有一个在当地雇用的做家务的下属。我也不愿意承认，也许我并不是一个能干得令人难以置信的艺术家，也不是一个能成功做到这一切的母亲——如果把小李考虑在内，你可以说我几乎什么都没做。

更重要的是，小李的出现会削弱我与远方的朋友和家人新发掘的共同感。我成年后的生活——旅行、成功和创伤——对我所爱的人来说大多是陌生的。我无法和堂兄弟姐妹或儿时的朋友谈论弄到伊朗签证那一系列令人抓狂的行动，或者提起冬日早晨，在高加索地区和一个杀手喝得酩酊大醉的诡异感，又或是当我在酒店房间里醒来，记不起自己身在哪个国家时的极度孤独。

然而，我可以和他们愉快地聊上几个小时，谈论苹果酱可能会让婴儿便秘，或者和学步期的孩子一起坐飞机有多痛苦。成为母亲赋予了我一些东西，一些我甚至不知道自己一直在错过的东西：与所爱的人共有的重要人生经历。

只是，这些经历中多了一个小李，这让情形——让我——又变得与众不同起来。

当我开始把小李排除在照片之外时，我觉察到，我认识的大多数家庭似乎都在做同样的事情：我以前的同事、邻居，以及我通过小区宝宝群认识的父母——他们晒的照片里都没有保姆的脸。

他们都说过这样的话，比如“习阿姨跟我们就像一家人一样”。这听起来既温馨又充满爱意，仿佛阿姨们不是劳动者，而是血亲或义工。但是照片不会说谎。如果你想了解弥漫在家务劳动中的矛盾心理，请查看照片记录。

两边都得检查。因为我还发现了另一件事：保姆也把雇主排除在外。

小李和小区的其他阿姨喜欢带孩子去街对面的室内游乐场。我很乐意把这部分育儿工作交给别人做。我讨厌粘在塑料和橡胶装置上的鼻屎、洗手液和口水的混合物，讨厌扬声器里传来的口齿不清的童谣的尖利声响，讨厌当某个七岁大的粗壮孩子用手挠马克斯的脸或因为好玩把他推下滑梯时，我必须表现得若无其事。

小李起码能假装喜欢这种活动。马克斯真的很喜欢这个地方。我当然很满意空荡荡的家。大家各得其所。

回家后，小李会自豪地拿出手机，翻看照片：马克斯趴在一张水床上，透过半透明的塑料薄膜研究假鱼；马克斯还不会跳，只好困惑地坐在蹦床上；马克斯无助地笑着，看气球绕着他的头飘飘荡荡。

她没法把这些照片发给我。她没有电子邮件，我也没有智能手机。但她随身带着它们，这个不断扩充的记录我儿子生活的档案册。这些都是在外面的世界，在远离我的地方——或者在家里，当我和汤姆不在的时候，用手机抓拍的记忆。

我一直不知道她为什么给马克斯拍了这么多照片。她会在晚上或者周末看他的照片吗？当然不会。我是说，这不太可能吧？也许她只是拍着玩，好打发时间，或者万一我们要求她证明自己的工作时间或者证明她对孩子的爱，这些照片能给她一点保障。

我想知道她是把这些照片给她的女儿或丈夫看，还是回河北的时候给家人看。这些问题毫无意义，无法回答。我认识的每个保姆都给照看的孩子和工作的房子拍过无数张照片。每当我在一部手机上看我孩子的照片时，我会意识到这张照片只是手机中数百张照片中的一张，往左或者往右划，都可以看到一连串照片。

显然，其他照片不是给雇主看的。我看过保姆在雇主卧室里的自拍照；假期在雇主家里举办派对；借他们的衣服拍照。她们总在拍照，但雇主们永远不会出现在她们的照片中。

除了彼此，我们什么都会拍下来。

我想，双方都心存幻想。保姆们假装住在这些舒适的房子里，是这些胖宝宝的妈妈。也许她们有时是在玩换装游戏，道具不只是雇主的衣服和房子，还有孩子。

作为雇主，我们假装我们优雅的存在是自己工作和优秀品质的自然结果，而不是其他女人的劳动成果。房间之所以干净是因为有人打扫过；孩子们之所以能茁壮成长是因为家里多了一个大人。养育孩子需要举全村之力[1]，可恶，我们就雇了一个。但是没人想这么说，至少不能直说。

我们都假装这不是一份工作，也与劳动力、金钱和日程安排无关。雇佣关系是我们共处一室的唯一原因，而我们却把它视为一个不方便，甚至令人厌恶的事实——我们第一时间想从照片中裁掉的一部分。

我把小李放在镜头之外，但并不觉得这样就能让我好过多少。我不喜欢假装她不存在。她讲的故事、唱的歌、脸上的微笑永远

[1] 在非洲的一些村庄，抚育新生儿是整个村庄的义务，因此有“养育孩子需要举全村之力”（It takes a village to raise a child.）这句谚语，后来延伸为养育孩子需要来自多方的支持之意。

铭刻在我孩子的脑海里——我怎么能把她有血有肉的身体从存在中抹去呢?

我怎么能在哀叹自己消失的同时，抹去另一个女人呢?

一直以来，我都不安地意识到，我不应该是陷入这种困境的人。这些都是超凡脱俗的精英所特有的问题,而从出身和气质上看，我是一个农民。一个时髦的英国朋友（至少我认为她很时髦，因为其他英国人总在她背后这么说）曾试图向我解释，在英国，阶级与金钱无关，却很容易通过学校以及一个人对待服务员和手下的方式等线索加以识别。好吧，首先，在我看来，学校和手下都与金钱息息相关，其次，她无法清晰地描述人们与仆人交谈的不同之处，从那以后，我一直希望得到更多细节。

至于我呢，我是仆人和镇长的美国混血儿。地位关乎谁可以指挥，谁必须服从；谁冲过去，谁退到一边。但我的家庭是白人，所以这种差异并没有携带在我们的基因中。地位是一种外在条件，是我们一代又一代获得和失去的东西。作为美国白人,我们迷信地、秘密地专注于获得和保持地位。我相信这就是为什么我们如此令人厌烦地痴迷于作为顾客的“体验”；为什么我们在付小费时，要带着忏悔者在圣殿里祭献反复无常的神时的严肃态度；为什么我们无论何时都坚持一种平等友好的表象。也许，这也是为什么我们如此激烈地反对任何提倡与美国黑人平等的建议——我们害怕接受一种在历史上被规定处于较低、甚至不存在的地位的血脉作为国家身份的一部分。我们说，我们的国家是由移民建立的。我们不喜欢说真话：我们的国家是由移民和奴隶建立的。

我的意思是说，我家发生的事情并不新鲜，对我和小李、对亚洲、对当下来说，也并不特别。我和小李之间有一种巨大的差异，这种差异令我们即使身处同一个房间，也无法看清彼此。然而我总是想，我的祖辈和小李做的是同样的工作。我可以追溯家族中几代女性的命运流转、地位起伏。我知道，这些变化是跟迁徙、远离故土、漂洋过海联系在一起的。我们也经历过这些。小李和我都是在远行后才抵达我们所在的地方。所以也许任何事都有可能发生。也许小李或她的后代最终会去美国，在那里变得富有。也许我最终会一文不名。

我的曾外祖母是匈牙利人，十几岁时被人带到新大陆当女仆——从某种意义上说，她是“进口”过来的。她跨越大西洋，照顾一位歌剧演员的孩子。来到美国后她继续前进：在中西部工作，改造自己，游历；与另一个移民结婚；生下他们的美国孩子。

后来她的女儿回到欧洲，嫁给了一个在第二次世界大战中从美国军队中晋升的男人——在一代人的时间里就发生了这么多变化。她女儿，也就是我外婆，在被炸得满目疮痍的维也纳打理着一个能当样板间的宅院，而她的丈夫则在帮“流离失所的人”，也就是集中营的幸存者们安排去处。

一个乡村姑娘的女儿，女佣的女儿，移民的女儿。不过现在她是一家之主，手下有大把的保姆、厨子、女仆，脖颈上挂着珍珠项链，一次接一次地怀孕。当时她觉得，这一定是命运的完美结局，一定看起来相当不错。但生活才刚刚开始。

这些都可以从不同的角度来看，其中一个是：我不是家族里第一个为了家务而争吵的女人。

当然了，我外婆最终回到美国，在华盛顿郊区有一座大房子和五个小孩——但她再也没有雇用帮手。她要求孩子们在家里干活，但他们渐渐忙碌起来，长大成人，搬了出去。外公雇过一个女仆，外婆一气之下把她解雇了。外公对日益混乱的家感到厌恶，与此同时他作为一名说客，取得了相当大的成就，一心扑在工作上，在家里待的时间越来越少。

我外婆沉迷于慈善事业和音乐——在教堂演奏风琴，教钢琴，写歌剧，而她的房子却陷入一片狼藉，最终，她的婚姻破裂了。

离婚后，外公可以自由地与更年轻的女性约会，在华盛顿附近打打高尔夫球，参加各种社交活动。至于外婆，她余生都在公开场合演奏音乐，在私底下毁掉她的家。她始终未曾接受离婚的事实。她让房子窒息而死。房间里的东西一直塞到天花板，直到过不去人，才会从房子的布局中清除出去。浴室里住满了猫，它们在一层又一层脏兮兮的报纸上挤挤挨挨，发出叫声，那是一座倾斜着伸向天花板的病态高塔。

我想说的是，对住宅的破坏是一种隐喻，一种原始女权主义的抗议，一声最后的咒骂。我相信，外婆费尽心思地不尊重这座房子，因为这是解释她命运的唯一方式：家庭生活始终是陷阱和死胡同。我相信这当中不乏真理。

但这座房子又脏又悲惨，我知道，剥去隐喻，外婆的病有一个学名：她是个囤积狂。

这些故事萦绕在我心头。它们一直都在，但现在我要重新思考它们。我消失在自己的家庭里，思索着家族女性血亲的命运，思索着由家务、清洁、丈夫和神志状态混合成的未知炼金术。

我的母亲不会陷入困境。她告别这一切，嫁给了一个完全不像她父亲的男人，他们一起搬到新英格兰一座位于森林边的房子里，那房子非常老旧，摇摇欲坠，透风严重。在冬天，叮当作响的暖气无法让屋子暖和起来，在夏天，墙壁会返潮，我得拿冰块敷脸才能睡着。但屋子边有阔大的树木，有菜园、花园、草莓地、覆盆子丛、苹果树，以及那片芳香四溢、遮天蔽日、生气勃勃的树林。

我母亲是“妇女选民联盟”（League of Women Voters）的活动人士，她在我家地下室拿着手摇油印机，用湿漉漉的、带着刺眼条纹的黑墨水打印宣言。她给我们——她的女儿们——买了T恤衫，上面印着“女人不需要男人，就像鱼不需要自行车一样”。芭比娃娃是家里的违禁品，因为我母亲担心它会影响我们对身体形象的认知。

结婚前，她是新闻记者，曾成功起诉她的老板，因为他们付给她的薪水比做相同工作的男记者要少。随着我们慢慢长大，她参加了镇议会的竞选，并成为镇周报的记者。她是一股不可忽视的力量，最终，她接任主编一职。

在家里，她教我和妹妹做各种各样的事情。如何缝制和熨烫衣服；烤蛋糕，自制蔓越莓酱；编织、钩织、绣花、缝棉被；擦亮银器，按照艾米莉·博斯特[1]的标准摆放餐具。

我弟弟在很大程度上被排除在传统女性家政艺术之外，家里不指望他学做饭，他分担的家务活也不一样：割草坪、铲雪、耙树叶。我们女孩子有十字绣针线包，他有飞机模型。

我母亲的女权主义在私人领域并不存在。在门后，在家里，一切照旧。也许对她来说，这并不重要。我父亲在家务上的贡献比我现在认识的大多数年轻父亲都要多，对于这一事实，你可以有不同看法——它要么是对我们家缺乏进步的一种控诉，要么是

---

[1] 艾米莉·博斯特（Emily Post），美国作家，代表作《礼仪》（*Etiquette*）被公认为西方最权威、最经典的礼仪读本。

给我记忆中的父亲的一顶桂冠。

母亲教育我要出人头地，她在这方面做得无懈可击。在读《向前一步》[1]这本书时，我总是很困惑：这些在会议上不发言，不主动坐在会议桌边的女人是谁？我从没想过自己不能大声说出想法，或只能在一项行动的边缘徘徊，那是因为我父母从来没有给过我丝毫这方面的暗示，他们甚至认为连驳斥它都毫无必要。

但现在我涉足的领域，我还没做好准备。我正在进行唯一被警告要避免的战斗。结婚时，母亲直截了当地劝我不要为了家务事争吵。

“你得问问自己，你想栽在这上头吗？”她说。

“我丈夫想再要一个孩子。”一天小李说，“他一直在说这个。”

她也是如此。她在想着生孩子的问题，我看得出来，她想听到一个比我目前给出的甜言蜜语更加肯定的回答。

“再生就违法了吧。”我想用缓兵之计。

这是真的。当时，中国的计划生育政策仍然要求每个家庭只生育一个孩子。(后来被终止了。)

“没关系的。”她说。

“你说没关系是什么意思？”

她耸耸肩。

“你自己想再要吗？”我追问。

“不想，”她说，“我不想。”

“为什么？”

---

[1] 《向前一步》(*Lean In*)是Facebook首席运营官谢丽尔·桑德伯格的自传作品，在书中，作者剖析男女不平等现象的原因，激励女性勇敢追求自己的人生目标。

“我不知道。”她又耸了耸肩，“太辛苦了”。

我猜不出她是在说真话，还是说了她认为我想听的话。

“你的意思是——”

“怀孕。小宝宝。实在太辛苦了。”

“那倒是真的。”我叹了口气。“不过，”我勇敢地补充说，“我想你之后会高兴的。”

我的态度并不真诚，我不知道她听了这话是否会高兴。我这么说是出于尴尬。我不愿意想到家里没有小李的样子。我不想让她认为我参与了她家的生育安排，我连自己家的生育计划都应付不过来。

小李参与起我家的事倒是毫不犹豫。

“你应该再生一个。”她告诉我。

“当然不是现在。”

“这次生个女孩。”她说，像个开口索要洋娃娃的孩子那样直接。

我紧张地笑了笑：“我不知道。”

“真的，”她笑着说，“小宝宝太可爱了。我太喜欢宝宝了。”

“你有你女儿的照片吗？”一天下午我问小李。

“在这儿。”

调皮的眼睛，圆圆的脸颊，身体扭着，双腿分开。两根手指对着镜头：和平与胜利。嘴角挂着无忧无虑的微笑。

“她长得真好看。”我随口说。

小李皱起鼻子，耸了耸肩。

“她长得丑，像我老公。”

“怎么会！”我着实被她给惊着了。

“是真的，”她坚持道，“她长得像我老公。”

“嗯。”在一位轻易说出自己女儿长得丑的母亲面前，我的西方礼仪毫无用武之地，“我觉得她很可爱。”

小李喉咙里发出一点声音，撇了撇嘴，翻到下一张照片。这张照片里，小女孩在一间几乎什么都没有的小卧室里。背景是一扇窗户，地板上有一张床垫。她坐在低矮的床上，对着镜头得意地笑着。

“这是在北京？”我问。

“是的，在北京。”

那么，这一定是小李的房间了。她和丈夫睡觉的地方。我翻看了更多小女孩的照片，然后停了下来。我认出了我们公寓院子里的砖砌小路和修剪过的树篱。

“这是新城国际吗？”

“是的。”她说。

“你把她带来这里的？”

“是的。”

“哦。”我想把我的困惑伪装成遗憾，“你应该告诉我的。跟她见个面多好啊。”

我试着想象把这个小女孩，这个陌生的孩子，介绍给一个贪婪地吸收了她母亲的时间、工作和爱的外国男孩。我想象自己笨拙地与她交流。如果真有这样的会面，我应该送她一件礼物。但是她会怎么想，我又会怎么说呢？*你妈妈离开你家，是为了让我家更整洁。她离开你，和我的孩子在一起，而我也一直在这里。*

汤姆，如果汤姆在家呢？如果他不能对这个孩子表现出诚挚的热情和善意，我不确定自己能否原谅他。如果他对着电话哼了一声，或者突然走出房间，或者做了任何其他无礼的小事，我一定会怒不可遏。

我把手机往后推了推，就好像它是件危险品，如果握得太久，它会灼伤我的手。

第七章

桌上摆满了凉拌茄子、香辣面条和熏鸭。冰啤酒在矮胖的玻璃杯里冒泡。我骑着自行车在阳光下自由自在地摇晃，去餐馆与朋友和她的家人共进午餐。她是马来西亚人——言辞犀利、反应灵敏、为人风趣，写侦探小说，正和丈夫带着几个十几岁的孩子一起旅行。我们喝着酒，大笑着，看着菜一个接一个地端上来……

电话突然响起。我低头看了看，想调成静音，却看到来电者的名字：小李。

只可能是坏消息，小李从来没有打过电话。

在接电话和把电话举到耳边这段疯狂的间隙里，我听到一个受伤的婴儿发出歇斯底里的号叫，声音模糊，但确切无疑。

我受伤的宝宝。

小李也在哭——哭得那么厉害，我根本听不清她在说什么。

"什么？慢点说。"我用手指堵住空着的耳朵，"什么？"

从暴风雨般的哭声中，冒出了几句话：你回来。马克斯鼻子断了。好多血。

我猛地站起来，差点把桌子掀翻，上气不接下气地说了几句关于孩子鼻子断了的话。

“快走，赶紧，马上。”父母们照惯例敦促我。他们处于青春期的冷漠的孩子从盛满食物的盘子里清醒过来，带着睡意蒙眬的兴趣观望一场危机。“给我打电话,告诉我怎么回事,希望……”我踏着沉重的脚步奔下楼梯走向街道，朋友的声音渐渐消失在身后。

我盲目地奔逃，推开门，冲向明晃晃的天光，使劲拧自行车锁，把手指甲都掰裂了。我跨坐在自行车上，踮着脚保持平衡，停下来给汤姆打电话。

“马克斯鼻子断了！”

“什么？”

“我不知道！小李打了电话！我在外面——”

“我这就回去！”他挂了电话。

我疾冲向前，建筑物、人行道和树木都被笼罩上一层难以名状的颜色。我蹬得那么快，似乎要脱离周围的一切。肾上腺素冲击着我的脚趾，敲打着我的耳垂，威胁着要撕掉我手上的指甲。我依稀听到了喇叭声、喊叫声、刹车声。但是没有车撞到我，我没有摔下来。凭借某种奇迹，某种对绝望母亲的疯狂恩典，这座城市为我开辟了一条本不应该存在的道路。

我冲到大堂门口，猛按电梯按钮，摸索着找到钥匙，跌跌撞撞地冲进屋子。

马克斯倚靠在小李怀里，闷声不响。我轻轻把他抱进浴室。他的下半张脸沾满了新鲜的血迹。我让他坐在洗手台上，用毛巾擦拭他的脸。

“他鼻子看着没事。”我对身后抽着鼻子的小李说，“是嘴唇伤到了。马克斯，宝贝，抬头往天花板上看，亲爱的——”

我的声音在颤抖，我的心在怒吼。

我撬开他的嘴，往里面看。上唇里面裂了个口子，他的门牙嗑到了柔软的肉上。*脑袋流血了*——我妈妈总是这么说。*冲着爱尔兰人的头再怎么打都没事*。这是外公常说的话。

我抱起马克斯，搂住他。我亲着他湿热的脸颊，闻着他的头发。

“他会没事的。”我告诉小李，“当时是怎么回事？”

小李用双手捂住脸，痛哭起来。她穿着背心，瘦削的肩膀颤抖着，恸哭声在走廊里回荡。

“怎么了？”我叫了起来，“当时是怎么了？”

“他当时在走路！他摔倒了！他的脸撞到了床边上。”

“嗯，这是常有的事。”

她还在不停地哭。

“我是说——他摔跤是常有的事情。”我说。

“是我不好。”小李哭着说，“我没照顾好他。我再找别的工作好了。”

我的背一下子僵住了。

“什么？”

“我不想让马克斯受伤。”她抽泣着说，“我不能。”

“但宝宝就是会受伤啊。”我一边说，一边用掌心在马克斯背上摩挲着。我的孩子回到了我的怀抱，这让我更加平静。“我带他的时候，他也会磕磕碰碰，受的伤比你带他的时候还要多。我知道你非常小心！”

这是真的。小李一直在宝宝上方打转，抓住摇摇晃晃的宝宝时比我和汤姆都要及时得多；在她看管之下，宝宝的受伤率低得让我们两个自愧不如。

但是小李无法恢复平静。随着她的呜咽声越来越大，马克斯在我怀里不安地扭动着，我的心肠也跟着硬了起来。如果我，孩子的母亲，尚能保持冷静，那么保姆也应当保持起码的平静。她失去理智，打了那通疯狂的电话；她让我在城市里飞驰，想象着一张残缺不全的脸。*我当时可能会死的*，我现在想。我有一种强烈的冲动想要摇晃她或者打她一耳光。

“你需要冷静下来，”我冷冷地说，“你这样会吓到孩子的。”

但无论是同情还是愤怒都无济于事，她迷失了，漂流在自己的悲伤中。她哭得那么厉害，我想她一定是在以某种间接的方式，为自己感到伤心。我努力回想，小李离开时她女儿有多大。

马克斯在我怀里哼哼着，把头埋进我的脖子，以躲避保姆的哭喊。

“请你去洗手间冷静一下，”我对她说，尽量把声音放得柔和些，“这么哭对马克斯不好。”

她去了，从紧闭的门里我们听到了流水声和压抑着的哭声。

汤姆冲进客厅。

“马克斯——”

“他没事！”我刚刚把一个歇斯底里的人锁进浴室，这里又爆发出一阵骚乱。汤姆弯下腰，把马克斯从我怀里抱了过去。

“这么说他没有摔断鼻子？”

“只是嘴唇撞了个口子。”

“那你为什么说他鼻子断了？”

“小李在电话里就是这么说的。”

“当时是什么情况？”

“他只是摔倒了，走路时失去了平衡。你知道的，脸撞到了床柱上。至少我是这样理解的——”

“当时你在哪儿？”

“我和沙米妮一起吃午饭。”

“哦，对。”他吻了吻宝宝的脸，“马克斯！你没事吧，小家伙？”

他转向我：“小李在哪儿？”

“她在浴室里哭。”

“什么？为什么？”

“我不知道。”

“你冲她大吼大叫了吗？”

“没有，我的态度非常好。”我意识到了汤姆提问的线索，他在从各个角度寻找能怪到我头上的问题。

“我确实被她哭得很闹心。”我承认，“不管怎么说，我想给医生打个电话，确认不需要把孩子送到医院之类的地方。”

“我还以为他鼻子断了呢……”从汤姆放松的姿势中，我看到了肾上腺素的激增和消退，这种令人困惑的变化也曾折磨着我的神经。

“我也是。”我叹了口气，“谢天谢地，鼻子好好的。”

医生让我冰敷宝宝的伤口，我解释说宝宝特别抗拒冰块，她立刻给出了一个令人愉快的备选方案：冰淇淋。

所以我们把马克斯抱到楼下的路边咖啡馆，他第一次品尝到冰淇淋的味道：日式烘焙店的香草味软冰淇淋蛋筒。马克斯认真地咂着嘴，脸上蹭到了甜丝丝、冰冰凉的奶油，汤姆拍了几张照片发给奶奶和外婆。

我们吃着甜筒时，小李待在屋里，远离阳光，打扫卫生，为晚餐做准备。

到达普吉岛时，马克斯已经睡着了。他躺在我的怀里熟睡，脑袋斜倚着，张着嘴，两只悬空的脚荡来荡去。我带着他径直穿过嘈杂昏暗的机场大厅，穿过骗子、司机和行李搬运工，醉汉和瘾君子，小商贩和黄牛。汤姆拖着箱子吃力地走在后面。我抱着马克斯进入温暖潮湿的夜晚，钻进开着空调的冷飕飕的酒店班车，最后来到酒店大堂，脖子被人挂上了茉莉花花环。

我呼吸着鸡蛋花的芳香和海风清新的咸味，聆听着远处海浪的拍打声，看着烛光照耀下的喷泉和游泳池，开始意识到，这会是一个不错的假期。也许会比“不错”更好。也许——我敢幻想这种可能性吗？——甚至会愉快。

去泰国旅行是汤姆的主意。我勉强地同意了。我不相信我们一家慢慢恢复稳定、睡上好觉是马克斯成长的结果。据我所知，我用胶带、生锈的钉子和纯粹的意志力把我们的家庭重新拼凑在一起，我甚至要与日常生活中的微小变动做斗争，因为我担心它们证明着我们日常生活安排的无效。一场与午睡时间冲突的生日派对、一次比平常晚的晚餐，或恒温器温度设置的轻微调整，都足以让我陷入无声的恐慌。我一直警惕着错误，它会颠覆我们家庭的常规，破坏马克斯的睡眠能力，导致疾病和疲惫，最终的结果将是精神错乱。

归结起来就是，我害怕被推回到理智的边缘。我曾深陷那片密林，我不想再回去了。

这次旅行没有什么危险，甚至没有什么特别刺激的地方。泰国是对游客最友好的国度之一，我们订了一间豪华度假村的客房。尽管如此，我还是为行李发愁。出行的前一天晚上，我一直到天亮都没睡着，胃里翻江倒海。汤姆很强势，甚至强迫我去度这个假，我很不高兴。

“自从马克斯出生以来，我们哪儿也没去过。”他说。

“我知道。”

“我们一直困在家里。”

“我知道。”

“如果我们不一起出去探索，在这里还有什么意义？”

“我知道。”

我没法争辩。理论上他是对的，但我仍然相信他错了。这是一次鲁莽的旅行，我们会后悔的。

但在泰国的日子非常完美。我们小心地穿过那片芬芳的丛林，就像是经历过一场痛苦高烧的幸存者。我们的胳膊和腿像空心的纸管一样脆弱，我们小心翼翼地摸着林子里的生物，看到什么都会无比高兴。

我们用安全带把马克斯系在自行车座上，踏着泥路，穿过稻田和田野，来到海滩上的海鲜餐馆。在清迈的山上，和尚为我们祈福。我们买了彩纸阳伞。下午的雨点敲打在酒店草坪上时，我们坐在躺椅上，吃着饱满的黑葡萄干，看着雨滴溅在泳池里。

在曼谷的一家酒店里，我们放开马克斯，看他第一次独自走过地板，这感觉就像一个奇迹。

我们在那次旅行中很开心，更开心的是，我们之前眼看着就要相信幸福并不属于我们了。其他家庭可以享受假期，而我们注定要在摩天大楼的玻璃窗和灰泥墙里挣扎、打滚，绝望地攻击彼此。

我们来过泰国，在海里游泳，但是这次没法游。红色的旗子在海滩上啪啪作响，海浪汹涌，即使是经验丰富的游泳好手也会被卷入永恒之地。我想以某种方式忽略这些警告，因为我总是受到危险的诱惑，想要无视警告。汤姆则使我相信，危险是真实存在的。

所以，我在激流旁抱着马克斯。我坐在沙滩上，双臂环绕着他，紧紧地抱着他，抵御着澎湃的浪涛。大海一直延伸到天际，天空充满光明，大海却充满危险。我们只能看海浪起起伏伏；看水下的闪光和黑暗的碎片；看那掩盖着盐海秘密生活的搅动与碰撞。

我想把他浸在海水里感受刺痛，想让他在世界上所有的水域里嗅闻、品尝、畅游。我想在带着矿物颗粒、生长着怪异植物、生活着未知动物的海洋里为他沐浴。但我继续等待。也许真的不用那么心急。我又抱了他一会儿，我们一起等待着。

第八章

小李碰到了什么问题，但她不说。至少她没有跟我说。

她原本总是小心翼翼地把电话聊天限制在休息时间，但是，突然之间，电话变得频繁起来。她弓着背站在那里，脸转向洗衣间的一角，电话埋在头发间。她低声说着话，有时也发出刺耳、沙哑的喊叫，听起来像个陌生人。

有时挂断电话后，她会红着脸匆匆回去工作，目光躲闪。有时，她站在洗衣机旁，看着污染下苍白的城市天空哭泣。

我停下来，在门口犹豫不定。我不想窥探她的私生活，但也不想忽视她的痛苦。

“你还好吗？”我问。

“我没事。”她会回答。

于是我转身离开。

最后，她在厨房里拦住了我。我专注看她的脸，才发觉她气色很差，双眼充血，脸看上去像被捏干的蜡一样毫无生气。

“我女儿病了。”她说。

“什么病？”我想到了流感、发烧、支气管炎。童年时的一些小病小灾，也许好起来很慢，但不会太严重。

“是她的心脏。”小李说。

“情况严重吗？”恐惧如此强烈，让我感到头晕目眩。

“是的。”她说，“现在已经住院三天了。”

我伸出手，然后停了下来。我想触碰她，却从她的眼睛里看到了警告：她不想被同情或拥抱。我把手停在半空，犹豫着，然后笨拙地拍了拍她的上臂。她痛苦地看着我。

“她在——？”

“河北”。

“你想回去吗？”

“我不知道。”小李说，“不。没关系的。”

“谁跟她在一起？”

“我老公。”

“哦。”我说，“嗯，那就好。”

“是的。”

我们俩都不太肯定。

“他们知道是怎么回事吗？”

“不，”她说，“不知道。”

“前阵子病的？”

“是的，”她说，“病得很重。”

女孩躺在村子附近一家省立医院里。她的心脏发出奇怪的杂音，似乎有些问题。医生们做了检查，但没能做出诊断。

第二天小李说她想去看女儿。

“好，你应该去。”我说。

在无言的瞬间，我想，如果前一天我没有提出这个建议，她是否会计划回去。我知道一些家政服务人员没有事假或探亲假，不管情况多危急都请不到假。一瞬间，我暗暗自得，毕竟我比那些恶毒的老板好多了。

“你什么时候回来？”

“我不知道。”她说。

“但你会回来的吧。”

“是的！”她很快地说，“我周一就回来。”

“你是周一回到北京，还是周一回来上班？”

“我周一来上班。”

这种审问消除了我对自己道德优越感的任何幻想，我急忙把它找回来。

“你需要钱吗？”

“不用，我有钱。”她说。

“如果你需要在老家多待几天，打电话给我。”

“好的。”

事实上，我知道她不会要求更长的假。我刚刚已经催促她尽快解决家庭危机了。我感到内疚，但不知道如何消除这种印象。也许我并不想。虽然很自私，我还是想让小李快点回来。她女儿生病这件事很可怕，我希望事情能尽快解决。

现在已经是九月了，微风中悄悄飘来一丝冰冷的味道。学生们穿着熨烫好的校服在清晨走过。日坛公园里，银杏树的叶子变成了耀眼的金色，头发灰白的拾荒者蹲在摇曳的阴影里，捡着臭臭的银杏果。

在公园里，我高举起马克斯。他如饥似渴地把胳膊伸向树枝，寻找着嫩枝的隆起，手指在树叶的边缘划来划去。我想到米开朗基罗笔下的《创造亚当》，这个孩子曾如此渴望天空的光明，现在却在寻找大地坚实的果实。

我告诉自己要和孩子一起享受漫长的秋日午后。我尽量不去挂念小李或她女儿，也不去担心我的书稿，我又一次把它忽视了。我用“一切都会好起来的”“活在当下”“等待恰当的时机”以及任何其他合适的陈词滥调来安慰自己。

小李周一果真回来了，但带来的消息令人沮丧。她女儿太虚弱了，下不了床。她的心跳仍然不正常。医生们对病情不确定。让小李哭泣的电话还在继续，她再次请假时，我答应了。

“趁她不在，我们正好让中介公司派别的人来。”汤姆建议道。

“我想她没有告诉中介公司请假的事，我不想给她惹麻烦。”我说。

“那不是你的问题。”汤姆说。

“但确实是的。”我说。

“并不是。别把这当成你的问题。”

“话是这么说。”我说。

由于缺乏持续的清洁，房间里失去了漂白剂和地板蜡的清新气味，取而代之的是我们肉体本身令人沮丧的气味——脏衣服、早晨的口气、尿布。我不能溜去健身房或和朋友喝咖啡，更不用说写作了。早上汤姆和马克斯一起玩，等我洗完澡，刷完牙，套件干净的衣服。之后，一直到晚上我再也没有属于自己的时间了。

一如既往，最大的问题是工作。我什么时候才能把眼睛从宝宝身上移开，把脑子借回去写点东西呢？

趁宝宝午睡的时候，答案显而易见。但是盘子堆在水槽里快要发霉，李子泥弄脏了高脚椅，洗衣机发出令人厌烦的叮当声。我匆忙做完基本的家务，却发现宝宝又醒了！没时间了。

我特别想出门，于是把马克斯塞进婴儿车里，推到肉铺、杂货店、面包房，一路上买下一块块肉、一片片面包和蔬菜，每当我们遇到任何认识的人，哪怕不怎么熟络，我都会迫不及待地停下来聊天。

我带他去和小区里的其他孩子一起玩。因为不必急着回到电脑前做那份想象中很重要的工作，我终于放慢了速度，开始和其他的妈妈交谈。起初是出于绝望的孤独，但令我惊讶的是，我最后喜欢上了她们。

我们一边吃着无糖松饼，一边一壶壶地喝茶，开着玩笑。我羞愧地意识到，我把这些女人当成愚蠢的家庭主妇，这种想法实在有失公道。她们都是聪明机智的职业女性，让我开怀大笑，向我分享建议，消除我的孤独感。一想到自己曾经那么尖刻地评判她们，我就心生悔意，尤其是在现实生活中我分明也是她们中的一员。

回到家，我去做饭，马克斯在厨房的地板上玩玩具。等我给他洗好澡，把他放到床上，收拾好晚餐的残局时，我只想瘫倒在电视机前。

这种生活并不糟糕。我明白。我仍然没在工作，所以整日不得安宁。但是，当你的脑海中萦绕着一个孩子躺在医院的病床上，心脏不知出于什么原因而衰竭的画面时，和一个健康孩子独处一天就显得不怎么艰难了。我的宝宝指着天空中初升的新月；他拽着我的耳垂；他说："妈妈。"

求你了上帝，永远不要让他受伤。让我代他受一切伤害。

发自内心的祈祷。不可避免。到头来不会有好结果。我的父母不能掌控我的生活；我也不能掌控马克斯的。他们不能对我放手，就像我不能对他放手。总有一天，在孩子的心目中，我也会是一个自以为是的外人。总有一天他会大喊，*我恨你*。他会大叫，*我又没有要你们生我*。他会是对的，好吧，他会是对的，就像我曾是对的一样……

这些我都知道。

但仍然，真的，求你了上帝，请你宽恕他吧……

在煎肉片、蒸西兰花、煮面条的时候，我满脑子想着这些沉甸甸的话题。

小李整个秋天坐公交车来来回回。她静静地和马克斯玩。她的笑声不再穿过墙壁传来。她把自己锁在浴室里，但并没有传来流水声。

她消失在一片如此完美的寂静中，这让我不寒而栗。

“你写得怎么样了？”一天晚上，汤姆问。

“很烂，”我说，“根本不行。”

“对不起，亲爱的。”

“那你为什么要问？”我在争吵开始前就能看到结果，我知道这样不好，但控制不住自己。

“你得知道，如果我在做饭、打扫房间、照顾马克斯，我就没法写作。”我冷淡地说，“你是想让我为这个难过吗？”

“当然不是。”汤姆说着，眉毛挑到眼镜上方，“我很抱歉。我真的不知道你这一整天是怎么过下来的。”

“那你就在家里待上一天试试呗，我可以躲到什么地方做点事情。”

“但是其他父母，像美国的那些父母，不是可以一边带孩子一边在家工作吗？”

“是的。是的。他们能做到。”我的愤怒平息下来，现在我异常镇定，“他们的房子很乱，他们从不抱怨晚餐。他们在商店里买加工好的婴儿食品，不担心食物是不是安全。他们的孩子看电视，玩 iPad。如果我让马克斯整天坐在电视机前，我就能写很多东西。”

“或者！”我不许他插进一句话，“或者——你可以晚点上班，做些家务，或者早点回家做晚饭，或者趁着午休时间去菜店买菜。我能想出很多解决办法。”

“这太疯狂了。”汤姆说话时不带任何感情色彩，这更令人恼火，“我们有个女佣。”

“这个女佣”——我恨恨地在这个词上徘徊——“是个正在遭遇家庭危机的活生生的人。”

“那就炒了她吧。”他说，“我受够了。”

“她女儿病了！因为这个炒了她，你觉得合适吗？”

“我认为她应该被解雇，是因为她已经不来上班了。”

“你是冷血动物吗？”

“得了吧，梅格。说正经的，她已经没在做她的工作了。我们可以给她一笔慷慨的遣散费——”

“不！我不能——我的意思是——换成是马克斯病了，我常常要去医院，我的老板因此把我开除了，你会怎么想？”

“显然，”他毫无悔意地说，“我会很愤怒。”

“但你对别人就会这么做。”

“因为我得操心自己的家啊。而且我们家又不是福利国家。”

“我知道，但是——”

“小李已经成为我们的一个问题。”

“因为她不来上班？”

“不只是这个。老实说，更大的问题在于她对你有一种奇怪的控制。”

“你在说什么鬼话？”

“我甚至不能问小李整天都在做什么，因为你会特别维护她。我觉得你在感情上和这个——女佣——纠缠得太深，所以没法看清楚情况了。”

“我跟她确实互相支持。我认为解雇她是错误的，我坚决反对，我不会这么做。我不愿意。”

“听听自己的心声。”他说，“我正试着帮你重返工作。”

“去年真的很艰难，你不在的时候，是她在这里。”我脱口而出，“我知道这只是她的工作，她这么做不是出于爱，但我对她心存感激，所以我要对她忠诚。”

“你要对女佣忠诚。”

“是的。确实。别再叫她女佣了！”

“她就是干这个的呀！”

“可是你说话的语气太难听了！”

“我不能再和你谈这件事了，”他说，“简直是疯了。”

“你才疯了！”

那年秋天，我们多次在同样的争论中苦苦挣扎。我们都没有让步。分歧就像某种腐烂的东西被困在我们彼此性格的陷阱之中，愈发严重。

我承认：汤姆是对的。小李对我的控制的确超越了雇佣关系在理论上的界限。

简单来讲，我爱她。我对她的感情既不是基于性欲，也不是基于爱恋；既不是柏拉图式的，也不是家庭式的。但它仍然是爱。这是一种感激、赏识和依赖的爱；这种爱把我对马克斯疯狂而绝望的母爱调和成一种可以让我生存下去的情感。它附着在塑料汤匙、泰迪熊、磨牙环上，但尤其附着在我们轮流抱着的肉肉的胳膊上、毛茸茸的脑袋上和温暖的乳白色皮肤上。

在马克斯出生后脆弱、狂乱的那几个月里，我生活在一个梦境中，那里只有黑暗的房间、哺乳和恐惧——这恐惧尤其压倒一切。无论我怎样努力寻找语言来传递这种感觉，汤姆肯定还是无法理解。而小李呢，不用说一句话，凭直觉就了解我的处境。我从来不必向小李解释。她明白，她对我的理解存在于她的脸上和手上，机智而温柔，我爱她。

我相信这种爱是不可避免的，是生理上的，它编织在俯首照顾新生儿的女人之间。我认为，能在众多女人中发现一个女人的存在，对新妈妈是一种安慰，也是获得幸福的最佳希望。我相信这种爱是作为一种物种生存的方法进化而来的。我没有看到相关研究，但永远相信这就是事实。

我甚至不知道小李的全名，我想她也不知道我的全名。她给我起的外号叫“对不起”。我们的关系本质上是交易关系。但我把小李同理智、健康、摆脱失眠和抑郁联系在一起。她是引着我从最荒僻的荒野中走出来的那条面包屑小径，现在我明白为什么在孩子迷失于危险森林的古老故事中会出现面包屑了：因为面包屑是家常食品，让人感到安慰，它们是被撕成小块的生存必需品。

汤姆的直觉是正确的。我对小李的依恋变成了一种非理性的依赖。他甚至不知道我背叛的程度。

那些日子里，我有时想象小李、汤姆、马克斯和我在一艘拥挤的救生艇上漂流。必须有人被扔到海里。我知道得扔掉汤姆，把我的真爱投入大海。我对小李的依赖之深，到了如此境地。

再说一遍：我设想过为了保姆而牺牲丈夫。因此，当汤姆对我们的家庭关系表示不安时，我感到惊讶，甚至愤怒。

但我也是对的。小李碰到了难事。看病和检查的费用很昂贵，再加上孩子生病带来的剧烈痛苦，给一家人的未来笼罩上一层阴影。我是对的，只有真正邪恶的老板，一些出自狄更斯小说中无情工厂的食尸鬼监工，才会在这种时候解雇小李。

我，一个母亲，能告诉另一个母亲她无权照顾自己生病的女儿吗？我应该告诉她抛弃自己的孩子，赶快回到我的孩子身边吗？

我做不到。

我是否暗暗热切地希望她无论如何都会那样做？

有些日子，我是这么想的。我希望她能尽一切可能在早晨来到我家门前。我想让她最大可能地不经受痛苦。我想让她给我一种错觉，让我以为她家的困难没有那么严重。

汤姆说，忘了她，先救你自己，注意我们一家人的需求！

我说，我没法忘了她，因为她的问题也是我的问题，而且问题总归有解决的时候。

我们俩的说法都有些道理。

一天下午，我向一位朋友兼前同事倾吐了自己的情况。我敢肯定她会站在我这一边——她是一位思想开明的单身母亲，她的儿子是由保姆带大的。但她的回答颠覆了我的预期。

“原则上你应该摆脱她，”她说，“任何在你和汤姆之间制造这么多麻烦的人都不应该再留在家里。”

小李女儿的健康状况先是有所好转，然后又恶化了。她出了院，又回去住院。医生开了一个月的药，又做了一轮检查。之后，她来到北京儿童医院接受进一步检查。

“平时谁照顾她？”我问。

“我老公。”

这个安排是有道理的，小李挣的比她丈夫多。

“她没上学了？”我问。

停了一拍。

“没有。”

数千年来，母亲无言的情感嵌在停顿中，以眼神传递，威胁着家庭和工作的根基。

“对不起。”我说。

既然她女儿就在城市的另一头，离得那么近，着实让人百爪挠心，我不知道小李怎么能忍心离开家。我仔细观察她，想找出不耐烦或疲倦的迹象，但她始终紧闭双唇，眼神清亮。

成年后，我一直沉浸在词汇和语言的学习中，但正是小李让我明白沟通在严格意义上与词语无关。除了语言和文字书写，还存在其他灵光乍现的领悟。我和小李能用来交流的词不超过一百个，但我们之间有许多暗示和想法不需要说出口。

我对她的理解，超出了我对许多以英语为母语的人的理解。

“对不起。”

我在等咖啡煮开，这时小李来了。她倚着门，显得异常平静。

“我想去看医生。”

“怎么了？”我已经为灾难做好准备。

“我觉得我怀孕了。”

不应该沉默。我得说点什么。

“真的吗？”还不如不说。

“我觉得是。”

“你是——？晚了多少天？”

“我不知道。”她的手挥动着，手指展开，我意识到她的平静只是一层薄薄的伪装，“女儿还病着，我没注意这些。两星期，三星期吧。”

“晚了这么多？”

“是的。”

我想多了解一点。

“你开心吗？”我脱口而出。这听起来很糟糕，于是我换了个问法：“你想再要一个孩子吗？”这听起来也不太好。

“我不知道。”她眨了眨眼睛，泪水顺着睫毛往下流。

“别担心。”我笨拙地摩挲着她的胳膊，“你应该去检查一下。”

“今天下午我想去看医生。”

“好吧。”我说。“可以。”我补充说，努力让自己听起来充满热情，因为我又要和下午的工作说再见了。

小区诊所的医生说，她确实怀孕了，但不一定能保得住胎。

“你打算怎么办？”我问。

那是第二天了，我们在厨房里说话。小李画了一张生殖器官图来解释医生给她的诊断。这是我们第一次觉得有什么事情如此重要又无法解释，所以不得不求助于绘画。

“我会——”她用一只手在肚子上切了一下。

她已经约好了人工流产的日期。

“我很抱歉。”

“没关系。”她淡淡地说，“这样更好。”

我看着她的脸，试图理解她是否真的这么想。然后又担心我在侵犯她的隐私，因此把目光移开了。她的电话响了，于是她趁机离开，蜷缩在洗衣机旁。

我漫步到客厅，沉思着。我所说的是真的。我确实很抱歉。与此同时，我松了一口气。我们的现状——我的现状——是安全的。小李不必离开她的工作。没有小李，我就无法前进。与此同时，我对自己的恐慌得到缓解感到恐惧。我想，我居然会从另一个女人的流产中得到解脱，我怎么变成这样一个邪恶的人。

我还没来得及自责，小李就回来了。

“对不起，”她说，“我和我丈夫谈了一下。他给我在朝阳医院挂了个号。只是为了检查一下，在做那个之前——”她又一次在小腹做了一个砍切的动作。

“好的，”我说，“当然可以。”

在我们这幢楼的电梯厅就能看到朝阳医院的红色招牌。这是一幢由玻璃和钢铁建成的庄严建筑，承诺提供北京腹地的社区诊所无法提供的优质专业医疗服务。

“你现在疼吗？”我问。

“不疼。”她不屑地笑了笑，然后继续工作。

几天后，她带着诊断结果回来了。

“朝阳医院的医生说怀孕没问题。”她说着，把一叠用牛皮纸文件袋装起来的检查报告丢在橱柜上。

“什么？”

“是啊！”她笑了，“胎儿没事！”

“太好了。”我提醒自己赶紧这么说，“可是怎么会没事呢？”

“我不知道。那个小区诊所的医生——”她轻蔑地抬了一下下巴。

“所以你要生宝宝了！”

“是的。”她说，“我会试试。看看结果怎样吧。”

“太好了。”我又说了一遍。

我不再问她工作的事情了。

反正我已经有了答案。

第九章

小李会辞职离开。这只是时间问题了。自从我怀孕以来，似乎一切都只是时间问题。

“我老公不想让我再工作了。”小李告诉我。

“你自己怎么想的？”

“我想把今年做完。”

“也就是说你会干到一月份？”

“是的。”

现在已经是十月了。我不知道她为什么想多干两个月，但我当时很高兴。小李是唯一受过我的考验、值得信赖的保姆。

“你需要建立一个后备网络，”一位单亲母亲朋友责备道，她一边抚养儿子，一边作为一名活跃的外交官周游世界，“你至少需要三个临时保姆轮班。”

这个建议听起来合情合理，但与现实完全脱节。我想不出去哪儿找三个保姆。想想看，我在北京从来没有听过有人用临时保姆这个词。中国人要么找家里亲戚帮忙带小孩，要么雇个阿姨。临时雇一个陌生人照看孩子几小时，我认识的人里没有这么做的。

我渐渐喜欢上了一些为朋友工作的阿姨，但让另一个家庭的阿姨来临时照看孩子是违反潜规则的。我应该先征求这个家庭的母亲的意见，即使同意，她也会暗自怨恨我的好意。她会认为我想挖走她的保姆，一想到阿姨把精力浪费在另一个家庭上，她就会生气。这种情况会迫使她面对自己内心深处的一种感觉——她对这个女人的生命拥有主权，而意识到这一切，同样会令她感到愤怒。

“现在说这个已经晚了。”我生气地对朋友说。

“不，不晚。”她坚持说，“这种情况会在你身上反复发生，直到你建立起一个良好的保姆网络。”

“也许吧。”

“说真的，这些我都经历过。”她继续说道，语气中带着肯定和轻快，“你需要从建立网络的角度思考，而不是只关注个人。”

“行了，我知道了。”我嘟囔道。

别说三个，我连找一个阿姨的前景都无法面对。对于不得不找个人替换小李，我感到恐慌极了。

“你应该早点换人。”住在我们这栋楼里的一位日本母亲直截了当地说，“我读过一篇文章，如果你想换保姆，应该在孩子一岁之前换掉。一岁以后换，他们会受到精神创伤。”

我的生活似乎变成了一个迷宫，里面的一张张面孔指出我的错误、失败和短处——通常这些面孔都在为时已晚的时候才会这么做。

“我知道了。”我酸溜溜地对她说。

“什么？”

“我知道了，”我说，“但是现在说这个太晚了。”

“我就是这么一说。”

至于汤姆，他恨不得马上把小李从我们家里赶出去。在他看来，小李只不过代表着她的技术身份：一名由中介公司派遣来的工人，很好找，也很容易被替换。

“我们都应该向前看，开始物色别人吧。”他说。

“我不想再找别人了。”

“你说真的？”他说，“为什么？我们肯定能找到更好的。”

“你不知道她有多好。”

“这个城市有好几百万人呢，我们想找多少好保姆就能找到多少，这一点我敢打保票。”

“马克斯爱她。”我说。

“那就更有理由了，”他争辩道，“她待得越久，就越难把他们分开。”

“我现在的写作状态非常好，”我终于明白地告诉他，“一旦小李离开，我不知道还要多久才能重新开始工作。我只希望能把这种现状拖下去，拖到没法再拖为止。”

他没回话。

“你能理解吗？”

“好吧。”他说。

不知怎的，一切都出了问题。雇用小李是为了让我把注意力从孩子身上剥离下来，重新投入到工作中去。这种情形一度发生过，但只是昙花一现。我了解到，保姆不是托儿所。她不是一个村庄。她不是一个出现后就能简化生活，并且不会造成更多麻烦的工具。小李是一个人，她的问题也开始成为我的问题。也许，就像汤姆一直说的那样，这种纠缠表明我缺乏专业界限。但我想，除非我缺乏所有人类的情感，否则这样的结果就不可避免。

每个雇用另一个女人照顾孩子的女人一定都在这个不间断的过程中挣扎。她们在各种关系中注入情感，而情感又在持续的、无意义的人员流动中从这些关系中移除。在雇主的心血来潮下，家庭情感先是被放大，然后被否认。过于积极维护正式雇佣关系权利的管家和保姆往往会受到严厉的批评。我的脑海里回荡着朋友们的声音。这些谈话一直围绕着我。有和同栋楼里其他妈妈的谈话，有和宝宝群里其他女人的谈话，也有和朋友中的职场妈妈的谈话。

这对她们来说只是一份工作。

你应该像对待家人一样对待她们，但你应该看看她们离开后会发生什么。突然之间，她们关心的就只剩下推荐信和钱了。

我以为她在乎我们。我是说，孩子们。他们哭了。而她突然就变成了一个陌生人，整张脸都不一样了。她走出门去，好像这没什么大不了的。

这让我想起一位俄罗斯同事过去常常讲的一个笑话：我以为这是爱，但她找我要了二十美元。

笑点是一样的：即使爱偶然出现，那也不是重点。重点是生存。但当涉及孩子时，很难冷静地看待。谁不想既享受家庭之爱带来的好处，同时又不用碰到各种不方便、不可逃避的责任呢？一个你可以雇用和解雇的家人？

我们在自欺欺人。

在和小李共度的最后几星期里，这些不舒服的想法折磨着我。

“只要你准备好了，我这边随时欢迎你回来。”我向她保证。

“好啊。”她同意，“我也想回来。”

这番交谈裹上了一层糖衣。双方都没有协议、没有谈判、没有承诺。

与此同时，我们生活在新生活的不便中。扫帚哗啦啦地落下，家具被推开，脚步声啪嗒啪嗒地穿过大厅。然后是关门的巨响，呕吐物飞溅。她仍然扭头趴在厨房的橱柜上睡觉，脖子像被踩扁的花茎一样弯着，但现在午睡的时间延长了。

看着她，我想起自己怀孕早期的样子。恶心感在血管里咆哮，每天都凝结成一种比前一天更顽固、更强烈的呕吐感。小口吞咽着尝起来一股铁锈味的水，像一只受伤的熊在地铁里慢吞吞地走着，悲惨地嗅到所有下水道、垃圾和烹调油的臭味。吐在交通隔离带里、建筑物后面、公共厕所里。

那时我还在工作，但我找到一些放松一下的小方法。我把自己的情况告诉同事，睡在办公室的沙发上，允许自己少做一点工作。

怀孕期间，我发现了一个显而易见的女性生理真相：晨吐不是什么玩笑话或电影桥段，而是一种从发根到骨髓都让人痛苦的严重疾病。

我第一次想到，世界上所有的女人除了忍受呕吐不适、继续工作外，别无选择。农民和工厂工人，从事繁重手工劳动的妇女。即使是白领女性——她们至少每天多数时间可以坐下来——也仍然在暗自忍受着这种严重的疾病。我认识的几乎每一个女人都对我的孕吐表示同情，因为她们也是这么过来的，但在怀孕早期没有就业保护。

我们必须在呕吐和隐秘中承担物种的基本繁衍。我想我不应该感到惊讶：还是孩子时，我们就已经学会掩饰月经的疼痛和流血。我们明白，否认物理外壳是获得承认的代价。只要把自己的身体置之度外，或者假装我们的身体和男人的一样，我们就可以和他们一起工作。其他女性会对你抱以无声的同情，但你必须对男人隐瞒这些事情，因为他们在严肃而同情地点点头后，就会提醒你，这种生理上的差异是他们一直以来的观点，然后他们会让你离开。生理差异会被拧成一根绳子，用来束缚你。

现在轮到我了。小李在孕吐，而我是她的雇主。

“你想躺一躺吗？”

“不用。”

“你还能继续工作吗？要不还是回家？”

“不用。”

“你确定吗？”

“我没事。”

我回到电脑前，没再管这事。我帮她分担家务，这样汤姆就不会意识到她在体力上已经不能再做这份工作了。我鼓励她想什么时候休息就什么时候休息。我向自己保证不给她施加压力，也不增加她的负担，我确实没有这么做。至少我是这么认为的。对这样的情形，我能说的就是，我本可以做得更糟，而她并没有指望会有更好的安排。

与此同时，我为她的离开做了准备。

“小李不会每天都来了，”我告诉马克斯，“不过她有时还是会来的。”

“为什么？”马克斯问。

“她要有自己的宝宝了。”

“什么宝宝？”

“她的宝宝。她自己的孩子。”

“我也想要我自己的孩子。”马克斯回答。

“也许吧。”我说。

几个月其实就是几个星期。没什么，真的。时间慢慢过去，然后，在指定的那天，小李给了马克斯一个长长的拥抱，在他的额头上吻了一下。她看着马克斯的眼睛说再见。

“再见。”他高兴地回答。

“我爱你。”她说。“我会再见到你的。”她说。“好吧。”她说。

我们已经达成一致，这次分手要迅速而冷静。我们不会向马克斯隐瞒正在发生的事情，但要避免戏剧化的场面。小李拿起包包，走出门，上了电梯。

然后她就走了。

我突然意识到，她带走了她工作时穿的人字拖。盯着门厅空荡荡的地板，我有一种被骗了的疯狂感觉。

我对自己说，她当然要把她的鞋子带走。那是她的鞋子，非常好的鞋子。

但她是偷偷拿走的。她等了一会儿，趁我没注意，把它们塞进包里。

看着空荡荡的地板，我明白小李真的走了。我知道这是最后的结局。

第十章

接下来是一群没能坚持多久的阿姨。

那个吓到马克斯的严厉女人。那个满脸粉刺，整天煲电话粥却连脏盘子都不洗的年轻女人。那个说谎的女人。那个体味很重的女人。那个各方面都如此完美，结果被别的雇主迅速带去伦敦的女人。

“你有没有觉得，你潜意识里是在寻找小李？”汤姆说。

“也许吧，”我说，“但我也没办法。”

“还是别这样了。”他说。

“好帮手很难找。”我郑重其事地说。

我想让他笑，但他没有。

程阿姨来的时候，我已经放弃了希望。我感觉往后在北京的时光里，我要一直等待一个可遇而不可求的阿姨。

但程阿姨是理想人选。她脸上有多年日晒风吹的痕迹，但一笑就露出深深的酒窝。在来我们家之前，她为同一个家庭工作了七年，我立刻就明白了原因：她精力充沛，聪明伶俐，擅长做各种事情，从烤馅饼到想出傻乎乎的游戏和马克斯一起玩。

事实上，她是一个比小李更好的员工。房子更亮了，空气更清新了，饭菜也更美味了。小李一直把马克斯当成小宝宝，但程阿姨却能和他一起玩：听着中国谜语，马克斯的大笑声充满整个客厅。

马克斯仍然不时地问小李在哪里。

“家里，”我说，“和她自己的孩子在一起。”

“好吧。”他表示同意。

我儿子云淡风轻的反应令我吃惊。马克斯是一个热情洋溢的孩子，和爸爸分开才几个小时，再见面时他就会冲过房间投入爸爸的怀抱。但是小李走了，马克斯几乎没有反应。

但后来我注意到一件事：他没有抱程阿姨。他没有爬到她的膝盖上，没有抚摸她的脸颊，也没有在她对着他的小脸蛋细语时咯咯地笑。他和小李之间所有亲密的肢体接触，那些展现出家庭成员联结感的行为——他既没有主动发起，也没有接受这种温柔。他和程阿姨在公园里漫步，在房间里追逐，兴致勃勃地唱着童谣。他们在一起吵吵闹闹，乐不可支。马克斯见到她时总是很开心，但在分开时也不见得有多舍不得。

我不知道马克斯是否学会了与他的看护人保持一定的距离。也许小李离开我们家的时候，他感觉到了一些不想再感受到的东西。

我能体会到他的想法，我故意和程阿姨保持友好但坚定的距离。我雇了另一个女人在周末打扫和做饭。这为家人腾出了更多时间，而且万一程阿姨突然离开，也给了我们一个潜在的替代人选。我谨慎地评估了为邻居们工作的阿姨，尤其是在那些即将离开中国的外国家庭里工作的人。我一直在制订后备计划，为程阿姨的离开做准备。

马克斯和我一起认识到，保姆只会短暂出现在生活中。这一次，我们不会靠得太近。

“你的书怎么样了？”汤姆问。

我们坐在公寓附近一家路边咖啡店的树荫下，吃完这个有点早的午饭，汤姆就要回分社工作。在头上的二十层，程阿姨正趁着马克斯午睡打扫我们的房子。

几天前，我们在天蒙蒙亮时被埃塞尔·肯尼迪的电话吵醒。她告诉汤姆，他的系列报道获得肯尼迪奖，这让汤姆吃了一惊。他要去纽约参加颁奖仪式。

现在他问起了我的书。这本我原本希望在生马克斯之前写完的书，这本在我处理家庭危机时不断被搁置到一边的书。关于工作——我的工作和他的工作——的话题仍然是我们的痛点。我们很容易把这个问题发展成尖刻的争论。

我深吸一口气，小心地按捺住自己，不要放出所有蠢蠢欲动的防御性小刀。为了争取时间，我先慢慢喝了一口浓咖啡。

我学到一个诀窍：假装提问的是别人。不是汤姆，是在咖啡馆碰到的一个朋友。

“很难说。”我说了起来，“我来解释一下——”

他眼神闪烁，嘴角撇了一下。但他只是在咖啡馆碰到的一个朋友，所以我机智地忽略了这些为我感到遗憾的信号。

“生马克斯之前，我以为这本书快写完了。你可能注意到了，我总是低估事情要花费的时间。”我试图发出轻快的笑声。邻桌的男人伸长脖子四处打量，想看看周围是不是有人快要被勒死了。

“但现在我又回到了写作的状态。”我继续说道，“总算差不多每天都能坐下来，不受打扰地工作一两个小时。你知道这有多重要吗？”

“我知道。”那是假笑还是微笑？“那太好了。”

他的语气很坚决。他打算换个话题，但我还没说完。

“现在我的写作到了最可怕的关头。我该怎么解释呢？”

他的手指探向手机的方向。*别这么做——*

“你知道那是什么感觉吗？就像——”

他的手指滑过，握住手机，他凝视着屏幕。

“——呃——”我含着这口气，等他意识到自己有多粗鲁。但他的眼睛仍然盯着手机，拇指戳来戳去。

假装他只是我在咖啡馆碰到的一个朋友。

“就像我一直试图游过海洋。现在我已经游了这么远，不能往回游了。但是我不知道要去哪里。就像《圣经》里的那句话：我们行事为人是凭着信心，不是凭着眼见。”

他什么也没说，写起了电子邮件。

“所以，情况就是这样……”我打住话头，“你在听吗？”

“我在听！我明白！你感觉自己置身于一片汪洋之中，不知道这本书怎么收尾。”

“不，这一点我倒知道——不是这个——算了吧。”

“我们现在能结账了吗？”他已经把外套搭在胳膊上了，“我得去工作了。”

“可以，”我不满地说，“我也是。”

一切如旧，但基本上我们是开心的。很难不开心。

四季如梭，马克斯叽叽喳喳说个不停，我们忍不住笑了起来。

我们有一个漂亮的小男孩，他会说普通话和英语，他的一个微笑便能让我们的内心歌唱。程阿姨照顾孩子非常得力。我写作的产出量和满足感达到了空前的程度，这让我十分开心。我在健身房练习间歇冲刺，这让我身体健康，思维敏捷。我在写作。我在工作。那本书开始成形。

我们把马克斯留给程阿姨，和朋友们一起出去吃喝。周末，我们一家三口在古老的公园野餐，爬长城，逛动物园。

在中国新年，我们吃汤饺、点缀着芝麻的绿叶菜和醋拌黄瓜，我们跟着舞狮队蜿蜒曲折地穿过小区，我们让马克斯熬夜看烟花从屋顶上一闪而过。

我们一家人终于开始享受在中国的时光了。生活又变得有趣起来。

一切如此有滋有味。

在北京，蛇年来临的时候，我又怀孕了——只是那会儿我还没有意识到。

"我想知道这个宝宝会是什么样子。"

"真的很难想象。"

"如果跟马克斯一样呢？"

"如果完全不同呢？"

"如果是个女孩呢？"

"如果又是一个男孩呢？"

一个新的宝宝！一份新的爱！我们兴奋不已，我们惊慌失措。

"至少这次，"我试探地说，"我们知道困难会过去，不会一直没完没了的。"

汤姆把眼镜往上推，揉了揉眼睛。

“拜托，”最后他说，“我想都不敢想。”

“大家都说第二个孩子更好带。”

“我不想抱太大希望。”

“嗯，反正不可能更难，不可能的。”我说。

“别再谈这个了。”

恶心已经消退，剩下的怀孕过程很顺利。马克斯茁壮成长，程阿姨非常能干，我会完成我的小说，眼看要写完了。我看不出还有什么能难倒我。会发生什么呢？

事情确实发生了。汤姆得到一份工作。他将从事调查报道和一些项目，跟他非常推崇的一位编辑合作，而且收入也会提高。我知道他不可能拒绝这份工作，这就是那种所谓条件好得让人没法拒绝的工作。我知道，如果我说服他拒绝这个机会，这份未接受的工作会成为一道阴影，在今后的好些年里横亘于我们之间。

但有一个问题：这份工作在新德里。

真相慢慢地、令人愤怒地渗进我的脑海：我没法趁着孕期写完我的书。

我得趁着孕期，把我们一家搬到印度。

小李最后一次过来道别。我从农夫市集骑车回家时，她正在大堂里等我。她脸上的棱角变得柔软了，肚子结实浑圆。电梯往上爬时，她突兀地转向我。

“你写了我的推荐信吗？”

“哦。当然写了。是的。”难道这封信就是她来的唯一理由吗？

在公寓里，她和程阿姨礼貌地互致问候，带着冷淡的好奇心互相打量对方。马克斯把小李带到房间去展示他的书和玩具。在我打印推荐信，在上面签名时，我能听到他们在走廊里用普通话聊天。

她给马克斯带来一件礼物：一件黄色T恤，上面写着一些关于芥末的含混英语，还有一条灰色短裤，一个裤腿上印着猴子脸。

“好了，给。”我把信递给她。

“谢谢你。”她说，“我得走了。”

“不留下来吃个午饭吗？”

“不了，谢谢。”她甜甜地说。

马克斯走到我身后，用双臂抱住我的腿，严肃地盯着小李。

“亲爱的，跟小李说再见。”

“再见。”他低声说道。

我看着他，感到一阵痛苦的困惑。她这样做只会搅起马克斯的感情。如果她想要的就是那封信，我本可以在其他地方见她，甚至把信放在前台……

我打开门，看着她迈出门槛。她笑了一下，脸涨得通红，我突然意识到她的眼里泛着泪光。

“再见。”我说。

“你真好看。”她脱口而出。

“不。”我说。

“谢谢你。”我说。

“你真好看。”我说。

然后她就走了。

第二部分

去印度

第十一章

我同意举家迁往印度，但有一个明确的条件：我要毫不愧疚、大手大脚地聘用家政人员。我要把购物、准备食材、烹饪、清洁和洗衣的活儿统统外包出去。汤姆的事业把我们推向印度，但我决心让我的工作也从中受益。我开始安排一个新的家庭模式，除了陪孩子和写作，我什么都不做。

全球经济再一次站在了我这边。印度的劳动力甚至比中国还要便宜。一个全职工人的工资，哪怕按照当地标准慷慨地支付，对我们的家庭预算也几乎不构成任何影响。所以，到德里的第一天，我就开始物色保姆。

我们是在夜深人静时着陆的。我第一眼瞥见印度，是透过出租车车窗望见的昏暗灯光下的片段：夜里罩上油布的市场摊位，在水沟里梭巡的野狗，在人行道上沉睡的人。在街边摇曳的昏黄灯光下和雨点的浸泡中，所有事物都模糊不清，一切都在雨季的侵蚀下慢慢地分崩离析。最后，出租车停在一座服务式公寓大厦前，这栋楼极为干净，非常现代化，附在一座闪闪发光的巨型购物中心后面。我们用瓶装水刷牙，陷入无梦的昏睡，三个半人躺在大床上：汤姆、马克斯，还有肚子已经很大的我。汤姆的手机闹铃在早上响起。他冲了个澡就不见了。

我看着马克斯，马克斯看着我。他如何理解这次行动——跨国搬家，转运行李，在我肚子里还有一个宝宝？

“你想吃早饭吗？”

“想！”

在自助餐厅，我在他盘子里放了一堆火候过头的煎饼、油腻腻的鸡肉香肠、木瓜片和菠萝。咖啡发酸，但我还是喝了一壶，牛奶在杯子里慢慢凝结。

回到套间，我拉开窗帘，观察这个城市白天的样子。疑虑潜入内心。眼前的景观与我的想象不符。

汤姆几年前去过德里。他描述了成群的绿色鹦鹉在棕榈树上筑巢，摇摇欲坠的莫卧儿古墓，奔放的热带花朵。他曾邀我飞到印度参观泰姬陵，但我当时忙着在贝鲁特报道突发消息，没能去成。从那时起，印度就作为浪漫和错失良机的象征萦绕在我们心头。

现在，迎接我的是毫无特点的高楼和空地。德里的这片区域满是平淡无奇的建筑、无精打采的人和成堆的垃圾，就像其他一百个我从未想过要称之为家的城市一样，这里也隐约带有后末日的气息。

还有很多事情要做。汤姆马上又投入到全面的报道工作中，安顿家的任务落在了我的肩上。我们没有房子，没有车，没有保姆，什么都没有。什么都没有，而一切都似乎要把时间耗尽。这一切，包括乘坐出租车穿过拥挤得让人窒息的街道，到达拥挤的市场，通过危险的楼梯进入商店。人行道上挤满了人，汽车擦肩而过，马克斯连站都站不稳当，于是我把他架在腰间，挺着一个大肚子，拽着一个德国牧羊犬那么大、还在蹒跚学步的孩子，摇摇晃晃地爬上楼。

我需要一部手机和一张 SIM 卡。我需要一个医生帮我接生。我需要弄清楚去哪里买菜，这样我就可以在我们的小厨房里糊弄一顿午饭。我需要一个插线板。我需要拿着这个插线板去换一个能用的。我需要洗涤剂来浸泡水果和蔬菜。我需要水果和蔬菜。我需要回去看看为什么他们没有激活 SIM 卡。我需要护照照片。我得回去取护照照片。我需要再去一趟，带着孕妇的愤怒大吵一架，这样他们才会激活 SIM 卡。我需要驱蚊剂。

闲下来时，我和马克斯跟着一名房地产经纪人穿梭在德里各地。她穿着长裤套装，拿着写字板，对一切都很乐观。我们参观了鹿苑附近崭新闪亮的公寓，乔巴格地铁站房子典雅的大理石纹路，以及高尔夫球场公寓生硬的殖民地风格客厅。

租金太高了，通勤时间太长了，对着的街面太吵了。汤姆早就发过话，他不会住在建筑工地旁边，现在我意识到新德里几乎每个街区都在施工。我们继续看房，看更多的房子。

然后玛丽来到我们身边。

我开始写的是“我们找到了玛丽”——但感觉不对。不被找到，玛丽就不会罢休，在寻找着的一定是她。她是选择者——一个充满行动力和决断力的女人，永远如此，阿门。

通过邮件列表中一句无关紧要的评价，玛丽来到我们身边：“她是一位了不起的女士，把大孩子和婴儿都照看得非常好。”

我知道这则广告的简短可能是个不好的信号。大多数即将结束雇佣关系的雇主会用推荐信来弥补自己的负罪感，这些推荐信里充满了溢美之词，像小说一样不真实。这些女性是“不可思议的”“难以置信的”“不可或缺的”；她们是玛丽·波平斯[1]和弗罗伦斯·南丁格尔的混合体，所以聘请她们的机会不容错过！

当然，这些神圣的人物在午餐时给孩子们吃软糖和微波炉爆米花，或者在橱柜里塞满没洗过的盘子，或者害得一家老小食物中毒时，虚假的广告只会加剧幻灭感。

但我是一个乞丐，没法挑剔——怀着身孕，筋疲力尽，迫切需要有人帮忙照看孩子。我打电话给她，她来了。

其他候选人会闻一闻，转动身子，焦急地环顾酒店套房，好像我们的临时住所预示着家庭不稳定。

玛丽没有这样。她安静地坐着，双脚稳稳平放，双手放在结实的大腿上，脸宽大而镇定，注视着我的眼神带着聪慧。她的家族定居在不丹和印度之间的边境地带。她在大吉岭跟随修女学习过。她是寡妇，两个十几岁的孩子由她在阿萨姆邦的婆婆抚养。

我等着发现她简历中的瑕疵，但没有找到。玛丽常年帮人照顾双胞胎。她在美国总领事家里工作多年，上过急救和儿童发展方面的课程，可以流利地说多种语言。警方已经核实过她的经历，而且为了在美国大使馆工作，她也接受过背景调查。

我告诉她，我不确定我们会住在哪里，但我列出了一些正在考虑的社区。

“没问题，夫人。”

我解释说，开始时她只能在酒店套房为我们工作，我知道这既不正规又很尴尬。

---

[1] 玛丽·波平斯（Mary Poppins）是一个具有魔法的保姆，出现在英国作家帕梅拉·林登·特拉弗斯（P. L. Travers）的系列童话中。

“没问题，夫人。”

“你不用叫我夫人。”

“好的，夫人。”

“不，我是说真的——”

“好吧，夫人。”

“哦……”我尴尬得说不下去了。

每周工作五天半，她的起薪是每月一万五千卢比，约合二百三十五美元。每月除工资外，我们还多付给她五百卢比的电话费，加上两千卢比的公交车费和午餐费——总共约四十美元。我们承担她的医疗费，每年给她两次五十美元的置装费。加班还是休息，选择权在她这里，如果加班每小时工资是一点五美元。六个月后她就可以加一次薪，此后每年都会加薪。

玛丽没有吹毛求疵，我并不惊讶。我做了调查，没有人比我们付得更多。我听说德里全职家政工人的最低月薪只有一百美元。

玛丽接着解释了她唯一的条件：她不想住在用人宿舍里，德里的用人宿舍与许多中产阶级公寓是连在一起的。她的丈夫是尼日利亚人，两人在教堂相识，对他来说，和印度的用人们住在一起很不舒服——事实上这是不可能的。

“人们有一点种族歧视。”她温和地解释道。

我向她保证，无论她住在哪里我们都不介意。

她就这样来了。她飞奔而来，大喊大叫着，微笑着。她原谅了我们的无知。

一个星期六的早晨，暴雨袭击了这座城市。马克斯站在窗边，对着那模糊、一望无际的银光惊叹道：“下雨了！”

玛丽打电话：“雨太大了。我来不了。”

“下雨了，所以玛丽不能来。”我告诉汤姆。

“什么？”

“她就是这么说的。”

“给她回电话。”他说，“让我跟她谈谈。”

我把电话递给他。“玛丽！”他说，“听着，你今天得来上班。我不管你怎么到这儿来，但你一定得来。”

“她说什么？”他把电话还给我时，我没好气地问。

“没说什么。她说好的。”

“你确定——”我搜寻着合适的表达。

“她不能每次一下雨就不来上班。”汤姆打断我的话，感到难以置信，“我们不能开这样的先例。”

突发新闻闪过。玛丽住的社区被洪水淹没了。地铁关闭。公共汽车无法通行。进入紧急状态。

“哦，上帝，”汤姆说，“她为什么不跟我说情况有多糟？”

“你当时说得好像她不来就要炒了她似的。”我生气地说。

我们打电话想让她回去，但打不通。汤姆焦躁不安，皱着眉头，内疚地在窗前踱来踱去，一遍又一遍地拨着玛丽的电话。我和马克斯静静地玩。

终于，有人敲门。玛丽浑身湿透了，裤子卷到膝盖。我准备好接受严厉的谴责和辞呈。

“实在是对不起。”汤姆赶忙说，“我不知道这场雨造成的后果这么严重。如果知道，我决不会叫你来的——”

“好的，先生，没事。”她说。

然后她开怀大笑起来。

马克斯午睡时，大家都要强制性地跟着休息。这种强制休息是我以前保持室内沉默的狂热残余：我要将我的反噪音巡查改头换面，作为慷慨的“停工时间”分配给所有人。我回到卧室写书，至于玛丽，在确信我是真的不想让她在马克斯睡觉时做任何事情后，她开始蜷缩在沙发上打呼噜。

一天下午，她跳起来朝门口走去：“我去上厕所。”

“你这话是什么意思？”我侧身探头，朝着客厅问，“你要去哪里上厕所？”

“我去楼下，那里有个卫生间。”

“但是我们这里就有卫生间啊，而且有两个。”

她看起来有点困惑：“我不舒服。”

“噢！”

我不知所措。要么她是在警告我，我们的感官即将受到一场特别奇异的攻击（如果是这种情况，那还是去楼下大厅吧！），要么一直以来她受的都是这样的教育：她那卑微的帮佣的屁股不应该玷污我们神圣的厕所。

我陷入对玛丽私人需求不必要的沉思之中，对自己说的话感到后悔。

“我是说——”我结结巴巴地说，“如果你不舒服，当然——”

“你不介意吗？”她打断我的话。

“介意你用我们的卫生间？当然不会！”

“好吧。”她害羞地说。

看着她走进卫生间，一阵悲伤将我裹挟。玛丽一直被视为贱民——禁止进入家庭厕所。习惯了更为自信、大胆的北京阿姨，我对此情此景感到震惊不已。

上，用他们的杯子喝水或者用他们的盘子吃饭。我还不明白，对于印度各地数百万的女性来说，家政工作不是向上流动的道路，而是终身监禁。社会认为她们比性工作者更值得尊重，但也仅仅是高出那么一点而已。她们愿意在别人家里工作，这表明她们很脏，不受欢迎。

这些我都不知道，但我会懂的。

我过去做记者时的一个场景在街上真实出现了：成群的记者和卫星网络直播车挤满了整条路。我很想知道购物中心旁边的法院里正在上演什么国际新闻，于是给正在工作的汤姆发了条短信。

“是个强奸案。”他回答。

他只能说这些。乔蒂·辛格（Jyoti Singh）遭遇的强奸暴行受到国际社会的谴责。我甚至知道这起案子涉及一个购物中心，但我没有意识到——现在我宁愿自己根本不知道——那个购物中心正是我们现在称之为家的地方。乔蒂·辛格年仅二十三岁。她被诱骗到一辆公交车上，然后被人用金属棍强奸，直到器官撕裂，最后被丢到路边等死。现在强奸犯就在大楼下面受审。这是我们进入印度的首个窗口之一。

我感觉到我们住的酒店里也在酝酿着一些不同寻常的事情，但一开始我说不出是哪里特别。早餐时，我注意到婴儿和同性恋伴侣的数量异乎寻常地多。大多数伴侣都是白人，来自国外，他们彼此似乎并不认识，但仍然被一种情谊联系在一起，而我的家庭却被默认排除在外。他们意味深长地交换眼神，驻足欣赏着小婴儿，在彼此的耳边嘀咕着。慢慢地，我从无意中听到的对话片段中了解到真相：附近有一家著名的代孕诊所，在前往印度认领新生儿的伴侣中，我们住的酒店又刚好很受欢迎。

这些家庭疲惫不堪，倒着时差，还陷入了把孩子带回家之前要经历的跨国官僚机构的困境中。其中一些人已经困在这里好几个月了。然后我出现在那里，在一个明显有人居住的子宫的重负下蹒跚而行。当我重重地沉进椅子里吃早餐，试图转移马克斯每天要吃甜甜圈的请求时，我并没有忘记人们会惊讶地回头多看我两眼：*你在开玩笑吗？*我本人既是其他客人无法拥有的一种身体状态的化身，同时也是对他们为人父母的未来的惹人厌弃、不甚美好的一瞥。一个挺着大肚子的母亲和一个可怕的两岁大的孩子，身处无法怀孕的人群中——我这是走的什么运啊。

但是，在被孤立许多天后，一个陌生人终于打破了我们周围的沉默。

“早上好。”他用欢快的美国口音说。

我抬起头。一个中年男子站在我们的桌子旁，一只手拿着热气腾腾的杯子，脑袋像鸟一样好奇地歪着。

“早上好。”我说。

“还有你，早上好。”他转向马克斯。

“你好。”马克斯轻声说。

我的新朋友是一位和蔼的美国教授，他的丈夫是一位好脾气的欧洲医生，正在帮我跟马克斯讲蛋白质和维生素的好处。他们正试图把他们的新生儿带出印度。事实证明，美国的情况很复杂，所以现在他们把目标瞄准欧洲，在那里，他们会暂住在一位祖母家，同时解决美国的问题。

我不知道是什么激发他们接近我们，但我太想跟人说话了，根本顾不上别的。我描述了找房子的艰辛，而他们也抱怨着这几个月在酒店过的日子。我们吃完早餐还舍不得走，一杯接一杯地续着咖啡。

几周后，他们走了。

走前给我留了张手写的便条，上面写着："赶着出发。设法订到了机票。很高兴见到你和马克斯。请保持联系。"

我为他们感到高兴。他们真的很有同理心，主动向我伸出援手，因为他们看出我当时过得很难，即使他们自己也身处挫败中。他们对马克斯一直很和气友好。他们考虑得很周到，原本可以直接去机场，消失不见，却特意给我们留下一张纸条。我想，这样的人一定会成为非常出色的父母。我很高兴他们找到了让自己的家更加完整的方法。

但在花了那么多时间思考母亲的身份和女性的消失之后，我也发现这种弥漫着的代孕氛围令人不安。怀孕的女性在酒店里无处可觅。她们的身体被世界各地的富裕家庭作为孵化器租用。有钱人家的胎儿从她们的循环系统中获取氧气，从她们的血液中汲取营养。胚胎汲取钙质形成骨骼，却让代孕母亲的牙齿松软、骨骼脆弱。但这些女人并不是母亲，婴儿并不是她们的——孩子生下来就要出口到国外。

我用手捂着怀孕的肚子，试着想象自己没有权利去爱那个在肚子里扑腾的小家伙。我试着想象，但什么都想不出来。

我不是在谴责或宽恕，只是现实超出了我的想象。一些女性——甚至大多数女性——必须完全以实用主义的态度度过孕期。我们都会出卖东西，为什么子宫不能卖呢？酬劳很不错，又急需这笔钱。

"我不喜欢那个。"玛丽断然说道。

我在马克斯午睡的时候问她：你知道这些家庭在做什么吗？

哦，是的，她当然知道。玛丽从供应方那头了解到代孕。她认识一些为了钱生孩子的女人。

“酬劳很好。但是一旦孩子出生，就没有人照顾这些女孩了。”玛丽说，“她们一次又一次地这样做。她们会得病，年纪轻轻就死了。他们把钱给了这些女孩，然后把她们赶走。这种情况我见过太多次了。”

话很快说了出来，倾泻在空中。接着她回过神来。我问她的意见，但没有透露自己的态度。她看到过我在楼下和那对伴侣聊天。

“不过我也不懂。”她很快补充道。

“我想你是懂的，”我说，“你懂的比我多。但是，这些人、这家诊所声誉很好。可能没有你看到的那么糟糕。”

你是对的，但这不是我们的错。我和我的朋友们都干干净净。当然，总的来说，你是对的，但这与我们没有任何关系。

我也听说过这样的故事：女人们被扣在宿舍里做人质，以免伤害肚子里的挣钱工具，她们被迫通过 Skype 向远方的认领者展示隆起的肚子。

但是有些女性不能怀孕，有些伴侣没有子宫，收养又很棘手。世界上到处都是被遗弃的婴儿，要获得一个孩子的监护权却非常困难、缓慢和昂贵。一些印度家庭让女婴挨饿，免得在她们身上浪费食物，然而，领养一个婴儿既昂贵又繁复。一切都安排得很糟糕，给每个人的选择太少了。我自己过去也急切地想要一个孩子。

可我仍然在想：为什么不管想要什么，你都能找到一个售卖它的可怜的女人呢？你可以买屁股、阴道、嘴巴或舌头。你可以买一个子宫，一个人类的温室，用来盛放人类的种子。你可以买双手来换尿布，可以买声音来唱童谣，可以买背和手臂来带孩子，可以买乳房来哺乳。你可以买到一段视频，视频里一个女人遭到残忍的侮辱，然后被人用阴茎塞住嘴，直到她吐到狗食盆里。这样的视频很受欢迎，男人喜欢看。但是，当然，男人从来不承认看过这种视频。说到罪责，总是别人的错。

流行文化要求我们把这些片段分成单独的现象：性工作、色情作品、家务劳动和代孕。但是，从某种意义上说，所有这些交易都存在于同一个连续过程中——你可以从一个女人那里买到任何东西，然后把剩下的扔掉。

我是同谋。我直接而有意地做这件事。甚至就在我打字这会儿，我租来的女人正在书房外扫地，我能听到扫帚划过木地板的声音。

读者们，你们也是。你可能认为你不是，但你可能是。你买的那些便宜的衣服和食物，你知道它们的供应链吗，你能溯及其原材料吗？你不能，也不想。我向你保证：任何便宜的东西都不是出自偶然。你们吃着奴隶制，把它穿在皮肤上，睡在它的怀抱里。我不是指隐喻意义上的奴隶制，我指的就是纯粹的奴隶制，那种很久以前就应该被废除的奴隶制。

另一种观点是，如果女性得到报酬，那就是赋权，其余免谈。我凭什么说一个大字不识的村妇不应该把她的子宫租给富有的美国人，好为她的儿子挣学费？我凭什么说一个年轻女人不能在镜头前做享受被噎住的表演？我有什么资格去评判？

作为一个付钱租赁别人、害得母亲与孩子骨肉分离的人，我还有什么资格感到内疚？我有什么资格呢？我是谁？

我不确定了，因为那些女人都不愿说出我的名字。她们称呼我：对不起。夫人。

没有快速的解决办法，所以你最好冒险一试。我应该以后再想这些，等我的孩子长大了，等我有了更多的时间，等我不会试图强迫丈夫待在家里，自己从事一份甚至都不想做的工作，到头来让我的家庭崩溃。等我终于没有什么可以失去的时候，再来诚实思考就安全无虞了。

最近，我和刚来新德里时结识的那两位父亲中的一位互通电子邮件。他善良大方，提出要从美国给我们寄一个爱心包裹。

他刚刚拒绝了回印度工作的机会，他还没有准备好面对在印度时的记忆。

“我拒绝了。”他写道，“那里离代孕母亲被强制拘留的地方太近了。也许等回忆褪色一点再来吧。也许。”

也许他也不想面对供应链。

第十二章

早上在酒店房间。玛丽带着马克斯出门逛商场了。我深深地吸了几口气，瞪着皱巴巴的床，坐下来开始工作。在我的脑海里，我溜出印度，溜进一间原本封闭的房间，溜进莫斯科虚构的永恒冬天，溜进我的角色们冒险和恋爱的房间及街道——这些角色都没有孩子。我的目光转向笔记本电脑后面的镜子——我暂时在拿梳妆台当写字台用。发丝中出现了几缕刺目的灰白色头发；惨白的眼睛里瞳孔小成了针尖；猛烈的阳光和怀孕激素使我的皮肤变红，显得斑斑点点。

我猛地把视线拽回到屏幕上。我不能被外表分散了注意力。我构建出一个场景，绘制出背景，编写出对话，一口气敲出两千字。我用词可能未必精当，但也差不离。这本书很快就能成形。

写够了，这一天的工作够让我满意了。马克斯回来后，我拥抱了他，摸摸他瘦小的肩膀，闻闻他的头发。我们形成了一个惯例：早餐后，我要度过一个小时、有时是一个半小时神圣不可侵犯的写作时间，玛丽在这段时间里带着马克斯去商场闲逛。

我在写作，我在工作。

可我很绝望。

我写不完了。宝宝还有几个星期就要出生，但没有写出来的场景仍然多过已经写好的。认识到这种不可能性是非常悲惨的，因为我在怀着第一个宝宝时就在写同一本书，而且没来得及赶在生他之前写完——在这之间，已经有两年时间蒸发了。

至少这次我知道接下来会发生什么：失眠、焦虑和情绪波动；萎缩的自我；婚姻再次调整。或多或少，又会有一年时间从我的职业轨迹中被生生割走。

跟往常一样，这又是一个时间问题。女人为家庭付出大量的时间。她们——我们——付出的是生命本身。我找不到一个还未学会调度时间的职场妈妈。我们花费时间、省下时间、腾挪时间、乞求时间，日月分秒必争，在这里划掉一个周末，在那里划去一天。

我已经准备好了。我是如此渴望得到这个孩子，为他我宁愿折损自己的寿命，毁掉自己的身体。我准备好在我这辈子可能出版的作品里损失一部。我想要孩子，我愿意做这笔交易。一个女人会为她的孩子献出自己的生命，这一点无须说服我，因为每个母亲都已经为她的孩子献出了自己的生命。这是孩子呱呱落地时发生的第一件事。

马克斯出生后，为了使这本书起死回生，我进行了激烈的斗争。刚开始，写作让我感觉既疲劳又陌生，就像是要想办法完成一部别人已经写好开头的小说一样。我的心、我的大脑和我的生活都已成碎片，但屏幕上的文字却没有改变。现在我要去另一家医院，再生一个孩子，也许我又得再彻底改变一次。

现在，我不得不吞下又一次失败，而且得悄悄这么做，因为听到别人声称这并不是失败，或者我没必要为了这种事情烦心——这都会让我崩溃。至少我能看清真相：我已经第二次试图写完这本书了。我已经那么努力了。而我又失败了。

我把日渐衰退的精力全部用在定居印度上。我把我的时间给了汤姆，这样他就可以在搬来的当天早上和以后的每天早上冲到办公室去。我把我的时间给了马克斯，他很害怕，也很不安，需要一个家长陪他度过这段时间。我把我的时间花在找房子上，这样我们在孩子出生之前就有一个好地方可住。

我的时间被用作资本。它已被投入一家人的未来，以改善我们的集体处境。

嗯，很公平。这就是我们在家庭中所做的事情。我花了一些时间，我付出生命，也许我的代价是脑细胞或一两本书。我付出时间，它倏忽不见。我的宝宝们很漂亮；我的心是完整的；我并不要求偿还。

尽管如此，我还是注意到自己付出的是时间。人们一直指望男人付钱。但说到时间，几乎总是女人在付出。金钱是一回事，但时间就是生命，生命更重要。

有多少想法、多少发现、多少艺术因为女人把时间花在别处而丢失？有多少想法胎死腹中，有多少发明没有完成，有多少新颖的主张悄悄传递给了一个男人，让他将荣誉据为己有——只是为了不浪费，不让这个想法流产，于是只好让它以这样或那样的方式传递给这个世界？

我也这么做了。我付出了时间。

我们的新公寓宽敞而杂乱，铺着硬木地板，长长的一尘不染的房间整齐地排成一行，通向明亮的大窗户。我们向外望去，只见上空盘旋着猛禽，阴影洒遍大片树木。

沿着左边的路走下去，是动物园的后墙和在它边缘生长着的潮湿的森林。孔雀在树丛中游荡，猴子有时会从墙上滑下来，我们能听到笼中野兽的吼声，那只杀死过一个人的白虎，还有狮子和大象。生命被囚禁和捕捉，在阳光和阴影中闪烁。生命在我们身边，步步紧逼。

还有我们一家，我们也在那里。我们打开箱子。我们的心和记忆是木制的家具、相框里的照片和编织的绳子，它们曾在码头上被粗暴地对待，现在总算在各个房间爆裂开来。

我们就在那种生活中，处于一片混乱中。

一天，我和马克斯坐在公园里。小区的孩子们在尼日利亚教练的严厉指导下踢足球。帮佣的孩子们没钱上足球课，但他们挤在一边看着。没有人邀请他们踢两下，他们脸上也没有流露出会受到这种邀请的希望。他们以旁观者的身份消磨时间，下午没有比这更好的娱乐了。那个公园里的所有孩子都对自己的特权和限制表现出坚定且不可更改的看法。

一个踢得很烂的富家小孩注意到仆人的孩子们在观看。他拽了拽一个朋友的袖子，下巴朝那群可怜的孩子们一扬，然后，两个男孩一起向他们冲过来，一边鼓掌，一边大喊大叫。仆人的孩子们像零落的乌鸦一样散去，他们身材瘦削，衣衫褴褛，脚步慌张。两个富人家的小孩把穷孩子赶走后，又漫不经心地小跑回去练习。教练什么也没说。坐在长椅上的母亲们连眼睛都没眨一下。

我很震惊，迅速低头看马克斯。他的眼睛圆圆的，毫无触动、毫无表情。我不确定他是否看到了我所看到的，或者，如果看到了，他是否能理解这一切的含义。我很恐慌，对我们前来生活的这个地方，我的心头产生了一股强烈的怀疑，这令我恶心。

我们的印度邻居待我就像对待家里的女主人一样。夫人。前门是我的，公园是我的，客厅也是我的，在客厅里，喜马拉雅茶在银盘上冒着热气，来自巴黎和安达曼群岛的有钱人进进出出。

但这只是这个社区及其居民的故事的一半。

要看到另一半，你必须绕到后院。每栋房子后面都有一个用人宿舍，那儿油漆剥落，共用的厕所发出臭味，水龙头如果不在漏水，那就是停水了。一大家子人挤在开间，在冬天瑟瑟发抖，在炎热的夏夜睡在屋顶上，绝望地希望能吹来一阵风。用人宿舍里的孩子以碎砖为乐，一场腮腺炎就会让他们送命，野猴子也会给他们添上新伤。在四处漏风的房间里，用人和他们的家人梦想着、厌憎着、接受着——总是泰然自若地留意着主人家的召唤。

这片社区就像两个交织在一起的中世纪村庄：两种不同的道路，两种不同的学校，两种不同的生活。

第十三章

她穿过车流，慢慢向我们走来。她走来时，我的五脏六腑揪成一团。离远点，小姑娘，请别让我看见你的脸。她出现在车窗边，一只苍白的手掌咚咚敲打着玻璃，另一只手朝天堂的方向缩成一团，然后移向自己的嘴巴，那是一种常见的乞讨动作。

马克斯顿时安静下来。我夸张地皱紧眉头，双眼与她那双糊满眼屎的眼睛相遇。我摇摇头。不。

她把鼻子贴在玻璃上，盯着马克斯胖乎乎的大腿，他身边干净的塑料杯，脸颊上的睫毛，因为他知道，他一定明白，有什么可耻的事情正在发生。

每次坐车经过这座城市，都会沿着同样的情感轨迹。每次坐车都充满希望，可以瞥见花园、自行车、孩子，还有飞舞的自制风筝时而遮住浑浊不清的太阳。

每次坐车都以生存危机告终。

在十字路口，一切都改变了。红灯是心理崩溃不可避免的时刻。红灯亮起，乞丐们也在等待。乞丐并不太多，因为管理街角的人知道如果不这么做，他们的利润就会被摊薄。他们派出有限的几个乞丐，挑选的标准是其震慑力。只有稍纵即逝的一瞬间能用来打破乘客们的镇静，促使他们将手指伸进口袋。乞丐的脸被酸烧得面目不清；高高挥舞着残肢；少了一只眼睛或鼻子。他们可能是面无表情的母亲，一手夹住哭闹的婴儿，一手砰的一声把医院收据砸在车窗上；他们也可能是眼神异常苍老、跟自己的小身体完全不相配的孩子。

砰砰砰。

她在我脸上看到了什么。她以为自己有机会。

“不，谢谢。”马克斯嘟囔着，重复着我对那些兜售洗碗布和平装小说的孩子说的话。我没有纠正他。我鼓励这样的假想：我们只是在被纠缠着买一些并不需要的东西。

我想解释说，我们无法帮助这个孩子，因为到头来只有那些把她拉上街头的无情男人能落着好处。但是他太小了，根本不会明白。

老天，什么时候才变绿灯？

我从来不给乞丐钱。这让我很痛苦，因为我打心底里想给。在等红灯时，我几乎淹没在羞愧和自我厌恶中，但我守住了原则。不给钱。我读过一些与街头儿童打交道的非政府组织的报告。我知道这里存在一个犯罪团伙：一个在拐角处的古怪男人，看上去漠不关心。这个人是掠食者，会把人弄残废，会绑架，还会殴打。他就是那号角色。我给的钱会悉数落入他的口袋。

但怀疑总是潜伏在心底。也许我读到的不是真的。也许这个孩子可以留下这些钱。也许她能看透我，这小小的怀疑将她钉牢在车窗前。她最擅长读像我这样的人的面孔。也许她知道一些关于我的事，那些事连我自己都不知道。

我可能是一个堕落的天主教徒，但我的思想永远摆脱不了教理问答[1]。骆驼穿过针的眼，比财主进入神的国还容易呢。这些事你们既做在我这弟兄中一个最小的身上。在前的将要在后，在后的将要在前。

我仍然坐在那里，心都要碎了，试图用严厉刻薄的眼神表示拒绝。我强迫自己进行无情的眼神交流，我说，不行。

什么时候变绿灯？

从前排座位传来一阵声响。玛丽在大笑。她笑着，伸出一只手臂碰了碰马克斯，指着那个女孩又笑了起来。就好像这是一场专门为我们上演的演出，孩子们不是绝望的流浪儿，而是调皮捣蛋的演员。笑声像汽车里的一颗炸弹——一种干扰，一种冲击，一种分裂。但我没有指责她的笑声，因为我也给不出更合乎逻辑的反应。

红灯变绿灯。踩下油门。自由。离开。无意识的叹息。感谢上帝。

出租车司机猛击变速杆，怒视前方。我想为自己辩白，解释说我本人并不小气也不残忍。马克斯坐在那里，陷入深不可测的沉思。我在心里挣扎着，摸索着，思考着运气和与生俱来之物所包含的肮脏又光荣的奥秘，思考着金钱的意义和贫穷的谋杀。拥有是不道德的，给予是无意义的。我可以放弃一切，而这又有何意义。钱会像露水一样干枯，我们会加入贫困的人群，我的孩子睡在泥土里，向汽车里的乘客乞讨，悲惨地等待死神降临。但如果我什么都不做，我就是同谋。我舒适的生活是一件可憎的事。

---

[1] 教理问答（catechism）是基督教各派教会对初信者传授教义的简易教材，大都采用问答体。

我们坐车离开时，玛丽若有所思地说："我很同情这些孩子。"

她的笑声仍然在车里回荡。

那就是玛丽，看着世上所有的不幸，冲它大笑。

"夫人，"一天玛丽说，"你想买乐透彩票吗？"

她快速地说了一连串的词。

"什么意思？"

"我们的教堂，"她结结巴巴地说，"正在为一座新教堂筹集资金。在法里达巴德。他们在卖彩票。"

"嗯？"

"奖品很好。你想买张彩票吗？"

"多少钱？"

"夫人，"她说，"一千卢比。"

"一张票？"

"是的。"她挤出一声笑。

"好贵啊。"

"是的，"她同意，"是太贵了。我们买不起。可是我以为你和先生——"

"嗯。"我想象玛丽的丈夫对教会的朋友吹嘘说，她在一个美国家庭找到一份新工作。牧师将票塞到她手里。*多拿点，他们买得起！*这个画面搅起了一种难以名状的烦恼。

"奖品很好。"她继续说。

"有什么？"

"我不知道，"她又在假笑，"只知道很好。"

"我得和汤姆谈谈。"我说，"我们通常不捐赠宗教事务。"

这是托词。我买彩票或任何其他东西都不需要征求汤姆的同意。但是玛丽接受了这个解释，好像这是理所应当的，并且在她意料之中。

“我去和汤姆谈谈，然后再跟你说。”我又说了一遍。

我承认，这是我在印度开始使用的一种策略，用来对抗语言相通造成的幽闭恐惧症。既然每个人都说英语，我就不能假装没听懂。我心慌意乱，或疲惫不堪，要么想从一场尴尬的谈话中脱身，要么想推卸责任，我总拿汤姆当挡箭牌。

“我要和汤姆谈谈。”我会说，之后再说，“汤姆说他不想买。不好意思。”

当近乎陌生的人在你家里工作，每个人都倾向于扮演一个角色。这是一种本能的、不可避免的疏远技巧，是在一次令人不快的亲密接触中，为自己开辟一些隐私角落的唯一方法。我们定居印度后，我分配了角色性格：汤姆是坏警察，我是好警察。毕竟汤姆逃到他的办公室去了，我却被困在屋里，全靠别人帮忙。还是摆出欢快而无奈的样子顺其自然好了。我越是假装顺从汤姆，他在人们的想象中就越会成为一个和蔼可亲但难以接近的独裁者。在别人要求更改日程或加薪时，我经常回复说我只能去“问先生”。大家都知道，未经先生允许，我是不能给予这种帮助的。

我比汤姆更讨人喜欢，但这成了一个不利因素。汤姆的衣服熨得干干净净，叠得整整齐齐，堆放在衣柜里，上面还挂着薰衣草香囊。我的衣服皱巴巴的，胡乱地卷在塞满东西的抽屉里。如果汤姆要一杯茶，人们会忙不迭地送上来。我能听到杯子里充满嫉妒和烦恼的碰撞声——连茶都可以叫人家帮忙泡？如果我想喝杯茶，我得自己动手。

我虚与委蛇地接受了这些条件——我自己创造的一种不平衡。

晚上，当所有帮佣离开，把我们单独留在明亮的房间里，而马克斯又睡得正香时，我会责怪汤姆把自己架在高处。我责怪他的语气和举止散发着父权的权威气息。我从来没有承认过创造了“先生”这个角色，我甚至没有完全意识到自己这么做了。相反，我错误地、不公正地暗示汤姆是个隐蔽的沙文主义者，他的态度已经被志同道合的印度人发现并接受了。

现在，玛丽走开了，等待着先生的指令。我转向笔记本电脑，试图继续工作，但很难集中注意力。彩票这事牢牢记在我的脑海里。作为一名记者，我养成的愤世嫉俗、多疑的倾向再次占据上风。也许玛丽不是一个虔诚的寡妇，也许她是个骗子。我决定核实一下她的说法。

点击几下，我就找到了法里达巴德几个天主教教区的电话号码。有几个断了线，还有几个正在通话中，不过最后还是接通了。

“你好，我叫梅根·斯塔克，我是——嗯——”我结结巴巴地对接电话的秘书说。肌肉记忆自动接管，我开始介绍自己是《洛杉矶时报》的记者。我心里发虚，咳了两下。

“我想问问是不是有彩票卖。”我接着说，意识到如果不拿新闻报道做借口，这听起来是多么古怪和咄咄逼人。

“抱歉，你说什么？”

“一个乐透彩票。”我说得很慢，以免造成语言上的误会，“你们是有彩票卖吗？”

沉默。

“因为有人想把票卖给我。”

“票？”

"彩票。为了建一座教堂。"

"一座教堂？"

"一座新的教堂。在法里达巴德。新教堂。这里是法里达巴德，对吧？"

"这里是法里达巴德，是的。"

"所以。有人想把票卖给我。彩票。为了建一个新的。教堂。我想知道。这是不是真的。"

沉默。

"你知道吗？"

"我不知道。"

"你能查出来吗？"

"你五分钟后再打来。"

我五分钟后打过去。十分钟、十五分钟后再打。没有人接电话。

我坐在沙发上，感觉糟透了。我已经喜欢上玛丽了，而她也已经开始挑战我的神经。在我试图解释时，她打断我的话。我的话还没说完，她就把电话挂断了。她说话声音太大了，而且总是在屋子里走来走去。她毫无意义的匆忙给我一种狂野的、迷失方向的感觉。我想让她小心而缓慢地走进房间，去适应我们的家庭、我们说话的方式、我们做事的方式。

相反，她讲自己的故事，创造自己的情景。她想让我参与她的事情，她自己也想参与我的事情。她想让自己有用，让我有用，她想重新安排故事的原材料。

那天晚上我告诉汤姆有关彩票的事。

"听起来很奇怪，"他爽快地说，"不要买。"

"好吧。"

"除非你想买，"他补充道，"反正我不是这个家里的天主教徒。"

"我也不想买。"

"在这些地区，一千卢比买张彩票实在太贵了。"他若有所思地说。

"我就是这么说的。"我表示同意。

第二天早上，我试着保持轻描淡写的语气。

"噢，玛丽，"我说，"汤姆说我们不应该买教堂的彩票。不好意思啊。"

"好的，夫人，"她很快回答，"没关系。"

以下是我最初对玛丽的了解：她是不丹人。她的第一任丈夫去世了。她现在的丈夫是尼日利亚移民，他从寺庙里买来人的头发，卖给制作假发和接发的工匠。

玛丽从来不会错过星期天上午的礼拜。她每月都参加通宵守夜祈祷，认为这是健康和好运的秘诀。她每天念诵两次《玫瑰经》[1]。她从我们的书架上取下特蕾莎修女的自传，在马克斯睡觉的时候蜷着身子读。几周后，她读完了特蕾莎修女的书，又拾起一本关于不丹的旅行书。我看着她仔细地翻阅。

"不丹一定很美。"我说。

"是的。"她说。

"我一直想去。"

"你应该去。"

"那里是什么样子的？"

[1] 《玫瑰经》，正式名称为《圣母圣咏》，是天主教徒用于礼敬圣母玛利亚的祷文。

“非常好。”

认识玛丽越久，我就越不了解她。她把信息弄得一团糟，连最基本的指令都会搞错。如果我让她把热水器打开，她就把它关掉。如果我告诉她除了鸡腿什么都可以给马克斯吃，她就只给他吃鸡腿。她的听力、理解力或者记忆力肯定有什么不对头的地方——我有时想，或许原因在于她总是忙叨叨地跑来跑去，根本没有停下来好好听我说。

这令人困惑，因为在其他方面，她确实很聪明。她从来不会忘记一张脸的样子或一个房子的位置，无论是多久以前见过或来过。她能以不可思议的精确度说出一辆坏了的风火轮玩具车、我在大学上弗拉明戈舞课时用的响板，或者在我们散乱的公寓里丢失的任何其他小物件的位置。“在水槽旁边的柜子里，在土豆旁边，在一个粉红色的碗里。”她会说。而且她是对的，总是对的。

她伶牙俐齿，能让任何事情听起来很好。不合逻辑的推论、陈词滥调、抽象的宣言——所有这些经她之口，听起来就像是永恒的智慧。

“如果每个人都是快乐的，那谁会懂得悲伤呢？”

说这话时，玛丽正在马克斯的床边叠毯子，把他的毛绒玩具靠在墙上。那天早上，玛丽一边整理卧室，一边给我讲着一个充满曲折、断断续续的故事。她是个孤儿。她哥哥是同性恋。她丈夫死于一场摩托车车祸。

“这就是女人的生活啊。”她说。

已经没有什么可以整理的了。一切都收拾好了。玛丽摆弄着手指，转移了重心，目光顺着马克斯房间的墙壁往上看。

“你丈夫死后你是怎么过下来的？”

她说：“我问我婆婆：‘我该怎么办？’她说：‘我会照顾孩子的，你去工作吧。’”

玛丽的婆婆辞掉了她在茶园的工作，负责看管孙子孙女。她把玛丽交给了一个“中介”，此人招募村里的女孩到城里做女佣。自从玛丽挣钱以后，婆婆就一直抚养着孩子们。

“你自己想来这儿吗？”我问。

“这里挺好的。”玛丽不安地笑了。

“但这不是你自己的想法。”

“在我们的文化中，婆婆说了算。”

“即使你丈夫死了也是这样？”

“即使是现在，”她说，“如果需要做决定，我就得听她的。”

这名中介带着玛丽坐火车来到德里，把她安置在一户印度人家里。

“感谢上帝，他们对我很好。”玛丽说。

起初，她从不谈起自己早年的工作，只是直截了当地说，男人生性残忍，一个女人根本不可能独自在印度首都活下去。她告诉我，她花了两年时间才把钱还给中介。一直到那时她才重获自由。

“这就是生活，”她说，“这是上帝的旨意。”

我根据这些信息认为，玛丽的婆婆抓住玛丽的孩子，把她当奴隶卖了出去。但玛丽不这么认为。她指出，这个中介事先花了很多钱，自然需要得到回报。

“所以，如果你丈夫没有死——”我不知道怎么把话说完。我挥挥手，示意孩子的卧室、我们的房子，以及远处新德里的轮廓。

“我永远不会在这里工作。”她坦率地说，“一个来自好人家的女人是不会那样做的，除非发生了什么事。我会一直留在村庄，在我自己的地方。”

“这就是生活。”

她总是把这句话挂在嘴边。这就是生活。

“玛丽，”我说，“你经历了那么多。说真的，我实在无法想象。”

“是的，”她紧张地笑着，“如果每个人都是快乐的，那谁会懂得悲伤呢？”

我把玛丽的这些话打出来或大声重复时，我意识到它们缺乏意义。但当她一边说出这些话，一边用那粗壮的手指在我家里忙活的时候，我听到了一个女人的祈祷，她不会梦想财富、名望或童话般的爱情，但仍然会在每天起床后努力尝试。

“孩子就是孩子，”在我指出马克斯行为上的不当时，她说，“长大了会变的。”

“当妈可不容易。”她安慰我说。

几个字，充满了几个世纪以来的人类真理。

她暗自笑了笑，眼睛低垂着，像一位天地间的女神，正在回味一个私下里的玩笑。孩子们来来往往，父母是短暂的存在，只有玛丽将会长存。

“夫人，”一天，玛丽急匆匆地接了一个电话后叫起来，“我丈夫来了！他给你买了水牛肉！”

玛丽说话总是一惊一乍，仿佛带着一串感叹号。

“什么？”

“他要上地铁了！”

“什么？我——”

“你说过你想吃红肉！”

“不！我没有！”感叹号能传染，“什么时候的事情？”

“前几天你说，因为你怀孕了——”

现在我想起来了：我向玛丽抱怨过，说我来印度后身子变弱了，还贫血，因为我的伙食就是素食加点鸡肉。我承认我想吃牛肉，是的，我承认过！但我并没有叫她给我买肉。

“不，我是说——我并没有叫你买。”

“没关系，”她说，“反正他也要买。我叫他给你也拿一些来。”

她期待地看着我。我想象着那间闷热的小屋，在那里，这块肉会被不干净的刀片切开。想象一下，它被装进一个塑料袋里，穿过地铁上拥挤不堪、汗流浃背的人群，我的胃翻了个底朝天。如何摆脱这种状况？

“真是太客气了——”

“没关系的，夫人。”她得意地笑了笑，而我被激怒了。不可以让玛丽和她丈夫为我们家买东西。下次再买会是什么？一些生锈的厨房用具，一只流浪狗——

“——但我不想要这个肉。很抱歉。”

“哦……”

“我没有让你买，而且我现在不能吃。”

“好的。”她仔细端详着自己的手指，手指绞在一起，像在祈祷，我有一种可怕的感觉，她就要哭了。

“下次，请不要给我买任何东西，除非我有明确的要求。”我尽量保持声音柔和，喉咙像是被卡住似的。

“没问题。”她说。

我退缩了。但我是对的，我告诉自己，我是对的！

这一切都是那么令人难堪而琐碎，但又无法避免；这让我觉得自己既是对的又是错的。

“夫人。”玛丽来得那么安静，直到来到身边，我才听到脚步声，“有人在找厨师吗？我的教堂里有一个男孩——”

“孩子？”

“什么？不，不。他已经长大了。”

“多大？”

“我不知道。”她拍了拍手，“二十五，也许三十。”

“所以，是一个男人。”

“是的，夫人。一个男孩——”

“玛丽，呃，我们通常不说‘男孩’，除非他真的是个孩子。”我听起来很自以为是，但我的脑子里满是美国种族主义的隐含意义。[1]“这种区别确实让人摸不着头脑。”我笨拙地补充道。

“好的，夫人。所以这个男孩——”

“男人。”我就是忍不住要纠正。

“是的，夫人。这个男孩和教堂的人一起睡在地上。我同情他。”

“他想做什么？”

“打扫，做饭。有什么就做什么。”

“他有经验吗？”

“是的，非常有经验。他为一个意大利家庭工作了很长时间，但这家人离开了印度。他们非常爱他。”

---

[1] 美国自奴隶制到种族隔离制期间，用“boy”指代各个年龄段的有色人种男性，意指其地位上的低下。

“好吧。”我说，“我去打听下。”

从萨默塞特·毛姆和 E. M. 福斯特的作品中我了解到，殖民地侨民整日流连于网球俱乐部，在白天畅饮金汤力酒，并且以种族主义取乐。

如今，外国人的新殖民主义生活已经被互联网征服。离开美国后，我就再也没有打过网球，汤力水里也不再加奎宁[1]了——虽然种族主义仍可察觉，但在很大程度上已经被重新包装成对整个国家的进步主义批判。

我们这些外国人能拥有的就只是一些群发邮件列表。如果你不在所住城市的至少一个列表中，那就好像你根本不在那儿。如果你想买二手家用电器，以免除买新品所需支付的高额进口税，或者你想把家里一些稀奇古怪的婴儿用品转卖给下一个倒霉蛋，好挽回其中巨大的损失，或者你想在某个可能栖息着濒危海龟的小岛上找到一个可以带孩子一起住的地方——你都可以先查阅一番群发邮件列表。

此外，列表服务也是家政人员发布广告和雇主物色候选人的优选方法。我可以轻易搜索出几个关于招聘的邮件信头，然后把玛丽朋友的电话号码发给正想用人的家庭。

“我不认识这个人。”我明确说明，“但他是我们家友善的保姆的朋友，应该很有经验。”

第二天，玛丽容光焕发地向我走来。

“拉杰什要去面试。”她热情地说，“他说要谢谢你。他在为你全家祈祷。”

---

[1] 十九世纪时，英国驻印度殖民军队需要服用奎宁预防疟疾，发明了用苦涩的奎宁兑苏打水和金酒的喝法。

"你转告他，我要谢谢他。"

"他说：'你的夫人很好。'他特别高兴。"

"谢谢。"我又说了一遍，"这真没什么大不了的。"

第二天，玛丽又提出更多需求。

"夫人，"她说，"有人在找保姆吗？"

那个星期我又帮助了两个求职者，下个星期更多。我花几分钟时间，打几行字。没有问题。作为交换，玛丽允许我沐浴在自己仁慈的光辉中。据她说，她的教堂里有一半人在为我祈祷。

一天，她在描述另一个雇主时说："她不关心别人，不像你，你有一颗柔软的心。"

"你帮助了很多人，"另一天她说，"你做了很多好事。"

我急切地抓住这些恭维话不放。我仍然冷漠地看着十字路口的乞丐，让他们离开车子，但至少我还在帮助贫困的陌生人找工作。然后是更多的陌生人，越来越多。

把员工与职位空缺匹配起来并没有让我付出任何代价，从理论上讲，这是一种值得尊敬的做法。但我开始怀疑自己。我无法明确指出不安的原因，但整个安排已经有点不对劲了。

我想象着新德里的妈妈们一边喝着马沙拉茶，一边叽叽喳喳地谈论着这个新来的可疑的美国女人，不停地随意推荐她自己都不认识的保姆和厨房帮手。

哦，是的，她也给我发了邮件！

你应该看看那个来面试的女人。

有没有搞错！

她真的很差劲。

完全是浪费我的时间！

也许那位女士——她叫什么名字来着？梅根什么的——也许她在经营一家公司之类的……

也许我们应该把她报告给邮件组管理员……

玛丽的电话不停地响着，谈话也拉长了。我透过窗户看她心不在焉地跟在马克斯后面穿过公园，一个劲地煲电话粥，任由马克斯在泥坑里戳来戳去。

“我知道这听起来很疯狂，”那天晚上我对汤姆说，“但我觉得她简直把这变成了一门生意，就像她在抽成一样。”

“我的想法和你完全一样。”汤姆回答说。

“真的吗？”

“真的，你看她对这件事有多上心。”他说。

“是啊。”

“好吧，叫她住手。”他说，“她需要关注马克斯，而不是一直在电话上做生意。”

下一次，玛丽来找我时说：“夫人——”，我打断了她的话。

“玛丽，”我的语气不必要地生硬，感到很不舒服，心里憋得慌，“我不能再帮你的朋友找工作了。有点太过了。”

她的脸一下子拉了下来。

“我还有很多其他工作要做，你也是。”我补充道。

“好的，夫人，没问题。”她很快打起精神。

“玛丽？”

“在。”

“我觉得你和马克斯在一起的时候经常在打电话。”

“不，我从来没有那样做过。”

“如果你需要接电话，没问题，但你不应该在照看他的时候一直跟人聊天。”

“我从来没有那样做过。”

“好吧，”我不太相信，“就这样吧。”

第十四章

我们在德里的家还是半成品。我们几乎没有为公寓添置家具，一半的东西还装在箱子里，要再过好几个月我们才会买车。但是我的孕期已经接近尾声。新出生的婴儿将不得不和我们一起完成剩下的家庭建设工作。

我和汤姆在日出前乘出租车向南到医院，经过盲人学校和欧贝罗伊酒店、印度教火葬场、穆斯林墓地、尼赫鲁体育场和天桥底下一个个被猛然惊醒的无家可归的家庭。清扫街道的人在路上掀起大片灰尘。睡着的鸽子沉甸甸地压着树枝。我们开车经过漆黑的公寓楼和亮黄色的加油站，然后继续前行，微弱的灯光冲淡了夜晚的墨色。穆罕默德·拉菲[1]在广播中唱着："我已经爱了你一百年。"

医院的大厅平静而沉闷。在荧光灯的照射下，我们眯起模糊不清的眼睛。信用卡、签名、表格。清洁工还没有泼洒一桶桶的消毒剂，所以走廊里充斥着体味。

[1] 穆罕默德·拉菲（Mohammed Rafi），印度歌手、电影演员，二十世纪五十到七十年代在印度广受欢迎。

我们被带到一个“分娩套房”，坐在那里，紧张地期待着。我想着我们将什么留在了身后：我们的公寓，我还在睡觉的妈妈，还有马克斯，总是马克斯。眼看就是两个孩子了，那会是怎样一种情形？我不安地在房间里踱来踱去，眯着眼睛望着外面渐亮的天空，检查着浴室里的盥洗用品。

“紧急剖宫产要好得多。”我不耐烦地说。

“为什么？”

“这样没时间去想。”我的胃紧张地绞着，“如果必须被切开，事先不知道还好受点。”

我突然意识到，把一个活生生的小家伙从我被切开的子宫里拉出来，不可能像我回忆的那样没有痛苦，但为时已晚。我的第一次剖腹产是在经历了两天两夜的漫长分娩之后，这让我的神经通路像一个烧坏的扬声器系统，只能发出沉闷的电流声和杂音。而且在试着自然分娩那么久以后，我腹部的刀伤就像被纸划了个口子一样微不足道。一直到这会儿，想到手术刀，我才慌张起来。

我弓着身子，露出后背准备注射，眼睛盯着窗外郁郁葱葱的树冠，试图让自己平静下来。麻醉师把药推进脊柱。我要求多给点，她又给了我一些麻醉剂，然后掐了掐我的脚趾。

“我能感觉到。”我说。

她又推了些药，又掐了我一下。

“我还是能感觉到。”

她皱起眉头：“真的吗？”

“是的。”

这是真的，我能感觉到被掐。

“不可能。”她站在床脚，点了点头。

“等一下！”我大口喘着气，“不要切！”

“已经在开刀了。”她笑着说。

“哦。”

一张帘子遮住了我的肚子。我坐在观众席上，等着表演开始——动作的暗示，衣服的褶皱，但这种错觉得到了保护。他们正在对我的下半身做着血淋淋的事。戴着口罩的人在低语。冷酷的拖拽和压力。我想知道他们是不是先切了一层，然后再切下一层。身体是这样分层形成的，还是模糊地挤成一堆。我想察觉到那一刻，当婴儿从血泊中被举起，进入到清晨手术室里过于明亮的光线中。

最重要的是，我一直在等着知道孩子的性别。印度法律禁止在分娩前透露这一细节，否则会有太多的女性胎儿被人工流产。我原以为揭晓的那一刻会像电影场景一样——一个新生儿的号哭和一声大叫：“是个女孩！”

相反，只有一阵骚动，一个婴儿的哭声，然后便是一片寂静。

“你能看到宝宝吗？”我问汤姆。

他伸长脖子：“我看到了睾丸！”

“哦！”我就是这样知道这个消息的。

他们把儿子放在我胸前，我用双臂搂住他，他趴在我面前。他那双黏糊糊的眼睛带着惊吓，睁得大大的，写尽了还未经历的一生。他盯着我，打量着我，还留着污渍的脸上流露出坚定和惊奇。我们已经选好了一个男孩的名字：帕特里克。他直直地盯着我的眼睛，好像已经知道我是谁，也知道我过去是谁。这一刻就像烙印一样刻在我的记忆里。

回到家的第一个晚上，宝宝一睡着，马克斯就来找我。

“你说过要带我去公园的。”他轻声说。

“我知道，”我说，“我很抱歉。”

“我想去。”

“但是现在天黑了。”

“我想去。”

“好吧。”

通常我们不会在天黑后去公园，但家庭常规已经被取消了。我们粉碎了家庭，重塑了自己。马克斯仍是我的宝宝，但现在我又有了另一个宝宝。

马克斯很痛苦。我在晚上离开他，带着一个全新的爱回来，新宝宝篡夺了他在家庭结构中的位置，占用了我所有的时间。我抱着宝宝时，马克斯用严肃而悲伤的眼神看着我。他尖叫着惊醒，不记得自己梦见了什么。

“不过，你得自己走。”我对他说，“我没法抱你。”

“好的。”

“你得答应我。”

“好的。”

我知道他没说实话，就像我向医生保证六个星期之内不会抬举任何重物一样。我想我们都知道，最后我一定会抱起他。

我小心翼翼地走下楼梯，紧紧抓住栏杆，咬紧牙关。腹部的伤口疼得火辣辣的。

外面，月亮高悬在天鹅绒般的天空中。在路对面的灌木丛中，我们听到动物园里的动物从看不见的笼子里发出低沉的叫声。风吹动树枝，卷落一地花朵。

我们在如茵的草坪上走着，马克斯从我身边跑开，跑进更深处的阴影里，在黑暗的泥土里寻找虫子，折断树叶，在夜色里嗅来嗅去。他向我招手，然后又跑进更深处，穿过酸橙树，带着调皮和嘲弄的神情，唤我走向他。我呼喊着他的名字。他报以沉默。

我想我们可以谈一谈——在阴影里，远离其他人的耳朵和干扰。但他只有两岁，再说，我们又能谈什么呢？母亲的无情背叛是毋庸置疑的。他曾经是我的，我也曾经是他的，而现在又多出一个人，这是不容否认的。

于是他戏耍我，躲进阴影里越陷越深，试探我是否会跟着他。我没带手机；我再也看不见我们家亮着灯的窗户了。在树下，司机和警卫们打着牌，吸着大麻烟卷，一起嘀咕着什么。我感觉，一定有什么看不见的动物在蠢蠢欲动。

“马克斯，”我叫道，“亲爱的，我们要回家了。”

他没有回答。

“马克斯。”

没有动静。

“马克斯，你在哪儿？”

非常微弱，非常难过的一声：“在这里。”

我循着他的声音，直到看见他苍白的小脸上的微光。他坐在一片果树林中，准备跟我吵一架。

我很想把他搂进我的怀里，但是每一根神经都因为走路而颤抖起来。我诅咒剖腹产，它让我的身体无法安慰我的第一个孩子。一层泪水罩住夜色，我的小男孩消失在阴影里。再也不会只有我们俩了。

我坐下来，把他抱到膝上。蒸汽机的轰鸣穿透树林。

“你听到火车声了吗？”我对着他的头发小声说。

他点了点头。

“附近有一个大火车站。”我告诉他。

“我想去看看。”他说。

“好的，”我告诉他，“哪天我带你去。”

“现在吗？”

“不，亲爱的。改天再去。”

透过树林，我闻到夜晚的气息，清新的泥土，腐烂的树叶，掉落的酸橙甜甜地在泥中腐烂。孩子们在黑暗中的某个地方叫喊。我对自己说，我愿意整夜抱着他，如果这能让他明白我现在比以往任何时候都更爱他，他永远不会被取代。但已经很晚了，他又累又脏，我的乳房因为涨奶疼得不得了，我们得回家了。

我们得回家了。

“马克斯，”我说，“我们得回家了。”

“不要。”

“你答应过我的。”

“不要。”

“听话，马克斯。”

“不。”

“马上站起来，过来。”我强迫自己发出严厉的声音。

“不。”

“好吧，我要回家了，”我告诉他，“如果你愿意，就待在这儿吧。”

我摇摇晃晃地站了起来，蹒跚着走开。我停下来，回头看了一眼，希望他踮着脚跟在后面。但他一动不动地坐着，脸色苍白，看着我把他遗弃在公园里。

“哦，马克斯。”

我不能把他一个人丢下，也不能强迫他跟过来。我把他抱在胸前，双手托在他的屁股下面，踉跄着穿过漆黑的公园回家。肚子上的缝线绷紧，我确信针口会裂开。他把脸靠在我的肩上，严肃地接受应有的结果。

一天下午，马克斯径直走到正在沙发上嘟囔的小宝宝跟前，扇了他一耳光。这是一个蓄意的、出自义愤的打击——一个感到自己的荣誉遭到践踏的人做出的那种打击。没有直接的原因，只是与生俱来的兄弟相争，就像古老的该隐和亚伯一样。

耳光响彻房间。帕特里克爆发出嘶吼，就像几乎没有感知力的动物碰到了自己无法理解的攻击。

我从厨房跑出来，手中的勺子哗啦一声掉在地上。马克斯躲了起来。玛丽把帕特里克一把抱起，把他的脸埋在自己的脖子里。

她咯咯笑着，抚摸着他瘦削的后背，我听到她在他耳边低声念着咒语：

“生下来就是要受苦。”她揉了揉他的肩胛骨，“生活就是这样，宝宝。生下来就是要受苦。”

我突然停了下来，困惑不解。我想狠狠地骂马克斯一顿，然后，带着巨大的慌乱和愤怒，把挨了巴掌的宝宝抱到我的怀里——无言地向他保证，这种无缘无故的攻击既不公平，也不可接受，是一种不可容忍的反常行为。

玛丽的直觉正好相反。她告诉宝宝，在这个反复无常、残酷无情的星球上，他会这样毫无来由地遭遇一阵剧痛。没有秩序，没有理由，没有保护。宝宝应该学会看淡一切，振作起来，不要在风中哭泣。她在安慰帕特里克，声音里却充满笑意。

这是一种没有特权的教育，我想。当你不幻想自己可以保护孩子时，你就会这样为孩子做好准备。

我后退一步。看着玛丽，看着印度，通过玛丽和印度看着这个世界。我不确定她是否错了。

生下来就是要受苦，这是一句怎样的话，这话多么真实，同时又多么可怕。但它仍然真实。

玛丽看到我那张僵硬的脸，笑了。

“当妈不容易。”她说。

“确实不容易。”我表示认同。

“都会好起来的。”

宝宝的出生让玛丽有更大的权利向我讲话。我是“夫人”，但婴儿归她管。

她出现得太晚，无法影响马克斯的早期成长，但对帕特里克来说，她来得正是时候。我也乐于接受建议，因为我不再像菜鸟那样确信，对于婴儿，只有一种正确方法、一个正确答案。

“你要我给他按摩吗？”玛丽问，“这会让他睡个好觉。”

“你可以试试，”我同意道，又想起马克斯出生不久后被按摩时哭得如何惊天动地，“但是如果他哭了，就不要再给他按摩了。”

“只有第一次会哭。”

她把毛巾搭在沙发上，让帕特里克躺在晨曦中，用按摩油给他短小的四肢按摩。他安静下来，似乎在思考这次经历的益处。然后他好像微笑了起来。

“他喜欢。”我说。

“那我天天都给他按摩。”玛丽说。

这不可思议的生活，我想。我的孩子和保姆有什么关系？

“你不给邻居买糖吗？”

“什么？”玛丽的声音把我从沉思中唤醒。

“楼下的警卫在问。”

“警卫要我给他买糖？”任何身高超过九十厘米的人都不应该对我有这种要求吧。

“印度家庭喜欢这样。”

“喜欢什么？”

“生了孩子后，尤其是男孩，你得四处发糖，就是图个吉利而已。”

“在我的家乡，”我生气地说，“我们会给刚生了孩子的人送吃的。我们不指望她们给我们买礼物。”

玛丽紧张地笑了笑。

“夫人，”她换了一个话题，“你想让我买脚吗？”

“脚？”

“是的，羊脚。”

我看着她，她也看着我。

“你是说，比如，蹄子？”我终于说道，“动物的脚？”

“差不多。我会做汤。”

“一碗蹄子汤？用动物的脚来做？”

“我做得很好吃。”

“呃——谢谢你。我的意思是——我为什么要喝那种东西？”

“它会让你的奶水更浓。”

“我的奶水很好。”

“太稀了，你喝太多水了。”

“不是这样的。”但我停顿了一下。也许真的有用呢，明胶和蹄子不是有关系吗？但是用羊蹄做的汤——这个想法让我喉咙泛酸水。

“谢谢你，”我说，“但我不喜欢脚。”

“这孩子吃奶的次数太多了。”她坚持说，“这说明你的奶水很稀。你总是喝水。”

“我渴了。而且喝水对分泌母乳有好处。”

“你把自己的奶水弄得太稀了，相信我。”她说，“如果你不吃肉汤，我就给你做大米布丁。”

“大米布丁！”现在我很热情，“太好了。”

“这也会让你的奶水浓一些。”她把帕特里克举到肩上，对我的妥协感到满意。这个结实睿智的女人，这个抱婴儿的专家，她拍拍帕特里克裹了尿布的屁股，大声喊道：“六十万卢比！”

“你为什么老对他说这个？”

“哦！”她不自然地笑了，“我们总是对男孩子这么说。”

“为什么？”

“这就是他们能为家人带来的钱。”

“为什么？”

“从嫁妆里挣钱，夫人。”

“但我们不是印度人，他不会得到嫁妆的。”

“只是对男孩子说些好听的话而已啦。”

“那你对女孩子说什么？”玛丽是印度。印度在我家。印度已经在以玛丽、我和孩子们都无法完全理解的方式，塑造着我孩子们的思想和心灵。

“女孩？我不知道。”她转身把我孩子抱走了，“什么都不说。”

第十五章

一安顿下来，我就雇了一个管家来做饭和打扫。这样玛丽就可以把精力集中在孩子们身上。这应该足够了，我相信。我是说，你不希望屋子里挤满人，对吧？

不幸的是，这个管家是个灾难。我没法用大篇幅详述令人沮丧的细节。而且，他是个男人，我可不愿意引入一个会削弱我的论点——那就是男人应该做更多家务——的叙事线索。我只想说，在他的管理下，我们的房子慢慢变得脏乱不堪，他的厨艺也不怎么好。当我们最终解雇他时，一大笔现金从我们原以为未被发现的藏匿地点消失了。

这是一个错误的开始，但我没有被吓倒。我给更多的候选人打了电话。

其中一个是普贾。

为了表达自己的热情，普贾提前了整整一个小时到我们家，热切地按响门铃。正在小睡的婴儿醒了，哭闹起来。我猛地推开门，怒视着她那张满怀期待的脸。眼镜油腻地从她鼻子上滑下来，头发垂在肩头，像是一块披肩搭在一件令人尴尬的家具上。

“你是？”我问普贾身后那个神色紧张的矮个子男人。

“我的丈夫，夫人，他叫瓦伦。”普贾淡淡地说。

他朝我们咧嘴一笑，露出尖牙。

“行吧。”我在每个音节上都细细推敲，好让他们知道我不欢迎这个闯入者。

“你早到了。”我转向普贾，“我没想到你现在就来了。”

“对不起。”她说。其他候选人会扭捏作态来讨好我，她完全不会。她并没有说：对不起，夫人。没有说：哦，实在是对不起。她调整了一下站姿，毫无歉意，有点不耐烦地等我说点什么。

“请坐。”我试着把语气从“刻薄”慢慢升温，调整成“轻快”。

普贾瞥了一眼室内装潢，似乎正在估量从这个家中清除掉自己污点的难度。她的丈夫显然没有被邀请坐下来，他犹豫着退到靠墙的沙发上，显得很不耐烦，一副自尊心受到打击的样子。

我敷衍地问了普贾一些问题，把她的回答草草写在笔记本上。这只是摆个样子，我已经不打算要她了。

她把推荐信递给我。我瞥了一眼最上面的那张纸，吓了一跳，我知道这个名字。“你以前的雇主是我在北京的邻居。”

“在她搬去中国之前，我一直在为她工作。”

后来她告诉我：我当时就知道，我会为你工作。

我当时并不这么想，这个巧合并不足以消除我的厌恶。“我们保持联系。”我说。你不适合我们，我想。

“她的推荐信很棒。”那天晚上汤姆说，“你应该给你的朋友发个邮件。”

“你是这么想的？”

“世界真小。”在发给北京朋友的电子邮件开头，我写道。朋友立即回了信:“她真是太讨人喜欢了……有她在,你会很幸运……我每天都在想念她。”

这听起来一点也不像那个来我们家面试的迟钝女人。带着疑虑,我向普贾提出先试工一周。我告诉自己,先撑一段时间,直到找到合适的人。

普贾后来说:“一旦得到一次试工机会,我就一定会被录用。”

这也难怪:突然间,我们吃起了奶汁焗土豆、浓郁可口的黄油鸡和入口即化的菠菜乳蛋饼。普贾把每个房间都擦得亮亮的,她精心画出大象,讲述印度教的神话故事,逗得马克斯很开心。到了那个周末,我们家比以前任何时候都更加运转自如——一个整洁有序的地方,充满了饭菜的诱人香味。

巧合还在继续。当玛丽和普贾对视时,她们大叫着拥抱在一起。原来,她们过去就读于同一所高中,大吉岭的一所女修道院学校。

“也许宇宙正试图告诉我们一些事情。”我对汤姆说。他宽容地笑了。

我给了普贾这份工作。她的工资和玛丽一样,但没有公交通勤补贴。她搬进用人宿舍,一切都变得容易起来。普贾的房间又小又暗,但她不用付房租,也避免了女性在路上通勤的花费和危险。她一大早就来,午休很长一段时间,晚上,她会在客厅陪着帕特里克,而我给马克斯一个接一个地讲故事,道晚安,拥抱他,然后开始给帕特里克喂奶,直到这时普贾才会下班。

普贾一接手做饭,我就退回到青少年时期的冷漠状态。我会晃进厨房,漫不经心地问:“晚饭吃什么?”这是一个永远不会过时的问题。普贾为她的责任感而自豪——她认真关注我们的口味;试验让我们大吃一惊的新菜式;仔细研究食谱。

普贾拖地板时疲倦地喘着气。她的视力只剩下四分之一，咧嘴一笑时会露出一排歪歪斜斜、摇摇欲坠的牙齿。但是她的笔迹看起来像花一样美丽；她对印度电影和音乐了如指掌；她烤的千层面是我吃过最好吃的。

普贾把帕特里克抱在怀里时，他专心地躺在那里，打量着她光滑的脸颊和不合适的眼镜。她用尼泊尔语对他耳语，她用印地语给他唱歌，她打开厨房的收音机，在哈尼·辛格[1]的歌声里跳起舞来，帕特里克歇斯底里地大笑起来。

“孩子们都喜欢我。”她耸耸肩说。

至于帕特里克，他太好管了，这让我感到不安。在他的一天里，照顾他的看护人、眼前的景象和身体的感受在不断变化：玛丽给他按摩，我给他喂奶，普贾做饭的时候对他唠叨着无意义的话。在平安夜，才两个多月大的他就连续睡了十二个小时。第二天晚上也是，随后每天都是如此。我本可以感激涕零的。事实上，我觉得我确实如此。

有一种满足感，生活在混乱中勃发。普贾的丈夫在附近找到一份工作。孩子们茁壮成长，每个人都睡得着，我和汤姆都把各自的工作做完了。虽然多了一个孩子，但由于我们在家里雇了更多的女人帮忙，每件事仍然有足够的时间去做。玛丽带马克斯去公园和动物园，送他去和小朋友玩耍。帕特里克和普贾在一起时从不无聊。

“如果你离开印度，请先给我提个醒，”普贾有一天说，“否则太难了。我们也开始爱孩子了。你知道的吧？”

---

[1] 哈尼·辛格（Yo Yo Honey Singh），印度著名说唱歌手、电影演员和音乐制作人。

她不是我雇来照顾孩子的第一个女人，但她是第一个承认这当中有情感牵连的女人，也是其中唯一用流利的语言和坦率的情感与我交谈的人，这让她看起来更像一个朋友，而不是雇员。

一个冬天的下午，普贾和我走在车道上。乌鸦在白茫茫的天空中疯狂地盘旋，它们旋转着、捕捉着，声音像火柴尖在磷上划动。我们放慢脚步，盯着这奇怪的翅膀之舞。

“它们在干什么？”我问。

“一定有一只死乌鸦。”她说，“它们中有一只死了。”

“它们在哀悼？”

“我见它们这么做过。”

我们看了一会儿。

“乌鸦会这么做？”我不太相信她的话。

“我见过很多次了。”她说。

这是她教给我的。她将教给我更多。

第十六章

普贾慢慢地说出了她故事的一小部分。她来自大吉岭山区，年纪轻轻就成了寡妇和单身妈妈。她把儿子留在村里，由她年迈的父亲照看，因为除此之外她再也找不到其他人。普贾提供了这些片断，但从来没有讲过一个连贯的故事。

玛丽也没有。她们粗略的大事记并不能讲述她们全部的人生。我猜一些工作经历被抹去，是因为它们的结局不怎么好。一些亲密关系也许也是如此。一次次搬迁，忍受每况愈下的处境，愿赌服输。其他时刻被反复讲述，直到它们成为关键的转折点，使得她们所讲述的人生故事成为不可避免之事。

普贾十几岁的时候就和一个男人私奔了。她想让我明白这一点：她生命中的所有事件，她所做的、看到的和成为的一切，都源自她想和一个男人一起脱掉衣服的青春期原始冲动。然后她不得不嫁给他，再到后来她成为一名母亲。在我对普贾最早的了解中，对性行为的选择是她做过唯一自由的决定。

“我为什么要私奔呢？”普贾切着西红柿丁，一阵浓郁的甜香从案板上飘了过来。在她的声音里能听出不屑：“即使是现在我也是这样，带着点疯劲。有时候我只是决定做点什么，然后就去做了。”

“我明白，”我说，“我也是这样。”

“是的，”她笑着说，“我见识过。”

所以她就这样警告我。所以我也这样警告她。

“我喜欢你，”有一天我对普贾说，“但如果汤姆觉得他不喜欢你，我也没办法。”

我等着她慢慢听进去这个警告。这是小李给我的教训：*在你和汤姆之间制造这么多麻烦的人不应该留在家里。*

普贾点点头，好像她已经知道了。她不需要我的帮助。她在直觉上天赋异禀；她知道如何赢得人们的好感。在汤姆严重食物中毒后，普贾宣布他必须停止“在外面”吃饭，并开始每天早上给他准备午餐便当。当然，汤姆快活极了。他们之间进行了几次热情洋溢的峰会，讨论沙拉里的橄榄，意大利面里的奶酪，三明治里可以有芥末酱、蛋黄酱和西红柿，但是千万不要有洋葱。

“我喜欢老普贾。”汤姆会说。

“因为她宠着你。”

“至少有人宠我！”

汤姆对我们家帮佣的私生活漠不关心，这长期以来令我感到不安，但现在我突然意识到自己理解错了。我开始发现汤姆急切地想对在我们家工作的人表示友好，但首先他想让她们做好自己的工作。这是我们性格中一个本质而又熟悉的差异：我并不指望事情能完美无缺，对缺点有很高的容忍度。而汤姆瞥一眼东西——餐馆的桌子、酒店房间、公寓——就能立刻确认一定还能找到更好的东西，而且他可以为我们争取到。他也确实做到了。他不可避免地把我们从“足够好”改造成“非常棒”，甚至“令人惊叹”。我并不总是认为，为了取得质量上的飞跃值得忍受那么多的麻烦，但改进是实实在在的。直到现在我才意识到，这种久为人知的习惯也存在于他对帮佣的看法中。他对印度和中国有着敏锐的感觉，认为这两个地方充满了渴望机会的聪明人和穷人。当他确信——他就是知道——只要我继续寻找，一定会有更好的人等着被发现，而我却满足于一个不合格的工人，这让他抓狂。

普贾在他看来是第一个配得上这份工作的人，他对普贾怀着巨大的善意。他渴望以任何可能的方式帮助普贾，自从马克斯出生以来，他第一次成为日常家庭生活的创造者，而不是一个路人。

在那些日子里，汤姆去了很多地方出差——在贾坎德邦见铀矿工人，在卡拉奇见情报官员，去孟买和纽约参加会议。我暗自庆幸他的缺席会一直持续到周末，因为这给了我一个请普贾在周日加班的借口。

这个要求是受欢迎的，因为周日是一个反复出现的灾难。每隔七天，我们家庭生活中的欢乐想象就会痛苦地暴露出真相，化为一堆谎言。星期天，汤姆会发现和小孩子们一起出去玩，不是一片阳光灿烂的原野，也不是满满当当的野餐篮子，而是一堆乱七八糟的体力活、凌乱的房间和毫无意义的眼泪。周日，我发现我的伴侣不知道尿布放在哪里，还认为让满是残渣的盘子堆在水槽里发臭是精明之举，因为“女佣”会在二十四小时后前来支援。

到安息日太阳落山的时候，我们常常憋了一肚子火，彼此基本上不说话。我们强颜欢笑地把孩子们哄上床，然后汤姆倒头就睡、鼾声大作，而我仰头喝完一杯啤酒，闷头去洗碗。

毫无疑问，这当中有更深层次的情感渴望。对家庭生活按捺不表的忧虑、宗教层面的负罪感、对青春的怀念。在艺术中，对第七日的存在性恐惧是反复出现的主题。但这些都不是真正的问题。我们在周日苦苦挣扎，因为我们不习惯在没有厨师、清洁工或保姆的情况下让整个家运转自如。

用普贾代替汤姆，这个简单的安排就能把星期天变成一种乐趣。房子一尘不染。孩子们穿得干干净净，吃得健康，被人悉心照料。我和普贾一起去餐馆，去在后院举办的早午餐会和生日派对，在那里，普贾把马克斯的自助餐盘堆得满满当当，在充气城堡里把闹别扭的孩子们分开，而我把帕特里克抱在膝上逗弄着，慢慢啜饮一杯酒。

唯一不赞成的人是汤姆。“没有人应该一周工作七天。”他说。

突然我们对换了角色。我不在乎别人的处境，他被内疚和怀疑所困扰。

“能挣加班费，她很满意的。”我争辩道。

“反正你得让她知道，她可以说不。”汤姆说。

“你确定你不介意吗？”我又问普贾。

“这对我来说很容易。”她笑着说，“我们总是这么做。”

汤姆心平气和了，但不久他又有了一个新的顾虑：普贾的供水问题。

普贾攒下塑料瓶，在我们家装了净水过滤器的厨房水槽里灌满，把它们装进一个结实的大手提袋里。每天晚上，她都要把一袋晃荡着的水拎起来，拖回家，这就是她一天做饭和饮用的水。

普贾的供水问题并没有困扰我，我压根没想过。考虑到德里有数不清的社区，那里的人们在根本没有水的情况下也能过活，背着瓶子穿过院子并不是一件特别困难的事情。

但是汤姆很担心。

“看到她背水，我很难过。”他抱怨道。

“我猜也是。”

“我们能不能让那些给我们送水的人也给普贾的房间送些水？”

“当然可以。”我说，“我们能做到。”

然后我忘记了，汤姆又抱怨了一次，我又忘记了，他提醒我。这样的对话太让我闹心了，所以我买了一台饮水机，订了一些水送到普贾的门口。现在那个瘦弱的十几岁的送水工得拖着水桶爬上狭窄曲折的台阶，来到普贾的房间，为此我要给他双份小费——想要让一个人获得更好的待遇，似乎总是意味着让另一个人的情况变得更糟，对于这个想法，我尽量不去触碰。

在参观家附近的莫卧儿王朝堡垒遗址时，我的臀部被一条阳具蹭了一下，当时我正在排队买票。那是一个星期天的下午，马克斯站在我身边，汤姆和帕特里克在草地上踱步。

那条阴茎很坚挺，正在寻找去处。我把手放在孩子肩上，转身面对身后的男人。我直视他的眼睛，他也看着我。他很瘦，看着很穷，手腕在袖口支棱着。

“退后。”我说。他照做了，垂下眼睛看着地面，他的朋友们笑了起来，推挤着他的胳膊肘，事情就这么了结。我不到五分钟就忘了这件事。

那天晚上躺在床上，我突然又回想起来，于是跟汤姆提了一下。

“你为什么不告诉我？”他叫起来，“我不敢相信——这太离谱了。你应该告诉我的！”

“为什么？”我说。

“我自己可以应付。”我说。

“我应该告诉你，这样你就可以在孩子们面前挨揍了？”我说。

他火冒三丈，嘴里嘟囔着，还朝自己的脸打了一巴掌，我终于发火了。

“这有什么关系？你不知道这种事情会在多少个国家发生多少次？为什么它对你这么重要？你不记得我是女人了？你没注意到德里的街上几乎没有女人吗？看看公共汽车站。看看人行道。根本没有女人！”

“我当然知道，”他说，“很可怕。”

但接着他看着我，好像那与我无关似的。从某种意义上说，他是对的，因为我是一个外国白人女性，但他也错了，因为无论你是什么样的女性，总会有那么一刻，你仍然只是一个女人。我无法相信，我的丈夫仍然以这种普遍又简单的方式无视着我的存在。他无法看到面前是什么；无法想象剩下的一切。

我对我们成为父母后的命运差异感到震惊，但事实上，我们之间的性别差异早在那之前就开始了。我经历过无数种文化形式的性骚扰，而汤姆安然无恙。如果他碰巧在场，不可避免地感到有必要果断介入，但除此之外，他基本不知情。我几乎不跟他提起这些经历，因为不想让这些破事成为我们之间共有的回忆。我们总是那么忙，不去想这些总是更容易，因为每每想到，我就陷入了一种徒劳无益的愤怒之中。

但现在，这一切都潜入我的脑海中：多年来来自采访对象和同事的试探。我曾刻意将一些新闻机构设为禁区，因为我拒绝过某个男人的性要求，他后来拥有了权势，我不想冒被穿小鞋或者被排挤的危险。有好几次，我以为自己要被强奸了。那些当面说给我听的话，或者关于其他女人的话，只是要确保我没有误解自己的地位——我只是一个有趣但终将低人一等的存在。只要我们还年轻，还值得一睡，就会受到欢迎，然后我们就应该像有自尊的女性该做的那样，消失在家庭的某个角落。汤姆没有遇到过这些。在汤姆的职业生涯中，他一直是自由的，几乎没有什么事需要他小心应对。我从来没有向他解释过这些。我假设他都知道，因为在我看来这些都是显而易见的。我被当成附属品。我被人摸过、抓过，被逼到绝境。我故意不去理会那些只能意会的话。一切都是游戏的一部分，而且我也曾如此渴望参与其中。

但现在他茫然地看着我，好像我不是其中的一员，我突然想到：原来他根本不知道。难道他真认为他的妻子那么聪明，能作为这世界上的一个女人，但又不必以女性的身份存在于世吗？

有太多的话要说，我却根本无法开口。

孩子们午睡时，屋里的空气中弥漫着午后的恍惚，普贾和玛丽在吊扇的鞭笞下瘫倒在地板上。她们一起拨弄头发，查看指甲，用尼泊尔语低声交谈。她们一起张着嘴巴睡着了，一起起身，一起干活：玛丽拖地板、洗衣服，普贾做饭。普贾去买新鲜蔬菜和肉时，玛丽带上帕特里克跟着去了："只是出去走走，夫人，透透气。"

"Bahini." 她们说。姐妹。"Bahini！"的呼喊声在房间和走廊之间回响。玛丽和普贾窃窃私语，为了某个笑话一起大笑，有时又一起哭泣，她们拒绝向我翻译说话的内容。我把我的房间交给她们，她们创造了一个女性和儿童的王国。我走向我的办公桌，我的电脑，我的语言和我想象的世界。屋子里挤满母亲。她们接手得越多，我就越能抽身出来投入工作。

她们让这一切变得如此简单。在记忆的迷雾中，一切看起来那么完美。我知道我当时工作很努力，一旦无法全情投入就会责难自己，我每天都试图把自己一分为二，平分给两个孩子。我在挣扎，有时候我会哭。有些早晨，我在淋浴时会焦虑得蜷成一团。但现在回想起那些日子，我觉得它们是完美的。

一个朋友惊慌失措地给我写信，她怀孕了。她去了一个火化仪式，那是一个同事的兄弟，她觉得自己应该去。但是大家都在责备她，因为她不应该把未出生的孩子暴露于火葬堆前。在印度，孕妇不应该参加火化仪式。据说亡者的灵魂在遇火后会获得自由，可能会找到通往胎儿的路径并留下印记。

“我感到古古怪怪的，是不是很可笑？”她问。

我恰好相信感觉古怪是活力的一种体现。世界是一个古怪的地方，充满各种古怪的预兆。谁能否认呢？我自己也觉得油毡图案、造纸厂以及成千上万的小物件和浮雕人物很古怪。

所以，当然了，我回答：“不会！”

“我去问问普贾，她在这类事情上非常有智慧。”我补充说。

普贾已经成为我在所有关于历史、文化和健康问题上值得信赖的参考。

“没关系，”普贾马上说，“我也做过同样的事情。”

“真的吗？”

“我丈夫是在我怀孕时去世的。”她提醒我，“我不敢去参加葬礼，但也没法子啊。”

“不过，”她耸了耸肩，“什么都没有发生。”

她补充说，我的这位朋友应该把圣水洒在她房间四周以及她去火葬场时穿的衣服上。

“什么样的圣水？”

“什么圣水都行。”普贾说。

我只知道一种圣水，普贾指的肯定不是教堂门前圣洗池里的水吧。或者这就是她的意思。

“是从教堂取的圣水？还是庙里的？”

“就像那样。”普贾表示同意。

“哪一个？”

“哪个都行。”普贾不耐烦地说，“只要它是神圣的。”

“我要从哪儿取圣水？”

“哪里都可以。”

玛丽也点点头，好像在说：“这不是明摆着的吗。”我还是不明白，但我不再问了。

“夫人。”玛丽带来的一切，无论是灾难还是欢乐的爆发，都是从这两个音节开始的。“你今晚有事吗？”她看着我，皱起脸准备和我讨论。

“什么意思？”

“你要去哪里吗？”

“我不出门。”

“我想早点走。”

“好吧。”这听起来太冷漠了，“怎么了？”

“我要找房子。”她说，“房东说我们必须搬走。”

“为什么？”

“我不知道。”

"我很抱歉。"我惊慌失措，脉搏在喉咙里跳动，想象着玛丽向城市的咆哮、雾霾和成群残忍的陌生人吐唾沫。

"没事的。"

"可是你该怎么办呢？"

"不会有事的。"她轻松地说。

玛丽从来没有惊惶失措过。她如此沉着冷静，就像拥有一种超能力。很难对这点轻描淡写：玛丽拥有一种包容一切的镇静，这种镇静支撑着她——有时也支撑着我——度过一个又一个困境。

她向朋友打听是否有负担得起的房子，几天后，她和丈夫搬进了一套公寓。玛丽对新房子很满意：一套很合适的公寓，带独立卧室和屋顶露台。我无意中听到她给教堂的朋友打电话，建议他们搬到隔壁一套一模一样的空闲公寓去。

但有一个缺点：这套公寓在机场附近，正好位于新德里的另一端，而这个印度的首都又以交通拥堵著称。为了到我家，玛丽每天要转好几趟公共汽车，在交通拥堵中浪费好几个小时。

"她会继续为你工作吗？"朋友们怀疑地问道。

"我想会吧，她什么也没说。"我不安地说。这些问题让我不禁思考，是否应该亲自帮她找一个更近的房间，或者给她提供租房补贴。

"这样通勤太可怕了。"每个人都说。

"你应该做好她辞职的准备。"他们警告说。

"我想她不会辞职的。"我不肯定地说。

我是对的，她没有辞职。于是他们说："她一定很爱你们一家。"

但我并不认为这是真的。和玛丽在一起，从来没有被爱的感觉。我们是她的职责，不多也不少。

“夫人。”

又怎么了？

“你要出门吗？”玛丽又把我逼入绝境。

“嗯。”我的思绪无助地扑腾着，“怎么了？”

“我想把我的护照弄好。”

然后，我们大声交谈起来，我在一片充满打断和困惑的森林中挣扎着弄懂她究竟想干什么。我一点点听明白了：玛丽迫切需要一本护照。她丈夫的签证无法续签，不得不离开印度。玛丽需要一本护照和她丈夫一起去尼日利亚，这样他们就可以结婚了。

“等等。”我打断她，“我以为你们俩已经结婚了。”

“我就是这么说说而已。”玛丽解释说。马克斯不愿意去朋友家时，她也用了同样的说法。他就是这么说说而已。只要去了，他会喜欢的。

“说什么？”

“说他是我的丈夫。”

“但你们还没有结婚。”

“没有。”

“好吧。”

玛丽解释说，她的男朋友想在尼日利亚、在家人的注视下结婚。他希望所有人都到场——

“问题是，”我打断她的话，“我们通常只在周末或节假日出门，但那时候政府的办公室又关门了。”

我当时还在思考她提出的问题：关于家庭度假的问题。现在我才明显地、不安地意识到，玛丽提出在我们出门时取护照，只是因为她太害羞了，不好意思提议在工作日抽空去取，免得给我们带来不便。

现在回想起这件事，我真的很惭愧，当时没有马上给她放一天假。我不明白为什么当时没有这么做。不，那不是事实。我记得原因是什么。

当时，我已经习惯把自己的时间看作家里最廉价的。如果一个孩子发烧了，我就在床边看护。汤姆必须得去上班，但我没有理由非在星期二而不是星期三拟出书稿的下一个场景。理论上，我甚至可以在白天小睡。理论上，我可以什么都不做。但实际上，我要忙着带孩子，每天再挤出一个小时写作，在此期间从来没有小睡过。但是，每天的忙碌并没有改变我对家庭事务的权衡：我的工作可以被推来推去，所以但凡碰到任何一件事，都是从我这儿来调整日程。每一双穿不下的鞋子，每一次去看牙医，每一次幼儿园的活动——任何影响到家里任何成员的危机或任务，都会不可避免地消耗掉另一大块写作时间。我可以接受自己的地位是家里的最低优先级，低于无助的孩子和汤姆那份要求严苛的正式工作，但这么做也有副作用：所有这些强加的无私让我变得更加自私。如果玛丽直截了当地请假，我不会拒绝。但是因为害羞，她对这件事轻描淡写——当然从来没有人教过玛丽如何谈判，我便让自己相信，这件事并不重要。

“这件事很着急吗？”我问。

“不，夫人。”她随意地说。

“不管怎样，没错，你确实得拿护照，”我一边愉快地说，一边走出房间，“我们会找到时间的。别担心。”

玛丽讲了很多故事，这些故事丰富着我的想象力，让我难以忘怀。故事讲述的是来自遥远国度的无辜女孩，以及在城市夜晚混乱的街道上尾随的无情男子。可怕的故事，愚蠢的故事，经不住盘问的故事。但如果你容忍在事实欠缺的地方存在真相，你就可以从这些荒诞的故事中读出一些关于这座城市的真相——以及一些关于玛丽的真相。

她告诉我，有个保姆每天都哭，因为她丈夫无情地打她。她的父母把她卖了做抵债劳动[1]，她的童年是在残酷的老板手下度过的。“他们过去常常把她打得半死。”玛丽说。现在这个不幸的女士没能怀孕，所以她的丈夫有权利按照民间风俗，要求她的一个姐妹和自己发生性关系，好延续后代。

更多人物：

道德败坏的地主在废钞后自杀了，因为他的不义之财成了一堆废纸。

来自阿萨姆邦的少女被人用板球棒打死，因为她不会说印地语，听不懂雇主晚餐想吃什么。

白人背包客瘾君子像垃圾一样躺在玛丽住处旁边的排水沟里，被路过的男人踢打、强奸、尿在身上。

衣衫褴褛的中年外国妇女被赶进一间空车库，遭到轮奸，玛丽的邻居却无动于衷。玛丽试图干预，她跑到一群警察面前，恳求他们救那个女人，但他们只是耸耸肩。

“她来这里干什么？”警察把玛丽推开时厉声说。

很多年来我都记得这句话。玛丽以其特有的不可思议的精准，

---

[1] 抵债劳动作为一种传统现象经常发生在巴基斯坦和印度，由于本人或家庭成员欠下债务，需要通过工作偿债。

勾勒出白人女性被深肤色男人强奸的经典画面。最重要的是，正是这一看法在过去为白人谋杀、殖民主义和奴隶制的暴行提供了正当理由。这对我来说就像一个警告和恳求，甚至是潜意识的宣传。我知道我是个局外人，但玛丽也是。*她来这里干什么?* 如果警察真的那样说了，他们是什么意思？如果玛丽在夸大其词，她又是什么意思？我对*这里*这种说法感到困惑，因为*这里*是一个外人不能指望得到怜悯的地方。*这里*可能是街道、贫困的社区、新德里，或者整个印度。

她来这里干什么? 汤姆和我从别的地方来到这里，因为这里很有趣，而且我们也有收获。我们是偶然的移民，我们可以随时改变路线。玛丽和普贾来到这里是为了钱。整个世界都在移动、迁移、寻找、逃离。我在地球的另一端生活得越久，这个问题就越让我感到深刻和无法回答。

她来这里干什么?

玛丽已经告诉我答案了。

她来这里干什么?

玛丽的声音提问，玛丽的声音回答。

你来就是要受苦。

第十七章

那天傍晚玛丽等着我。帕特里克上床睡觉后，她非但没有匆匆出门，反而奇怪地一动不动地坐在沙发上。她的眼睛下面挂着月牙形的眼袋，显得十分疲惫。鸟儿们聚集在外面的树上，在黄昏发出歇斯底里的尖叫。

“我们整晚都没睡。”玛丽揉了揉自己的发际线，“那个地方充满灵魂。”

“什么意思？”

“我丈夫在发高烧，闹头痛。魔鬼在一个劲儿地困扰着他。”

“哦。你的公寓闹鬼？”我想了想。

“是啊。”

“那你打算怎么办？”

“我们整夜都在祈祷。我们念经，洒圣水，祈求那个恶魔让我们清静一下，但他非常强大。”

“哇！”

马克斯坐在我们中间，低头看一本图画书。我看着他的后脖颈。

“也许你丈夫应该去看医生。”我终于说了出来。

“他会去的。”她说，“他烧得太厉害了。”

“需要什么可以给我打电话。”我说。

“谢谢你。”

我知道她不会打电话来。她从来不打。她依靠教会的朋友。有时我有一种奇怪的想法：玛丽感觉到我想帮忙，于是她出于某种破坏的冲动，愣是摁住了自己的问题。她不得不在我家里长时间地工作，很好，但她不让我以她的恩人自居。

第二天午睡时，她瘫倒在沙发上，双眼盖着一条滴水的毛巾。我原本要责怪她把家具弄湿了，但有什么东西阻止了我。我凑近看了看。

“你还好吧？”

她挣扎着坐起来。“我不太舒服。”她低声说。

帕特里克的哭喊声从婴儿监视器中传来。我把他抱回客厅，坐在地板上，看着玛丽迷迷糊糊的样子。她俯下身，心不在焉地把帕特里克拉到她的膝盖上。她的皮肤通常是褪成棕色的粉玫瑰颜色，但现在又灰又黄。她的眼睛陷得更深了。她的脸像爬虫一样毫无生气。

我想伸手去摸她的额头，中途却停了下来。

“我可以摸摸你的头吗？”我觉得自己很愚蠢。

“可以。”

她的皮肤滚烫。

“你发烧了，而且是高烧。”我对她说。

我把帕特里克抱回去，让他的头枕在我的下巴上。

“那些鬼魂——”

“玛丽！”我打断了她。她又在给我讲故事，把我拉进她那可怕的迷信和幽灵的旋涡里。但现在我猛然间对自己说，你得看看显而易见的事实。

“你丈夫去看医生了吗？”

“看了，夫人。”

“然后呢？”

“他得了伤寒，夫人。”

“玛丽！”

“伤寒，你知道吗？他们做了一个检查——”

“玛丽！”我又叫起来，“那你为什么还要来？”

“我不知道——”

“可是——你怎么能——孩子们都在这儿呢，玛丽。”我气急败坏地说，晃晃悠悠地站起身，抱着帕特里克往后退，“如果你丈夫得了伤寒，你可能也得了。你有可能把病传染给孩子们。”

“哦。”她慢慢地说。

我想把她永远踢出去。我想把她送到床上，照顾她恢复健康。白痴，我愤怒地想。万一我的孩子们——

但是她病了，病得很重。

我转身走开，把帕特里克交给厨房里的普贾。“不能让玛丽靠近他。”我严肃地说。然后我把自己关在书房里，在网上联系汤姆。

我的手在键盘上颤抖。玛丽还不如打开背包，宣布她把一条眼镜蛇带进了客厅。她应该保护孩子们，她出现在我们家的前提是她有能力预见并避免危险。

“玛丽刚刚告诉我她丈夫得了伤寒，”我直接说，“我在谷歌上搜索了伤寒，结果从页面上跳出来的第一个结果就是它的传染性极强。”

痛苦不堪、不可饶恕的三分钟过去了。汤姆总算回了话："他妈的怎么回事？"

我怒视着屏幕，这种程度的参与是不可接受的。我用自己的沉默把他引出来。

"她丈夫现在好了吗？"他终于加了几句，"他还病着？"

"还病着。"

"我想你已经把她送回家了吧？"

"没有。"

汤姆总是在我心中激起一种难以抑制的诚实冲动。这显然是错误的答案。但是，这就是让汤姆参与其中的意义所在：他可以穿过我们家喧闹的马戏场，找到唯一合乎逻辑的下一步。这就像在消除了背景噪音的情况下和自己商量。

而且，我们之间也有一种默契，那就是我的决定经常被我对写作时间的绝望弄得模糊不清——或者至少是一反常态地迟缓。例如，在这种情况下，我只是不想承认玛丽可能得了一种可怕的疾病，这让她无法来到我们家，而且病假时间也是个未知数。她的缺席意味着我无法工作。

没等汤姆批评教育，我就离开了电脑。不管他要说什么，他都是对的。我自己也想避免家事不宁，这让我做出了妥协。

"你还有力气坐车回家吗？"我问玛丽。

"是的，夫人。"她说得让人不太信服。

"你需要去看医生。你有医生吗？"

"在穆尼尔卡有家诊所。"

"今天就去吧。"我对她说，"可是玛丽——你要等完全好了才能回来。你明白吗？"

“好的，夫人。”

第二天我甚至没有试着去工作。早饭后我带马克斯去公园。我喜欢这个公园，它的苗床上长着冬青和茉莉花，周围种着乌墨树和菩提树。但我不喜欢和马克斯一起去，他始终对花坛和风景如画的角落漠不关心，但一定会被吸引到垃圾桶附近最脏的角落——干燥光秃的土地上点缀着老鼠洞，有人警告过我们，毒蛇喜欢在那里捕食。

“你不想去那边玩吗？”我冲着他的头顶问。

“不想。”他用指甲抠着泥巴。

电话响了，是玛丽。

“结果出来了吗？”我问。

“她说我得了伤寒。”

“哦，不。”

“是啊。”玛丽犹豫了。

“好吧。”我叹了口气，“好吧，好好休息。你需要什么吗？”

“不用，夫人。”她的声音听起来又小又弱，而且感觉非常遥远。

“需要什么就给我打电话。好吧？在我们都确认你没事之前先别回来，”我忍不住补充道，“可以吗？”

“好的。”

我在草地上踱步，给孩子们的儿科医生打了电话。这位医生曾在美国执业，后来回到印度，在他家的一楼开了一家儿科诊所。他是一位老派的家庭医生，从量体重到接种疫苗，什么都自己做，而且会在深夜回复惊慌失措的短信。他和蔼又老练，有一张侏儒般的脸和一种狡黠的幽默感，孩子们都很喜欢他。

现在，我一边等待医生接电话，一边心不在焉地看着马克斯把手指戳进泥巴里。这一幕会让汤姆焦虑得发狂，所以，像往常一样，我感觉自己在丈夫背后做了什么草率的事。

我知道汤姆会说什么：泥土里可能有动物粪便和寄生虫。马克斯喜欢用手指戳鼻孔或嘴巴。而且，是的，我并没有带手部消毒液。

这并不是说我无所畏惧——恰恰相反。我害怕那群懒洋洋地趴在草地上的野狗。我害怕那些打扑克的游手好闲的人。我害怕那些鲁莽的邻居超速行驶的汽车。我害怕被带病毒的蚊子咬一口就会传播的致命疾病。我害怕在那个公园里发现的眼镜蛇。我有那么多恐惧，所以我无所畏惧——我觉得周围已经有那么多的危险了，所以我不能放纵自己对某一个危险的恐惧。

最关键的原因是我害怕养出神经质的孩子。我想象着那些缩手缩脚的男孩，他们在泥地里玩耍时，一定会对卫生条件十分挑剔。疾病是可以治愈的，但如果我的孩子被训斥个不停，直到他们对这个世界感到畏惧，那就无药可救了。

我试着向汤姆解释这件事，他以尖刻的话语作为回答。然而，和这位儿科医生的谈话令人满意，他会意地笑着说我是对的。等待他接电话的时候，所有这些想法在我的脑海中慢慢闪过。

“保姆告诉我，她得了伤寒。”听到医生的声音，我脱口而出。

“她发烧了？”

“她得了伤寒。”

“你怎么知道她得了伤寒？”

“她去看了医生。”

“什么医生？”

“嗯，我不知道，”我不耐烦地说，“这有什么差别？”

“差别很大。伤寒的误诊很常见。这些人会去一些便宜的诊所，他们被告知的第一件事就是得了伤寒。”

“他们做了一个检查。”

“验血？”

“是的。”

“哪种化验？”

“我没有检查她的病历。”

“好吧，你应该这么做的。”医生用他那无情而又理性的声音说，“我不相信这个诊断。”

“那我该怎么办？”

“经常洗手。每个人都要洗手。”

我等待着更多指示。没有别的了。

“就这样？”

“不管怎么说，她在发烧的情况下不应该来你们家。”

“是啊，”我说，“她现在不在我们家。”

“所以你先观察一下。洗手，注意孩子们有没有生病的迹象。”

“她什么时候能回来工作？”

“必须等到她完全退烧。”

“我真不敢相信。”我叹息道。

“我见得多了。”他说，“下次，你自己带她去看医生。”

“这些我都不知道。我不习惯——”我不知道该怎么讲完这句话。不习惯什么？保姆？成为母亲？印度？“伤寒。”我勉强说道。

“听着，我可以给你讲很多故事。他们对健康、药物，甚至卫生都没有概念。你不能低估这些人的无知。他们只能给我们做仆役和园丁，这是有原因的。”

我没有理会最后这句话，我认为它配不上我们的医生。

“所以呢？”

“等待。”他说，“没有别的办法。”

玛丽留在家里。我尽量不去想她的痛苦——她和她的丈夫因为发烧而辗转反侧，躺在机场旁一间压抑的公寓里，空气凝滞，就这样度过漫长的日子，头顶上是钢铁铸造的鸟儿在令人晕眩的天空中飞翔，幸运的人不断在轰鸣声中冲破云霄。

我并没有像预料的那样失去太多写作时间。普贾在保持房子整洁、饭菜新鲜的同时，仍然能抽出时间照顾孩子们。我们经常洗手。普贾没有生病，我也没有，最重要的是，孩子们也没有。

我们一直不知道那究竟是不是伤寒，但玛丽康复了，她回来工作，宣布祈祷战胜了恶魔。

不久，整个事件就消失在家庭事务的迷雾中。没有什么是一成不变的；一切都在不断变化。威胁冒了出来，但总归会消退。有时我感觉我们的家庭即将从稳定的边缘滑向真正的末日。我会做噩梦，恐慌爬上我的皮肤，我却只能站在那里一动不动，醒来时惊惧不安。尽管每天都陷入黑暗，但黎明总会到来。伤寒的恐惧也消退了，另一场危机即将取而代之。

我一边写一边祈求好运，写完后再祈求一遍。我每天祈祷。我捡起已经抛弃的每一种宗教仪式：在胸前画十字。我枕着一串念珠睡觉。我在两个男孩的房间里放了一本《圣经》。我在房间里洒了来自玛丽教堂的圣水。我给新德里的神灵们写正式的请求书，把它们塞进据说有精灵居住的洞穴的裂缝里。早在来印度和生孩子之前，我就很迷信，现在又无可救药地大搞宗教仪式。这是成为母亲后的强烈恐惧。在一个宗教信仰交织并存、人类绝望景象无处不在的地方，这种恐惧如鱼得水。我祈求上苍，我的钱包里装满四叶草，我对着星星和数字上的巧合许愿。我禁食，我和神讨价还价，我祈祷。

这可能没有帮助，但至少也没有坏处。

第十八章

白天，在房间里，我们都沿着指定轨道的弧线来来往往。我相信玛丽、普贾和汤姆有时会觉得自己的角色很无聊。我知道自己感到很无聊。但我们仍然起床履行自己的职责，这给我们的日子搭起了一个框架，赋予了一种意义。

但是，太阳每天都在到达顶峰后坠入大地，当夜幕降临，我们幸运地与彼此分离。我溜进床上的私人空间，陷入睡眠的荒野，身侧是我的丈夫，我们有过争吵，我们也找到了爱。孩子们盖上小被子，沐浴在夜灯的光亮下，每个人都沉浸在梦境中。

普贾和玛丽则投身于这个世界，去应对、去梦想、去畅饮，继续过着她们一直以来的生活，恢复她们不变的自我，见那些我不可能认识的人。我们都在白天扮演自己的角色，把诚实留给黑暗。

最糟糕的事情发生在晚上，最好的事情也发生在晚上。所有的真相都在夜里出现。

那天早上，我猛地从睡梦中惊醒，挣扎着起来。什么惊醒了我，为什么？房间里一片漆黑。我拿着手机看时间——早上五点——

然后看到普贾的短信，梦的余波还像蜘蛛网一样笼罩着我的眼睛。

凌晨两点三十分：

夫人，我得回大吉岭去。请把工资打到我妹妹的银行账户，我急需这笔钱。对不起，夫人，请试着理解。

现在我已经站了起来。回到大吉岭，在半夜，没有任何警告？这不对头，根本说不通。肯定有什么事情发生了。会发生什么呢？

我们几个小时前还在一起。她前一天晚上工作到很晚，我把马克斯哄上床，她和帕特里克一起玩。然后她把自己裹进一件肥大的毛衣里，回家去了。她不用走多远：窗户和墙壁把空间隔开了，但她睡在离我们只有大约十四五米远的地方。

我坐在黑暗中试着理解。突然失踪在任何时候都是不可能的，但每个月的发薪日就要到了，在这个时候离开？不，即使她讨厌我们，现在也不会走。肯定有什么急事，比如有人生病了，但她为什么不说呢？

我给她打电话，手机关机。我试着打给她妹妹，又打给她丈夫，没有人接听。我发了短信。我很担心。请让普贾给我打电话。

“汤姆。”我轻轻叫他。

“嗯！”他猛地从睡梦中惊醒。

“有点不对劲。普贾走了。”

“你这话是什么意思？”

“我不知道。她半夜给我发了条短信——”

“昨晚发生了什么事。”他喃喃地说，眼睛仍然闭着，“我听到了些动静——”

"什么？"

"有人大喊大叫。一个女人在尖叫。"他用胳膊肘撑着自己，皱着眉头回想，"狗在叫。"

恐惧像液体一样迅速在我的肚子里流淌。

"听起来像普贾吗？"

"不像。我不知道。"

"你为什么不做点什么？"

"我压根没想到可能是普贾。"

"我很害怕，"我说，"我要去她的房间看看。"

我把一件开襟羊毛衫套在睡衣外面，打开手机手电筒，蹑手蹑脚地走下楼。死气沉沉的夜晚充满了垃圾焚烧的恶臭和冰冷的柴油蒸汽的味道。我转身离开插着铁刺的前门。我没有寻找平时常走的那个通往公园和大路的出口。这一次，我走向另一个方向，绕到车道后面，避开一堆发霉的废弃建筑材料和一个蹲式厕所，拉开通往砖路小巷的那扇生锈的大门。快走到拥挤的用人宿舍时，我才意识到自己根本不知道哪扇门后是普贾的房间。我想，*我应该知道。为什么我从没来过这里？*我在巷子里瑟瑟发抖，试图回忆起来，这时我注意到一堆破碎的盘子。打碎的茶杯、一个盐瓶、一个画着糖果色苹果的廉价小盘子，这些都堆在一扇窗户底下。普贾生活中细碎的点点滴滴，经过多年在别人家里的劳作后，现在统统被抛到一边，摔在砖头上，粉身碎骨。黑暗笼罩着大地，静得可怕。我听着沉睡的街道上一片寂静，明白普贾已经走了。

不管怎样，我还是想看看她的房间。我渐渐进入调查模式，有点担心会发现血迹或一具尸体，天知道会有什么。我不确定是不是她本人发了这条短信。也许有人拿走了她的手机，也许这条短信是为了分散注意力，误导我们，为逃跑争取时间……

一只经常挨揍的杂种狗趴在通往她房间的肮脏楼梯上。狗皮上满是伤疤和污渍，它浑身臭气熏天，鼾声如雷，在楼梯上把着门，活像一只冥王的猎犬。我知道用人宿舍的住户用残羹剩饭养肥了它，训练它攻击陌生人，这只狗是他们夜间的保安，但我还是想从它身边经过。我把一只脚伸过它的屁股时，一阵发自身体深处的叫声爆发了。我僵在那里。它又咆哮起来，咬牙切齿。我向后退去，转身就跑。

回到卧室，我向汤姆说出了在看到普贾的那条短信后不断积聚的恐惧。

“万一有人杀了她呢？”

我们忙于清晨的常规事务时，普贾的缺席占据了整个屋子。尿布、水果、咖啡、淋浴。我看着钟，等着玛丽乘公共汽车穿过城市。现在一切都得靠玛丽了。她会知道一些事情，或者她会建议一个行动方案。她是唯一能把我带向普贾的向导。

我告诉她那条短信、尖叫声和打碎的陶器。我说，我想报警，但汤姆反对。印度警方在腐败和滥用职权方面名声在外，人们从来不会轻易报警。

“让我看看。”玛丽坚定地说，“我去看看。”

她带着重要消息回来了。

“邻居们说他们打得很厉害。”玛丽说，“我把普贾所有的东西都搬到了楼上。所有东西都被倒在街上，被砸烂，或被扔到窗外。”

“邻居们还说了什么？”

“打得很厉害。”玛丽不耐烦地重复了一遍，“她和瓦伦打架了。”

“现在有人在那儿吗？”

“在普贾的房间里？”

“是的。”

“没有人。”

“是你开的门，还是你敲开了门？”

“门是开着的。没有锁。”

“我好担心她已经死了。”

“不会，”玛丽不太有底气，“我们会找到她的。”

“你给她打电话了吗？”

“她的手机关机了。”

汤姆去上班了，马克斯去上学了，玛丽带着帕特里克去公园了。我踱着步，试图写作，放弃了，等待着。这一天过得很慢。午餐我点了比萨——这是对厨师失踪的夸张反应。

下午，玛丽到厨房来找我。

“夫人，”她宣布，“我和普贾聊过了。”

“什么？”我松了口气——普贾还活着！“她在哪里？”

“在她妹妹家。”

“她还好吗？”

“挺好的。”

“她为什么不给我打电话？”

“她会给你打电话的。”玛丽说。“我交代她了。”她强横地加了一句。玛丽赢了这一轮，这是完全可以理解的。

我没有等待，直接给普贾打了电话。

“我还以为你死了呢。”她接电话时我说。

“不是那样的。”

普贾是逃走的，但并没有直接逃往大吉岭。她疲惫不堪，浑身酸痛，而且要在半夜买张票，穷困潦倒、孤身一人坐火车穿越印度，实在是太难了。所以她乘电动三轮车去了德里郊区，她妹妹在那里为另一个外国家庭做厨师。她在那里停了下来。她不敢回我们的住处，但又对要不要离开德里犹豫不决。她寄身于另一个用人宿舍，进退两难。

几天后，普贾回来和我们交谈。我们坐在客厅里，头顶高悬着干净的天花板和水晶枝形吊灯，面前是一扇又宽又高的窗户，上面挂着厚厚的绿叶。三月的热浪袭进房间。这是她面试后我们第一次这么正式地坐在一起。这感觉既严肃又不自然。

我们互相看着对方：我和汤姆——他的出现为这次会面增添了重要性，普贾和她妹妹——她的到来带来了精神上的支持。

普贾笨拙地坐在扶手椅边上。瓦伦拔掉了她的一撮头发，把一只眼睛打得乌青。眼泪流到眼镜的下缘，滴到满是瘀伤的脸上。她的双颊被泪水泡了几天，像海贝一样闪闪发亮。

她告诉我们事情是怎么开始的：瓦伦怀疑普贾和送水工睡到了一起。他无法理解普贾对有人来送水的解释：为什么她的老板要让人送水到她家门口，我们为什么要管这种事？他很生气，因为普贾在他离开去上班的时候让一个陌生男人进入他们的房间。

“他说：‘你和那个送水的睡了。我不在的时候你肯定给他打了电话。’”普贾说。

我被这种离奇的怀疑吓了一跳，根本听不见普贾又说了什么。我甚至不确定送水的那个小孩是否已经到了法定年龄——他是一个瘦骨嶙峋的少年，穿着破旧的凉鞋和脏兮兮的衣服。他的体味让普贾和玛丽在背后窃笑私语。我想象不出他和普贾激情相拥的样子。

“我试着告诉他：‘他们不会在晚上送水。’但他反而更生气了。他骂得很难听，把一切都怪罪在我头上。然后我生气了，开始大叫。他就打了我。”

“他一直在打她。”她妹妹斜靠过来，在我们和普贾之间筑起了一道血肉的屏障。“告诉他们。”她催促普贾。

“他确实总打我。”普贾虚弱地表示同意。

“我们想让你回来，”我说，“但得先弄清楚这么安排是否安全。也不确定你是否想回来。”

“我怎么面对邻居们呢？”普贾说，“每个人都看到了。他们都只是盯着我看，没有人帮忙。”

回忆带来新的眼泪。

“这是他们的耻辱，”汤姆严厉地说，“耻辱属于那些在你被打时袖手旁观的人。”

这是他在工作时会用的声音，一种慢吞吞、咄咄逼人的腔调，对捉摸不定的民兵或不配合的酒店职员特别有效。但是，当普贾无意中听到一群司机和保安小声嘲笑她时，当女人们避开她的眼睛时，当她尴尬地坐在自己昏暗的房间里时，汤姆的这些宣言对她没有任何帮助。我知道这一点。普贾也知道。

“谢谢你，先生。”她说。

我对每个人都很恼火：对汤姆的声明，对普贾那么在意那些爱说长道短的邻居，但尤其是对我自己，因为我无话可说。我讨厌这一切的庸常——随着攻击而产生的抱怨、不便、费时，就像死水上泛起的浮渣。我知道，正是因为一种被抑制住的绝望，我的愤怒才不断升级。普贾受伤了，也许她会再次受伤。我们可以摆出姿态，但无法保护她。也许她会被杀；也许每个为我们工作的人都会遭殃；也许我们会因为对这场灾难袖手旁观而下地狱。我去过世界各地，但从未发现哪个地方的女人不被打，不被剥削和憎恨。男人需要我们，但是上帝啊，他们也恨我们。这种恨意深远绵长。

普贾给了我们她所有的美德，她那辛辣的、慷慨的头脑和精神——但我们也不得不接受她的其他部分。我不确定我能不能忍受。曾经有一张脆弱的隔膜，把我们雇用的脆弱妇女的悲惨生活同我们平静的家庭生活分开，现在这张薄膜终于破裂了。这是我的家，但我无法控制它。我曾下意识地希望普贾、玛丽和小李在门槛脱下便鞋的同时，就能将丑恶的争论和无尽的绝望抛在外面，而现在，这一切都在我们的客厅里爆发了。这种感觉存留在瘀伤里，存在于普贾瘫坐而我挺直腰板的时候，我试图既在房间里又在其之上，徘徊在一个没有发生这种事情的地方——至少不要挨得那么近，不要非把我卷入其中。

我也被普贾的妹妹惹恼了，她圆圆的眼睛睁得大大的，带着一种高傲的神态，仿佛是皇室丑闻中的一个无可指摘的小角色。她会抓住我的视线，不带任何特别的表情继续看着我。普贾说话时，她的妹妹就像一个儿童演员的妈妈，背下了全部台词，一刻不停地跟着说话。她不断地插嘴。

“他说要杀了她，”妹妹现在正在插话，“告诉他们。”她催促普贾。

“他总是那么说，”普贾慢吞吞地说，“但这次我真的害怕了。我觉得他什么都可能做，因为他真的没想到我会离开他。”

汤姆和我对视了一眼。

“你觉得自己可以一个人待在宿舍里吗？”

“我不知道。我担心他会回来。”

“他能进去吗？有那条狗在——”

“他给狗喂吃的，”她说，“那条狗是他的朋友。”

“可是还有警卫——”

“警卫从来不管这些。”

“最后，你必须自己做出决定。”我说。

“而且，”汤姆补充说，“你真的得想一想。”

然后我们解释了我们的条件。普贾可以回来工作，但前提是她要摆脱瓦伦。他将被永远禁止进入我们家，包括用人宿舍。

普贾有时间做决定。我们一致同意，她要在她妹妹工作的那个相当安全的公寓区里躲上几个星期。我们会告诉所有人她回大吉岭去了。普贾不能把这个计划告诉任何人。即使是玛丽，尤其是玛丽。每个人都一定得相信普贾回她的村子去了——并且要一遍又一遍地对瓦伦重复这个故事。

我们漫步来到公园，玛丽正带着孩子们玩。“普贾要走了。”我告诉玛丽。

“不回来了？”

“是的。”

“哦。”她停顿了一下，“为什么？”

“她留在这里不安全。”

“什么都不会发生的，”她叫道，“别担心！她会安定下来的。”

“她自己想要走的。”言下之意似乎是在说挨打是普贾自己行为爆发的结果，但我也不想理会了，“我们也认为这样更好。”

穿过草地和茉莉花篱笆，普贾走了过来，她妹妹跟在后面。普贾和玛丽用尼泊尔语小声交谈。玛丽伸出双臂搂住普贾的脖子，她们的胸膛分开时，玛丽喉咙里发出一声刺耳的哭声。只有一声哭泣，接下来是沉默。她吸了吸鼻涕，把脸转向孩子们。我想把玛丽拉到一边小声告诉她真相，但忍住了。她的哭声萦绕在我的耳畔，内疚像一团火一样吞噬着我的气管，但我保持沉默。

玛丽还是玛丽。我相信她可以照看好我的孩子们，但我不相信她会守口如瓶。

普贾和她的妹妹穿过午后的阳光，慢慢向市场和远处的城市走去。

玛丽打电话给瓦伦，向他发出最后通牒：他应该收拾好自己的东西，立即离开这里。司机和警卫被告知，瓦伦是不受欢迎的人。的确，这些男人是瓦伦的朋友，但至少现在他们不能再假装不知道发生了什么。

“我们真的有权干涉她的私生活吗？”那天晚上我问汤姆，“我不喜欢这样。”

“她的私生活也是我们私生活的一部分。”他说，“我们不能让孩子们身边出现家庭暴力。”

奇怪的是，到目前为止，孩子们还没有受到这场危机的影响。他们在房子里开辟出属于自己的路径，完美地现身其中，却不知何故对大人们的阴谋和妥协全然不知。但他们的无知是脆弱的。

“确实。”我说。

有时，当我和汤姆并排躺在床上像这样聊天的时候，我会让自己的灵魂从身体里飘走，悬于上空偷听一对夫妇谈论他们的仆人。这是一种令人恶心的感觉，每次我心里都充满绝望。为了把自己从杂务中解放出来，继续我们认为至关重要的工作，我们把家变成了一个工作场所。我是经理——不是报纸分社或编辑部的主管，而是一个幽闭的家庭世界的经理。我们对弱势群体拥有令人沮丧的权力，这意味着要与道德、财务、日程安排和不同的个性做斗争。每次这样聊天——这是常有的事——我都不喜欢汤姆，也不喜欢自己，而且令人不安的是，我敢肯定汤姆也会有这种厌恶的感觉。和汤姆在一起我成了这样的人，和我在一起汤姆成了这样的人，这贬低了我们的爱情，玷污了我们的家庭。但这一切从未停歇，一场危机很快被另一场取代。

第二天，我们房东的司机在街上拦住了我。

“大问题。”他咆哮着，愤怒地指向普贾的房间，“大喊大叫。扔东西。非常糟糕。”

回到楼上，玛丽责备我把一场普通的家庭纠纷煽动成了不必要的闹剧。对玛丽而言，普贾的行为是歇斯底里的自我毁灭——而我在怂恿她。

“这就是家庭生活。”她不停地说。

普贾的丈夫把她推下楼梯，拽着她的头发把她拖到街上。

这就是家庭生活。

“我试着告诉普贾：‘你和他在一起已经十年了，他一直没有杀掉你。’”玛丽说，“他不是那种人。”

“你也不清楚她家的事。”我说。

“别担心，”玛丽说，“普贾会冷静下来道歉的。”

“对谁道歉？”

“对瓦伦。”玛丽回答，“她应该小心。瓦伦把她照顾得很好。

她不会那么容易找到另一个男人的。”

不久，这个故事在邻居中传开了。好心的主妇把我拉到一边，决意向无知的外国人提醒这个可预见的陷阱。用人的丈夫不应该被允许进入宿舍，她们抱怨道。

“总是惹麻烦。”她们会意地说。

她们补充说，印度北部的人总是喝得太多。

“你不像我们那样了解这些人。”

“也许让普贾留下来是个错误。”一天晚上汤姆说。

“你在说什么？”

“如果这家伙找上门杀了她怎么办？在这里这种事情经常发生。”

“那么，”我竭力使自己的声音平稳下来，“除了挨打，你认为她还应该因为挨打被解雇吗？”

“不，我想不应该。”他慢慢地说，“嗯，当然不应该。”

我们试图找到一个解决办法。汤姆建议普贾睡在儿童游戏室的一张空床上，但我认为我们任何人——包括普贾——都不会愿意放弃那么多隐私。

“也许从长远来看，”汤姆叹了口气，“她不回来还好些。”

玛丽仍然相信我正在毁掉普贾的生活，或者帮助普贾毁掉自己的生活，她不顾一切地想要挽救这个局面。她太痛苦了，因此甚至违反了雇主和雇员之间应该隐瞒某些个人信息的不成文规则。她告诉了我一个普贾的秘密。

玛丽说，瓦伦其实并不是普贾的丈夫。事实上，他已经有妻子和孩子了。

“普贾不想让你知道。”她内疚地说。

我看不出这对我们目前的困境有什么影响。但是在玛丽看来，这个信息是了解普贾所面临的危险的关键。她不仅把一个非常好的男人踢了出去，还把一个有其他地方可去的男人踢了出去。如果普贾不要瓦伦，另一个女人会把他带回家的。

“普贾不明白，单身女人不容易。”玛丽烦躁地说。

但玛丽向我保证，普贾并没有失去一切。瓦伦一直在周围的街道和市场游荡，向司机和警卫询问有关普贾的情况。他在找她，掘地三尺。

“他不相信她回大吉岭了。”玛丽说。

我的胃拧成几节，嘴啃着指关节。如果我们的欺骗不起作用，普贾最终会离开我们家。这是一场我无法想象的离别。

“不会发生什么坏事。”汤姆困惑地告诉我，“不管她回不回来，一切都会好起来的。”

但每天清晨醒来时，我的内心依然充满恐惧。

第十九章

普贾回来工作了，但一切都不对了。

在初夏的那些漫长下午，当房间在斜阳的糖浆中蒸腾，变得浓稠时，普贾的悲伤就像晾不干的衣服一样悬挂着。她和玛丽不再在大厅里互相高声大喊。她们严肃地走着，平淡地交谈，在角落里窃窃私语。普贾总是哭。

我和普贾谈了家务事。她可以做的菜式；她可以给哪些家具调整下位置；她应该打电话给修理工。“是的，夫人。”她心不在焉地说。我把她推向帕特里克。她抱着他，唱着歌，但转身离开时，她的脸又无精打采地耷拉下来。

“你没事吧？”显然，她有事。

“没事，夫人。”

我不想戳普贾崭新的伤口，所以玛丽成了我的代理人。普贾去市场的时候，我会逼问玛丽有关普贾的消息。普贾还好吗？普贾会没事吗？她想要什么，发生了什么，我们能做什么？

“普贾不够坚强。”玛丽说。

“她怎么说的？”

“普贾不知道一个独身女人会发生什么，”玛丽说，“她妹妹给她出了些坏主意。我告诉她：‘你妹妹还年轻。她还没做妈妈呢。你要想想你的儿子。’但是普贾不听。”

“瓦伦打了她。”

“婚姻生活就是这样。”她耸耸肩，“现在就剩她一个人了。”

我不想侮辱玛丽，告诉她我丈夫从没打过我。假装我们从同样的选项中做选择，用同样的标准评判；假装我没有被一层又密又明显的优势包裹着——我不能那样做。

“玛丽，”我终于厉声说道，“瓦伦不可以再住在这里了。汤姆已经发话了。万一他回来，普贾的工作就保不住了。”

“哦。”提到汤姆——我们这个家的家长，总是能让她安静下来。

玛丽显然很享受普贾的困境赋予她的角色。她是我信任的线人，也是普贾的生活顾问。她平静而无所不知。相比之下，她的处境稳定而体面，大家都急切地寻求着她的见解。

“我告诉普贾：‘要有信心。上帝就在那里。’但普贾说：‘我不像你。我没有你那样坚强的心。’”玛丽说。

玛丽甚至想带普贾去教堂，但在这点上她做得太过了。普贾确实很伤心，可她不打算求助于耶稣。

一天，玛丽突然带来一个消息。

“瓦伦回他老婆那里去了。”她把这句话扔到我脚边，充满挑衅和指责。她伸长脖子，为她那十分重要但却被忽视的警告颤抖不已；她的眼睛扫视着我的脸，想知道最终我是否会对自己所做的一切负责。

我转过头去。

普贾渐渐消失在沉默中。她不再吃东西，体重骤减，肩膀在衣服下面尖尖地耸起。

“你没事吧？”

“我没事。”

既然最坏的结果是既成事实，玛丽说话就更像个哲人了。

“我告诉普贾：‘你把瓦伦从那个女人身边带走时，她一定哭得很伤心，现在轮到你哭了。’”玛丽说。

我对玛丽皱起眉头：“对她说这种话不太好。”

“普贾应该明白生活是怎么回事。”

有一天，我在去洗手间时碰到普贾。她正从里面出来，抽水马桶在她身后响着。

“恶心。”她喃喃自语。

“你说什么？”我转过身，拦住了她的脚步。

“对不起，夫人。我说‘恶心’。”她的脸上没有表情，“我来例假了，它很——脏。”

“哦，”我说，“嗯，这只是——”我们都刚步入中年。普贾不需要我那套反对诋毁月经、充满正义感的西方思维。但我很惊讶。普贾对身体机能的态度其实是很务实的，她在给帕特里克换尿布时不会皱一下眉头。

我继续去洗手间，心里暗暗有些沮丧，因为我认为普贾的话代表着自我厌恶的爆发。

日子一天天过去，普贾梦游般地做饭，打扫卫生，照看孩子。

“她会好起来的。”汤姆说。

“希望如此。”

最终，这只是一件小事。家庭纠纷。夜晚的打闹。伤口已经愈合。

邻居们嗅到一件新的丑闻，闲言碎语跟着转移了方向。时间吞噬了我们。这场殴打已经过去，只是它不会消失。

对于那天晚上的事情，我们没法清除、消毒，把它冲进下水道。它是开场也是结束，一个螺旋式下滑的开始。我们醒来发现普贾失踪了，但我们认为她的失踪是可逆的。我们找到她，把她带了回来，但她已经不一样了。这是不对的。我们开始一点一点地失去普贾。

周末的时候，普贾借酒浇愁。她睡在她妹妹那里，或者她妹妹来我们这里的用人宿舍过夜。她们盛装打扮，前往闹市区。

在黎明前的几个小时里，我们会被她们大吵大闹回家的尖叫声惊醒。她们把老套的舞曲音量调得很大声，像流行音乐会上的年轻人那样尖叫。我在床上辗转反侧，不停地叹气。我明白，普贾真正的青春期是在怀孕和守寡中度过的，一切都以极快的速度变得严肃起来，而现在，她终于可以享受一个迟来的青春了。但这很反常，因为她的年纪已经不适合做这些滑稽幼稚的事了。这很危险，因为新德里不是一个可以喝醉酒后在街上跌跌撞撞乱逛的地方。这也很可悲，因为这一切似乎都是在拼命地模仿，而不代表自由和乐趣。但，这是她的权利。

普贾，请把音乐关小点。我们睡不着。星期天凌晨四点左右我给她发了短信。

音乐立刻停了下来，但是到了星期一，普贾却假装一无所知——什么音乐？

她在改变。她的神情越来越冷漠。她买了一副时髦的眼镜和一部新手机。她和妹妹在藏人市场上淘到了很多将大腿包得紧紧的迷你裙，相比她们的胸部显得过于紧小的皮背心，以及艳丽的橘红色和洋红色口红。普贾把头发剪到齐下巴的长度，染成红色。

“有些男人在地铁上骚扰我们。”普贾有一天告诉我，“我妹妹冲着他们尖叫：‘你们没见过穿短裙的女生吗？’”

“他们什么反应？”

“他们也冲我们喊，但没关系。”

“普贾，”我说，“你应该小心点的。”

“是的，夫人。”

“那些人疯起来什么都能干出来的。”

“我知道，夫人。”

“普贾的闹法很愚蠢，我蛮担心的，”我向汤姆抱怨道，“我不喜欢她这样。”

“普贾经历了一段很难过的日子，”他提醒我，“她有权在休息日做自己想做的事情。”

“你说得对。”我深深地叹了口气，“你说得对。”

周一早上。普贾没来。我给马克斯做了早餐，喂了帕特里克，但普贾还是没来。

电话铃响了好长时间，她才接起电话。

“普贾。”

“是我。”她声音嘶哑。

“你在哪里？”

“什么？”

“你在哪里？”

“对不起，夫人，对不起，对不起。”

她挂了电话，我又打过去。

“你在哪里？”

“我马上就来。”我听到了撞击声。

“你在家吗？”

“是的，夫人。”

几分钟后，钥匙插进锁里，普贾摇摇晃晃地走了进来。

“对不起，夫人，”她喘着气说，“我忘了今天是星期一。”

“你忘了今天是星期一，这是什么意思？”我光着脚，抱着帕特里克，我需要喝更多咖啡。

“对不起。”她又说了一遍。

帕特里克和我都怀疑地看着普贾。乌黑的眼妆在她脸上留下一条条痕迹。从她那像鱼一样张开的嘴巴里，散发出一股劣质酒的臭气。她踉踉跄跄地走向厨房，一头撞到一堵墙上，然后又挺直身子走了过去。

我什么也没说，只是看着。我想等会儿她照照镜子就会发现自己没洗脸，或者在切苹果时会把手指切下来。

玛丽来了，把孩子们赶进游戏室。我在厨房找到普贾，她非常缓慢地洗着早餐的盘子。

“你想回家吗？”

“不，夫人，”她低声说，“我没事。”

“好吧，”我说，“但是你今天早上不能带帕特里克去公园。”

她猛地抬起头来，张开嘴却说不出话。

“为什么？”

“你喝醉了。”

“没有。”

“我隔着房间都能闻到。”

“我昨晚出去了，但是——”

“你路都走不直。”

“我没有——”

“别说了。”

“好的。”

“你连脸都没洗！”出于某种原因，这句话让我觉得是最露骨的羞辱，“你可以留下来做饭，打扫卫生，但你今天不能照看孩子。”

我一直等到马克斯去学校，玛丽把婴儿车推到树下，才顺着一阵刺耳的砰砰声穿过走廊，来到孩子们的卧室。我发现普贾在亮色橡胶地垫上绕着圈子走来走去，哗啦哗啦地摔打玩具、推拉抽屉。

“你在干什么？”

“我不会在这里工作了。”普贾哽咽着说。

“你在说什么呀？”

“如果你信不过我，不让我和帕特里克在一起，我不会在这里工作。”

“我没说我不信任你。我说的是你在喝醉的时候不能带孩子。”

“我永远不会伤害帕特里克。”她哭哭啼啼，我耐心全无。她醉醺醺地来上班，这已经够糟的了，现在还要跟我大闹一场。

“打起精神来。”我厉声说，“你到底是怎么回事？”

她没有回答。我看着她喘着气呜咽了一会儿，彻底忍不住了。

“你想走就走，但如果你走出那扇门，就别再回来了！”这句话突然从我嘴里冒了出来，“你以为我不知道你喝了多少？你以为你很小心？你当我是个白痴？”

她想开口说些什么。

“让我说完，”我吼道，“你有你的私生活。你有你自己的时间。但别把它带到这个屋子里来，别让我看见。”

“可是你自己也喝酒——”她说。

“我是喝酒，但工作的时候不喝。而且我不会喝醉！这太不合适了。下次再让我看到你喝醉，你就别想在这里干了。”

她盯着我，说不出话来，胸口上下起伏着。看着她那张带着醉意的脸，我又感到一阵愤怒。

“你照镜子了吗？”我刻薄地问道，“你的睫毛膏快掉到嘴上了，你闻起来像过期啤酒。”

她湿漉漉的脸上掠过的羞耻感让我哽住了。我们站在那里面面相觑，喘着粗气，怒火中烧。

“普贾，”我笨拙地摸了摸她的胳膊，然后把手缩回来，“听着。我知道你最近很难过，但你不能醉着来这里上班。永远不可以。你明白我的意思吗？”

“好吧。”

我在写作。迷失在想象中，迷失在语言中，不再注意周围的世界。

男孩们和玛丽、普贾去了附近的一个生日聚会。在那些日子里，到处都有聚会。自从我准许保姆在下午带着马克斯参加各种玩伴活动以后，他的社交生活比我在任何时候的社交都更加丰富多彩，一刻不停。在弟弟和两个保姆的陪同下，他就像一个幼儿版的盖茨比那样一路狂欢，从一幢房子匆匆转到另一幢，中间有短暂的休息时间用来睡觉、吃饭和上学。戏水池、草坪洒水器、比萨制作派对、蹦床、宠物狗。还有绘画、陶艺、足球和跆拳道兴趣班。

在我和孩子们看来，这样的安排太棒了。从午睡到晚餐的这段时间是写作的神奇窗口。在一整日的时间构建中，这段时间成了完整而不受侵犯的整体。孩子们从午睡中醒来，我快速地拥抱他们一下，帮着穿上鞋子，确保水杯里装满了水，亲吻他们的头发——然后他们就会冲进这一天，把我和我的书稿幸福地留在一个干净的空房子里。

那天，我写得十分投入，发觉黑暗在屋外蔓延时已经为时太晚。这些并不是暴雨将至的乌云，而是某种更具毁灭性的东西，就像把城市上空切换成黑色的控制器开关。书房里的空气凝结成一片漆黑。我站起来，在房子里来回走动。屋外，树木被吹得东倒西歪，狗在吠叫。风刮得又急又猛，一切都随风飘荡。小区里爆发出各种响动：百叶窗哗哗作响，树木咔嚓断裂，物件在空中飞过。树枝被刮断，离开树干；树木被笔直地从泥土中拔出；垃圾被冲到房子的边上，接着又被风摁在那里。前一分钟这里还空空如也，下一分钟就有东西飞来。

飓风，我想。这是我见过的唯一与之相似的自然现象。这根本说不通，因为新德里是内陆城市，但两者之间的相似度如此之高，不容忽视。

我打电话给玛丽，打电话给普贾，玛丽、普贾、玛丽、普贾。您拨打的号码无法接通……

然后我自己的电话响了，我赶紧拿起手机。但这只是另一位母亲，她的孩子也在派对上。

“我打不通电话。”她的声音在颤抖，“我们院子里小棚屋的屋顶刚刚被风吹走了。”

“我走过去。”我已经在找鞋子了。

“我觉得不安全。”她说。

我连想都不敢想。现实无情地向我袭来：我不仅让孩子离开了我的视线，还让他们离开了我的保护。我通常通过电话了解他们的动向，但现在，这个关键环节被切断了。我无法给出指示，我不得不盲目地依靠玛丽和普贾的判断。

我突然觉得，我不信任她们。至少在这类事情上信不过她们。她们可能会惊慌失措，试图穿过暴风雨走回家。她们可能会随便钻进一辆车。随着自然灾害的肆虐和通讯的中断，我意识到我对这些女人的信任是如此脆弱，这让我感到恐慌。

我毫无头绪地抓起一把伞跑出门去。我想象着可以先在邻居的房檐下蹲着避一避，直到风停了，雨落下。我当时仍然以为那是一场飓风——并不知道那是一场沙尘暴，也被称为黑色暴风雪。

外面的风尖叫着抓住一切，灰尘和垃圾在周围飞扬。我缩着下巴往下看，以免眼里进灰。头顶上雷声隆隆。

在市场旁边的砖砌小巷里，人行道上的裁缝费力地用防水布盖住他的缝纫机。马克斯曾向他那把巨大的银剪刀致敬，称这位裁缝为“剪－剪瓦拉”[1]，在一旁看着他缝窗帘和裤脚边看得不肯走。现在我把伞递给裁缝。抓着伞我没法保持平衡，我想也许他用得到。他接过伞。我们什么也没说。

我一路和大风搏斗，穿过街区。沼泽般完整的黑暗是可怕的，感觉又热又诡异，像一幅抽象画，画着在被遗弃的房屋间爆发的热带灾难。

但当我终于到达派对现场，一切都好得让人大跌眼镜。孩子

---

[1] 瓦拉（Wallah），在印度英语中指专门从事某个职业的人。

们拖着撕成一缕缕的公主礼服和哗啦作响的马车，在亮着黄色灯光的凉爽房间里滚来滚去，尖叫着。保姆们小口抿着加糖的茶。派对的各种装饰物到处散落：一盘盘饼干和纸杯蛋糕，一碗碗薯片，一地玩厌了的玩具。孩子们带着过盛的精力吵吵闹闹。这场暴风雨加强了新鲜劲和兴奋感。

马克斯高兴地抬起眼睛看着我——妈妈来了！但随后又转过身，飞快地跑进孩子们翻腾的丛林里。我伸手想去抱帕特里克，结果他晃悠着朝普贾走去。

玛丽笑了。

“他们不想回家！”

这是真的。他们并不害怕，事实上，他们并不是特别想见到我，因为我代表着乐趣的终结。玛丽和普贾在灾难边缘建造了这个安全的小角落。我不应该感到惊讶——她们的整个存在，本质上就是为了这个目的。

至少有九个人在那场沙尘暴中丧生。围墙倒塌，电线着火，连根拔起的树阻塞了道路。但是生存的概率总是比在远处观望的人想象得要高一些。我们回家给孩子们洗澡。

第二天玛丽责备了我。

“那个剪－剪瓦拉，他一直在等你。”她说。

“什么？”

“你把伞给他拿着，但再也没有回去拿。”

“不！”我说，“我只是把伞送给他了……”

“他想逃离风暴，”玛丽说，“结果却要一直在原地等你。”

“我只是想把伞给他。”我抗议道，“我并不是让他守着它！”

“他说：‘我怎么能离开呢，万一有人拿走这把伞该怎么办？’”

“哦，上帝。”我呻吟道。

从那以后，每年排灯节[1]我都会给剪－剪瓦拉一点钱。我们有钱，在把事情搞得一团糟后，我们靠钱买路前进。不是因为钱能让一切都好起来，而是因为有钱总比什么都没有要好。

[1] 排灯节（Diwali），又称万灯节、印度灯节或屠妖节，是印度教、锡克教和耆那教“以光明驱走黑暗，以善良战胜邪恶”的节日。

第二十章

汤姆又为普贾担心了。那年夏天特别炎热，他为普贾的房间发愁。

“那里那么热，她怎么能受得了呢？”

“嗯，”我试探着说，“有一个吊扇。”

“我们为什么不给她买台空调呢？要花多少钱？”他问。

“我先查一下。”这种对话让人生出羞耻感：过去我是家政工人坚定的捍卫者，现在却成了一个残忍的吝啬鬼，指望我们家的女管家靠着一台时好时坏的吊扇就能忍受近五十摄氏度的高温。

到了周末，我让人给普贾的房间安装了一台窗式空调。装好后，我才开始纳闷，为什么过了这么久才考虑到这件事。德里炎热的夏天让人筋疲力尽、昏头昏脑，这是一种极端的身体状况，简直可以被归为一种生存状态。然而，我们家里有一个全职雇员，居然一直无法享受这种基本的体面。

在这种时候，在德里的生活给了我一种诡异的感觉，就好像我是一项社会心理学研究中的一个不知情对象。这个看似体面的美国家庭要过多久才能意识到女佣将死于中暑？我想起在斯坦福监狱实验中，当有研究对象被指派扮演狱警时，他就会虐待“囚犯”。我记得在米尔格伦实验[1]中，正常人也会用电击折磨别人。对他人行为的遵从如何将家政工人的非人化变成常态？

然而，似乎没有人认为普贾有权使用空调——甚至她自己。玛丽会随时提起那台机器，就好像它是一块壮观的珠宝。普贾郑重地感谢我们。在这种反应的滋养下，我们允许自己满足于施舍带来的自得。

这种情况并没有持续下去。不久，我们收到了房东的来信，他是个脾气粗暴的旁遮普商人，住在一楼。他给汤姆发了一封电子邮件，汤姆又把信转发给了负责家务和人事杂务的副部长——也就是我。

“有人告诉我，”房东写道，“你在用人宿舍给女佣安了空调。”

这可不行，他说。电线无法承受空调设备。

“空调的负载会导致短路和火灾，请立即把空调移走，避免有重大事故发生。”他写道。

听起来有道理。考虑到用人宿舍的简陋，我很容易相信这些电线接得很草率，有可能带来危险。

“现在我很担心会着火，”那天晚上我对汤姆说，“我不知道那家空调店能不能接受退货——”

“那都是胡说。”汤姆打断了我的话。

“你怎么知道？”

“因为——我就是知道。”

[1] 米尔格伦实验（Milgram experiment），又称权力服从研究，是一项社会心理学实验，1963 年由耶鲁大学心理学家史坦利 · 米尔格伦（Stanley Milgram）提出。目的是测试受测者在遭遇权威者下达的违背良心的命令时，能在多大程度上拒绝服从。

“那你有什么建议？”

“不理他。”

“我觉得不行。”

“他什么都不会做的。你走着瞧。”

我很怀疑，于是跟贾普说了房东的邮件。

“这不是真的！”她叫起来，“他只是不想让我有空调，因为现在他的司机也想要一台。”

当水银柱爬升，空调咔嗒咔嗒地启动时，我等待着房东的下一枪。没有任何后续。

不管怎样，我考虑过把空调移走，因为我担心真的会发生火灾。但后来我想象了一下普贾因为中暑而萎靡不振的画面。这又是一个无法两全的困境，让我们所有的选择看起来都很糟糕。我们住在一个杂乱无章的迷宫里，电线乱作一团，水管出了毛病，还有带着狂犬病毒的疯狗，这片地区连消防队都没有，而我们居然庆幸自己给孩子们带来了丰富的体验。

邻居们也不喜欢空调。隔壁的女士派了一名警卫来投诉。告诉你的女仆，她的空调打扰我睡觉了。

对这个，我们也故意没有理睬。这个邻居有一次对着马克斯甜言蜜语，还答应要邀请我们参加她儿子的婚礼。空调一到，她似乎就与我们彻底结下了梁子。

当我们开始准备去美国的夏季朝圣之旅时，我感觉像是把普贾一个人丢下了。太孤单。过于危险的孤单。

我们提出给普贾买一张回大吉岭的票，但她坚持要留在德里，在雨季好好休息一下。我不喜欢这样的安排。我相信，在我们回来之前，任何事情都有可能发生：劫匪可能会搬空我们的房子，普贾可能会再次消失，一场地震可能会把小区夷为平地。我在印度一直有这样一种感觉——事情发展得太快、太随意，人太多，各种语言和信仰纠缠在一起，每个人都生活在一张由故障线路组成的网络中，所以如果你对某件事置之不理，你必须做好永远失去它的准备。

不知怎的，普贾仍在风中，像那些在黑色暴风雪中被连根拔起的树一样在空中飞着。她还没有崩溃，但我能感觉到崩溃的到来。

回到美国后，我们在大西洋里游泳，在小溪里涉水，在野餐桌上大口吃着冰淇淋。我一刻不停地走动。我一刻不停地吃。总有人给我递啤酒。海浪拍岸。两个孩子晒黑了，长壮了。我把新鲜空气吸进肺里。时间都被孩子和他们持续的身体需求占据着。把粘着婴儿食品的高脚椅托盘擦干净，早上海绵发出的臭味，扫帚，面包屑，尿布，购物。麻烦你帮我照看一下他好吗，我得赶紧去……我的妈妈、汤姆的妈妈、我的弟媳：对每个人说话都像她们在为我工作一样。我担心除了这种方式，自己再也不知道如何和家里的女人说话了。我说了请、谢谢和你介意吗，我微笑着，但也确实在分配任务。

我想象自己进入了美国的生活。没有保姆把孩子们带走，他们总是和我在一起。我的身体周围总有满满当当的东西。我的耳根从没清净过。没有一分钟可以停下来思考。日子过得凌乱、疲惫，又难以掌控，但我还是很开心。我喜欢和孩子们在一起的悠长日子。我喜欢美国基础设施的便利。到处都有公共图书馆和干净的厕所。无论你需要买什么，都能找到一个宽敞明亮的商店和一个大而平坦的停车场。自来水不会让你生病。空气是如此干净，我幻想它充满维生素。由最坚固的材料制成的强大的家用电器在美国充足的电力供应中轰鸣着。从来不会停电。马路上井井有条，尽管有些车子毫无必要地咄咄逼人。事实上，井井有条但毫无必要地咄咄逼人，这很适合描述美国的生活。

黎明前，我在空荡荡的街道上慢跑。道路的藤蔓上，熟睡的房屋像一串串在夜晚盛开的兰花，甜蜜的香味渗进消退的夜色。织物柔顺剂、洗手液和空气清新剂的醉人气味，与夜晚树木的苍翠气息相比显得低劣。但是，这一切都是如此轻而易举，它让你缓慢地生病，那么不知不觉。你不会吃一片坏生菜叶子就把五脏六腑吐出来；你在实验室的实验、塑料和漂白剂的汤里小火慢炖，直到患上花生过敏、癌症和超级细菌。

我想到了代际生活。我们四处寻找陌生人来照看孩子，而我们的母亲却在独居，这根本没有道理啊。也许我们被骗了。也许美国人是全球经济的好朋友，被广告骗得五迷三道，变得孤立和疯狂，这样我们就会买更多的东西。是不是存在这种可能性？在这种情况下——每个人都孤零零地住在自己家里——我们都花了更多的钱。每个家庭都需要一台洗衣机。每个家庭都需要一辆车。每个家庭都需要一栋房子！我们很害怕，于是要给家里装上警报装置，配上枪。我们感到孤独，于是需要毒品和酒。我们是卓越的消费者，堪称世界一流。我们大买特买，直到无法储存，然后又去买容器来装放不下的东西。我们大吃大喝，直到脂肪害我们生病，然后我们吃药、做手术来纠正消费带来的疾病。我们如此狂热地消费，这简直要了我们的命。

尽管如此绝望，美国仍然是我唯一的故乡。美国的夜晚噼啪作响，充满幽灵和崭新的可能性，以及古老和邪恶的东西。那种广袤黑暗的土地向西延伸的感觉震撼着我的血液。我想买一包烟，开车驶入其中，一直开到天亮，喝着加油站的咖啡，一路听美国广播。

也许我被宠坏了，因为我有保姆和厨师。也许你被宠坏了，因为你有停车场和公立学校，你的孩子可以直接喝洗澡水。也许某种程度上我们都被宠坏了，即使只是被自由或新鲜空气宠坏了。

但凡事皆有不足之处。

回到德里，房子里弥漫着闷热午后和灰尘的味道。在我们离开的那段日子里，负责收我家垃圾的清洁工死了。他只是个十几岁的孩子，和他爸爸一起挨家挨户收这个小区的垃圾。

“他是怎么死的？”我问。

“太热了。”普贾简单地说。

这孩子骨瘦如柴，躲在他父亲的影子里。他们衣衫褴褛，过短的裤子用褪色的绳子扎起来。儿子并不起眼。我一直注意到的是他爸爸。这个父亲的头发油乎乎的，剪得长一块短一块，晒得焦黑的脸上布满了煤渣和钢块划出的伤痕。甚至在他的儿子还没死之前，他的眼睛就已经写满强烈的愤怒和痛苦，见到他们让人心里十分不安。

他们每天早上收我们的垃圾，一个月收几美元的费用。他们推着锈迹斑斑、破烂不堪的手推车，载着一车又一车臭气熏天的垃圾，在小区里来回走动。我向他们挥手时，他们总是也向我挥挥手。

这对父子是被厌恶和嘲笑的对象。他们是穆斯林，而且整天跟垃圾为伴。很难想象在我们的邻居眼里还有比他们更恶心的人。我在这里听到过人们随意抛出一些关于穆斯林的偏执言论。除了人们对他们宗教信仰的非议，他们本人也不那么可靠。他们没有一致的时间表，有时压根不出现。就连好心的玛丽也曾因不可靠的行为训斥过他们。

收垃圾的小孩死的那天，天太热了，人行道仿佛都在融化。他们在大太阳底下工作，来回走动，没有喝足够的水。儿子瘫倒在地，呻吟起来。

保安和司机们坐在门口的塑料折叠椅上看着他，大笑起来。至少这是普贾告诉我们的情形：他们没有帮助他，然后他死了。

他们以为他喝醉了。这是邻居们的解释。他们以为他在开玩笑。就好像这些不幸的、不讨喜的人真的有可能突然装疯卖傻，躺在滚烫的人行道上苦苦呻吟，为的只是讨人一笑。这是什么笑话？有什么好笑的？

一天早上，玛丽敲了敲我办公室的门。垃圾清洁工在外面等着。

“他求你给点钱来埋葬他的儿子。”

“我马上来。”我坐在那里，感觉就像肚子被人踢了一脚。

我给汤姆发短信说：“收垃圾的人来向我们讨钱，要埋葬他的儿子。”

我想让他参与这次可怕的来访。我想把他牵扯进来，不仅是让他为这条泾渭分明的街道上发生的微不足道的恐怖事件提供一笔现金补偿，还因为在我们生活的这片富得流油的社区里，周围的人都坐着看一个年轻人不必要的死亡，这是我们生活中潜在的罪恶。我发现自己在思考人类全部的罪恶，而我不想独自面对它。

“老天，给他五百卢比。”他回复我。

“好吧。”这是两个月的垃圾费，相当于七美元。

“你觉得呢？”

“我想他会满意的。”

我从钱包里拿了钱，很想让玛丽帮我交过去。我不想看到那个父亲的脸，想回避他的悲伤。但我强迫自己走到门口，打开门，让他收下这份馈赠。我强迫自己看着他的眼睛。他的脸色比我记忆中的更糟。这张脸属于牢笼、酷刑和黑暗的井底。

“我很难过。”我说。这句话分量不够。但说什么分量都不够。

我关上门又回去工作了。

第二十一章

我终于把小说初稿的最后几行字敲出来了。那是在半夜。每个人都睡着了。一只壁虎从墙上爬过去，寻找着虫子。

看着漆黑的窗户，我想起莫斯科逝去的季节，和我开始写这本书时在北京度过的那个完美夏天，当时我的血管里充盈着自信，每一个选择都能得到期望中的结果。我原以为这本小说很快就能写完，它只是一长串想法中的一个而已。

然后孩子们出生了，我意识到我也免不了要流血，失败，在阴影中看着别人获得胜利。我的野心找不到任何目标，除了这千千万万没有给任何人看过的字。我编织白日梦。我抱着我的孩子。我听音乐。宝贝，亲爱的宝贝，如果一切都一如既往，任何时日都要把荣耀置于名誉之上。[1] 我教导自己要享受这分娩的果实。我憔悴着，哭泣着，懂得了失败，接受了默默无闻，失去了耐心，然后，我又重新找回它。所有这些字。所有这些时日。写出的句子因为孩子哭喊起来只能半途而废。笔下的这些场景像大脑疲惫不堪时

[1] 美国唱作人卢辛达·威廉姆斯（Lucinda Williams）创作的歌曲《分娩的果实》（“Fruits of My Labor”）中的歌词。

手指自己留下的指纹。所有这些。

但至少我一直在写。我写得并不完美，但我在写。我从自己身上吸取了一些东西。我完成了一部作品。现在我真想冲出家门，在漆黑的街道上疾走。我想叫醒汤姆，给多年没见的人打电话。

我写完了。

不，并没有。写好的只是初稿。初稿一文不值。它意味着你已经买下了那块石头，但却没有在上面雕刻任何东西，没有雕塑的成品。你切出一个石块，仅此而已。不过，你可以为它的存在兴奋几天。第一次的创造比以后任何一次都更像上帝的行为。削片、添加、抛光、雕琢——这同样是人类熟悉的事业，是对现存事物的改进和删减。创作初稿时，你从虚无中带来原料。

我想象着为这部小说写致谢词。我当然要感谢汤姆。首先要感谢汤姆，总要感谢汤姆。我试着想象会说什么："当然，你本该给我更多支持，但话说回来，毕竟你没有和我离婚。"

果阿邦正处于季风季节。太阳被乳白色的天空掩盖。大海像破碎的金属，显出银色和青铜色的纹理。白色的沙子被脚踩过后现出苔藓碎片，上面点缀着小小的贝壳。

男孩们手里拿着白螃蟹，他们把鱼赶到开阔的水域，但海滩上突然出现一面红旗，救生员把他们叫回岸边，如此反复。

我站在浅滩上，感觉水在拖着我的脚，看着所有的东西在水流的牵引下毫无重量地滑动，我蹲下身子，直到我的脸几乎碰上潺潺流动的水面，当海水翻卷到深处时，我抓起贝壳和鹅卵石。呼吸盐的气息，吸入一种被开阔海面拖走、被某种无边的未知领域拖入的恐惧，那是一片无法理解的海洋。我们在边缘戏水，一次又一次地带着孩子们在浅水中漫步，互相泼着水。

“我们的孩子是沙滩男孩，他们非常喜欢海滩。”汤姆带着平静的欣喜说。

“是啊。”那是因为我们把他们带到了这里。我们可以选择山，我们可以选择森林或沙漠。他们喜欢我们送给他们的任何东西。

他们把自己浸入海水边缘，尝着盐的味道，惊叹着他们从浅滩上偷取的生命碎片。他们对潮池感到惊奇。他们害怕海浪。

看着海水翻转后退，我感到头晕目眩。我不希望我的孩子被拖进海里，去见识海洋的残酷。我不想让世界把他们带到我够不到的地方。但现在，我的责任是看着他们试探水深，并让自己平静地适应。

汤姆正在跟马克斯说着什么，一边解释着，一边弯下腰去。马克斯跑过来对我说：“妈妈，月亮在拉着沙子。”

“亲爱的，月亮是在牵引着大海，拉着水面。”

“不，它拉的是沙子。爸爸告诉我的。这就是为什么海滩每天都不一样。月亮在拉沙子。”

我默不作声，脸转向地平线。他以后可以自己找到答案。我并不想用事实来打断我们的幻想。无论如何，我是我们家唯一的女人，他们对水、潮汐和血迹能了解多少？这些真理是流动的，男人不参与其中。

这时来了一些人，穿着制服的身影在沙滩上走来走去，显得格格不入。他们是某家酒店的工作人员，是服务员、行李员或前台，每个人都穿着黑色长裤和有领子的白衬衫。他们摇摇晃晃地跳到海滩上，肩上扛着象神甘尼许[1]的雕像。他们走近水边，然后停下来祈祷。其中四个人随后捡起泥塑像，把它推到水里。狂野的大海波浪起伏。海浪一遍又一遍地把他们推到岸边，他们又奋力向前冲去。他们的裤腿湿透，海水的盐分和汗水一起在脸上滑落。无论何时何地，水都是神圣的。向大海献出甘尼许，代表物质和绝对精神的神圣融合。甘尼许将永远回到冈仁波齐。他的母亲用皮肤上的灰尘将他创造出来。他的父亲砍下他的头，直到看到母亲的愤怒毁灭世界时，父亲才改变了自己的想法。没关系，当初我不明白，你也是我的儿子。

酒店的工作人员不能强行将他们的进献送入大海。绝对精神不接受他们的黏土塑像。最后他们转身走回到沙滩上。有时候，进献的行为就已经足够了。至少他们的行为是纯粹的。第二天，汤姆和马克斯发现雕像被冲回到海滩上，泥皮融化，露出下面的稻草骨架。

一个渔夫把渔网拖到沙滩上，用长满老茧的手指梳理着渔网线。他钓到的东西微不足道：一只水母和一条在沙滩上颤抖着鱼鳃、喘着气的白鱼。男孩们俯身凑近看。我让他们看。为什么不让他们看看？他们不知道死亡是什么，即使知道——好吧，即使他们知道，我的心里仍然有一种冲动——不要让他们看到。这句话发出回声——让他们看。最后我保持中立。他们没有问，我也没有主动给出指令。鱼没有希望了，在沙土上奄奄一息，溺死在空气中。

[1] 象神甘尼许（Ganesh，或称象头神）是印度教中的智慧之神，传说主神湿婆在冈仁波齐峰修行，与雪山神女帕尔瓦蒂结婚，不久诞下战神鸠摩罗和象神甘尼许。一些文献称，甘尼许出生时湿婆外出云游，回家后见到妻子房内有陌生男子，一怒之下竟然亲手斩掉了儿子的头。湿婆后按毗湿奴的指引，将看到的第一个生物，也就是大象的头颅砍下，安在甘尼许的脖子上，将其复活。

我的孩子也是动物，他们能感觉到鱼的困境吗？最后，小帕特里克把一只海星放在鱼头旁边。他抓着这只海星已经有半个小时了，不让任何人碰它。现在他把海星给了那条将死的鱼，就好像他一直留着它就是为了这么做。然后他们失去了兴趣，顺着海滩继续往前走。当渔夫终于把他的鱼捞走时，我指着他离开的方向给孩子们看，这样他们就不会哭了。“说‘再见，鱼’。”我哄着他们。

“再见，鱼。”他们重复道。

我们把自己所能触及的印度给了他们。他们的成长伴随着我们过去从未有过的东西。护照、机场、使馆、酒店。作为外国人，作为一间屋子里唯一的白人面孔。他们听到父母说“家”，心里困惑不解，最后才意识到我们指的是地球另一边一个他们几乎不认识的地方。

我的孩子对过去的我十分陌生。我是在几个房间中、一小片树林里和几个大人的照看下长大的。墨守成规，枯燥乏味，压抑克制。我渴望这个世界，在寻找出逃的机会时差点死掉。而他们是世界的孩子。世界就是他们拥有的一切。他们没有家乡。他们不指望置身于舒适的环境里；不指望在哪儿都能闻到洁净的气味；不指望人们长得像他们或者说他们的语言。他们不会抱怨。我不知道这种生活给他们留下了怎样的印记，也不知道这种生活对他们来说意味着什么。我只能猜测，只能期望。我希望，这样的经历带来的帮助大于伤害。

第二十二章

雇用家政服务人员时很少有人讨论的一个问题是：在自己家里很难保持身为老板的职业化镇定，你一天中任何时候的隐私都被剥夺了，你吃的每一份零食和每一次哭泣都暴露在外人眼中。

想象一下：你没有睡觉；你们吵架了；宝宝在哭；你把最后一个鸡蛋炒煳了。该死。但是别忘了，你是老板。你的亲密情感处于一种混乱状态，但同时你也处于一个职场环境中，而这一切就发生在你的厨房里。你的员工看你穿着浴袍走来走去。从这种意义上说，她们掌握了家庭成员的各种隐私。

但你不能像对家人那样对员工发脾气。她们很容易被你的突发奇想所影响。而且，不像家人，她们并不爱你。她们凭什么要爱你？有时，我通过在我家里工作的女人的眼睛观察自己，觉得她们不可能喜欢我，更不用说爱了。

在某些方面，我是个差劲的老板。一旦事关孩子，我就无法预测那些在神经里呼啸而过的情绪的恶劣影响。房子就在我们周围，让我们无处可逃。而我是个有缺陷的人。我不止一次地发脾气。而在少有的情绪爆发后，我又会经历一种令人麻痹的自我厌恶。

我躲在浴室里大哭。我提醒自己，这些争论是不公平的。事实上，这些并不是争论，因为争论意味着地位平等。当一个人拥有权力时，这就不是一场争吵，而更接近于辱骂。我可以想说什么就说什么，而我手下的女员工——出于种种原因——只能保持缄默。

事后我会道歉，但又觉得自己不应该道歉，担心整件事情暴露出我的弱点。

我是一个差劲的老板，这不仅在于我发了几次脾气，还在于其他一些更微妙、更频繁的行为。

其中一件是：我在 Facebook 上偷偷关注着普贾。

我的关注开始于拖延症和无聊的好奇心。我把普贾的名字输入谷歌，点击进入她的 Facebook 主页。谁知道普贾居然有 Facebook？她没有设置为私密账号，所以我可以看到她发布的所有内容。再窥探一会儿，我就找到了普贾妹妹的账号，她也贴了大量普贾的照片。我没有给她们发送好友申请，也没有告诉普贾我在网上关注了她。我不想让她从此发什么都畏首畏尾。

那是因为，说实话，我对她有点着迷。在我们家里，普贾很沉稳镇定，甚至有点呆呆的。她那沉静的智慧和谨慎的态度就像是船上的栏杆，让我们都稳稳地留在甲板上。

Facebook 上的普贾是一个轻浮狂野、反复无常的女人，她喜欢熬夜，端着酒，眯着发红的眼睛对着镜头。她和妹妹以及另一个朋友经常出没于酒吧和商场。她们自称为“三个天使”，嘴唇噘起来的样子像是不怎么讨人喜欢的鸭嘴。她们在郁郁葱葱的花园、一尘不染的住宅和购物中心拍照。如果你原本不知道她们是清洁工和保姆，那你永远不可能从她们的个人主页上看出端倪。

我不明白普贾怎么会有这么多钱可以挥霍。我担心她没有存钱。她在Facebook上晒出来的浮华生活让我觉得比造假更糟糕。这几乎是一种虚无主义的表现——仿佛她不相信自己或她的儿子会有未来。

我还担心她在社交网络上记录的情绪波动。一天，已经是深夜了，普贾还在酒吧里喝酒："派对越来越火热了！我很高兴。"但很快她又陷入忧伤："不要依赖这个世界上的任何人，因为即使是你的影子也会在黑暗中离开你。致我所有的朋友，'我感到如此孤独'，'晚安'。"

现在我明白了，普贾是一个更为复杂的女人，她在我的家中只展现了单一的侧面。她在其他地方的存在方式超出了我的理解。我觉得自己和普贾很亲近，但每天都能发现她仍是陌生人的证据。这种神秘相当吊人胃口。

我了解普贾构建出的多个自我：她在我家里扮演的角色，以及她在Facebook上创造的化身。一个陌生的女人，一个有血有肉的人，她在这两者之间摇摆不定，好像什么都不是。她在Facebook上从来没有提到过我们家。我们在一起度过的时光感觉就像是我的全部生活，然而普贾有足够的时间和材料来构建一个把我们剔除在外的形象。

当然，最终这种窥探刺痛了我。我看到一张普贾穿着一件海军蓝绗缝夹克的照片，这件外套是我在贝鲁特买的。我喜欢这件外套，因为它时髦的剪裁、高领和超大号的纽扣，还因为它让我回想起独自旅行，在会议间隙心血来潮地冲进时髦商店的日子。现在它就在网上，普贾穿起来不怎么合身。

我烦躁地关上电脑，准备起身去厨房和她对质，但我又坐回到座位上。我能说什么呢，我在Facebook上看到你了？而且，也许是我看错了。我又看了看——千真万确，我敢肯定那是我的外套。我检查了一下衣橱，发现它挂在那里，看上去时髦漂亮，没有经历过任何劫难。背叛！

“我在 Facebook 上偷窥了普贾（我知道这很糗），”我给一个朋友发短信说，“结果看到她在酒吧里参加派对的照片……穿着一件我的外套！”

“哈哈哈，”对方回复说，“被抓包了。这是我今天第一次笑出声来。”

“如果这是你在她主页上见到的最糟糕的情况，”我明智的朋友继续说，“那也不算太糟。”

那天晚上，我把这件事告诉了汤姆，以为他会比我更气愤。但是，我再一次低估了汤姆对普贾的同情。他静静地听着，慢慢地回答。

“她不应该那样做，”他说，“如果你愿意，你可以和她对质。我知道你不会过火的。”

“但你觉得我不应该这么做？”他的话令我难以置信。

“普贾够可怜的了。”这个简单的事实足以让我闭嘴。

“她确实做错了，但这也是人之常情，”他继续说，“你真的要因此解雇她吗？”

“不会的。”

“如果你不打算解雇她，那么羞辱她又有什么好处呢？”

“我知道，但是——”我说。

“所以我想，如果你想炒了她，我会理解的。”他总结道，“真的。我会的。但是如果你不打算炒她鱿鱼，我觉得最好不要再理会这事。”

我再也没有提起过那件外套，但那张照片确实让我耿耿于怀。长久以来，我一直在抑制自己的冲动，不去阻止普贾和玛丽偷拿我存在篮子里的酒店小包装洗发水和面霜，这些东西是我为客人和周末旅行准备的。我讨厌这种小偷小摸，它迫使我在两个不讨人喜欢的角色之间做出选择：一个是愚笨的主妇，对自己的东西被偷毫不知情；一个是心胸狭窄的老板，连给家政人员几滴洗发水都不舍得。我并不是真的在乎我的外套和洗漱用品，但这些东西都是我已经失去的生活的遗留物。现在的我更虚弱，更苍老。我不再住酒店了。我的子宫被撑大，又被掏空。而帮助我照顾孩子的妇女们正在劫掠我过去的遗迹。

我脑子里翻腾着这一切，在应该工作的时候，我一直在翻看普贾的 Facebook。在另一张照片中，她穿着紧身牛仔裤、金色平底鞋，手里拎着一只亮粉色的手袋，在公园长椅上摆好姿势。我可以看到她身后的几棵棕榈树，不过镜头很近，除此之外看不到其他景致。目光滑向评论时，我吓了一跳。

“照片不错。”普贾的妹妹写道，“你的香港之行怎么样？”

过了一会儿，她又发了一条评论：“请在 Whats App 上给我发一些你可爱的照片。”

几分钟后，她们的朋友兼酒搭子也加入进来：“亲爱的，你什么时候回来呀，我们都好想你，你知道我们是三个天使……就像霹雳娇娃。”

普贾赞了所有评论，但一个都没回复。很快，另一个朋友也表达了我的困惑，她用当地方言亲昵地称呼她：“亲爱的，你在香港吗？”

汤姆正躺在床上看书，我一屁股坐下来。

“普贾去香港了！”我叫起来，“普贾为什么要去香港？”

我很沮丧，不知所措。那是个星期天。普贾前一天还在我们家，据我所知，她第二天早上就该过来了。去香港得飞多久？有可能这么快飞一个来回吗？普贾一定是妓女或者毒品走私犯……

“你在说什么？”

我窘迫地描述了在网上窥探的结果。

“普贾不在香港。”我讲完后汤姆说。

“你怎么知道？”

“她怎么支付旅费？她怎么会有签证呢？普贾甚至都没有护照吧？”他哼了一声，“这是瞎扯。”

“那她为什么要在Facebook上这么说呢？”

“我怎么知道？”

“你不好奇吗？”

“不怎么好奇。”

“你能想到什么可能的解释吗？”

“她们想让别人以为她去了香港。她们在试图制造那种印象。我还能给出无数种解释。”

“我不喜欢。”

“请不要在这上面浪费时间。”汤姆无奈地瞥了一眼放在一边的书。

“如果她明天不来怎么办？”

“她会来的。”

“我不太确定。”

“我敢打保票。”

我什么也没说。

“还有别的事吗？”汤姆一边问，一边伸手去拿他的书。

第二天普贾来了。来得非常准时。

玛丽的男朋友很快就要离开印度了。这不是我们想象的结局。玛丽原以为他会找出法律漏洞，或者带她去尼日利亚举行婚礼，但他无法解决签证过期的问题。她多年来一直依靠着男友的诺言，顺从地去排队申请印度护照。但到头来，他就那么简单地登上一架飞机，飞走了。

现在轮到玛丽哭了。

“我告诉过你，”她平静地提醒我，“风水轮流转，每个人都有哭的时候。”

她确实在哭。我发现她在浴室里哭，蜷缩在洗衣机旁的地板上。看着她，我想起小李过去也躲到洗衣机旁偷偷地哭。白色棱角构成的结实盒子，水和肥皂发出的嗞嗞声，战胜了世界各地贫穷妇女的拧绞、捶打和搓洗的机器——也许像这样的机器能提供一些慰藉。

“玛丽。”我说。

她跌跌撞撞地站起来。我笨拙地搂着她。

“一切都会好起来的。”我说。这么说太蠢了。我不知道一切会不会真能好起来。我还记得普贾甩掉男人时玛丽惊慌失措的愤怒。玛丽相信一个绝对的真理：有男人总比没有好，男人究竟怎样倒无关紧要。现在她的男人走了，她也不得不寻找另一个男人。这一次，她不仅是一个有孩子的寡妇，还是一个和非洲男人同居又被甩掉、带着孩子的寡妇。这一次，她年纪更长，也更坚强。而这些都会让她在印度的约会市场上付出更高昂的代价——如果“约会市场”这个说法能用来形容一个仍然由家庭、种姓、嫁妆和媒人把控的无情制度的话。她哭得脸都肿了，但还是立刻就推开了我，好像被蜇了似的。

“我没事。”

“你想休息一下吗？”

“不，夫人。”

“你确定吗？”

“我没事。”

她的男友最终在休斯敦落脚。

“我想我去过他现在待的地方。”我告诉玛丽。

我想起一个尼日利亚移民社区，移民们在一片废弃的建筑中安家，那里只有破旧的购物中心和饼干盒一样的公寓。我想起了一个早被淡忘的周六下午，带着浓重咸味的空气沿着快要注入墨西哥湾的支流缓缓上升，在一家光线昏暗的餐厅里，我点了一盘味道很冲的炖羊肉。我想象玛丽的男朋友在那里，成了另一个在休斯敦落脚的尼日利亚移民。这个巧合之于我们家，就像编织物上的又一条缝线，将我们的生活联结在一起。时间是一种巧合，地理是一种幻觉，反过来说大概也成立。

玛丽现在孤身一人，她最害怕的就是孤身一人。但她每天早上还会来。在大哭的间隙，她仍然会大笑。一旦一扇门关上了，或者一个选项消失了，面前似乎是死路一条，她的大脑就会摒弃一切可以被察觉出来的悔恨或沮丧，满腔孤勇一路向前，在各种可能的选项中寻找答案。

我很感激我的孩子能在她的身影下长大。我希望玛丽的精神能感染到他们。

我希望我也能受到感染。

第二十三章

一天早上，普贾匆匆忙忙地说："夫人，我的家人要来了。"

"什么？"为什么大家就不能等我喝完第一杯咖啡再向我抛出这种复杂的话题？哪怕一次也好啊，"谁要来？来哪里？"

"我儿子和我爸。"她说。

"太好了！来德里吗？"这听起来一点都不好，尤其是在早上七点钟听到。

"是的，夫人。"

"什么时候？"

"他们下个星期到。"

"他们坐火车来？"我不在乎他们怎么来。只是在瞪着炉子上的咖啡壶，等它烧开时，我得说点什么。

"是的，夫人。"

"你一定很高兴。"我笑得两颊发僵。我想，这个笑容用力过度了。

"是的，夫人。"她也咧嘴一笑，温柔又害羞，露出不整齐的牙齿，我的不安因此缓和下来。

当然，这不是挺好的吗？我责备自己。

普贾爱她的家人。她讲述过他们的故事。她为他们哭泣。她给我看他们的照片，抱怨他们，为他们担心。她有时在厨房里对着电话冲他们大喊大叫，有时又赞美他们，好像他们是已故之人。

但是普贾在德里的生活并不符合印度家庭的理想。她至少有过一个情人，在夜店里参加派对，冒冒失失地走入城市，也为此付出代价。她喝酒，丢东西。她总是摔坏眼镜。我想其中的一些——或者说大部分——一定是瞒着她父亲的。现在普贾要通过所有这些平淡无奇的细节让自己的生活暴露无遗——她在哪里买食物，她以打扫房子为生，她要被迫透过他们的眼睛重新看待这一切。他们也会在城市的背景下展露自己，而且，他们会一起睡在后院普贾的小房间里。

我远离家人已经很久了，知道一次团聚就能破坏一切。来客不用说一句话就能指出问题——他们的出现，他们的注视，他们没说出口的想法。普贾的情绪可能会被亲人的来访搅乱。她仍然带着被殴打和酗酒的创伤，我实在无法忍受她的情绪有益发不稳定的可能。此外，我也不知道她对我有什么期待。他们来是因为普贾的父亲需要做眼部手术。在老家的时候，一次拙劣的白内障手术在他的眼球里留下了一根掉落的睫毛。

“带他们出去吃午饭，”一个朋友建议道，“比如说，带他们去吃马上诺❶。”

“你觉得他们会喜欢吗？”

“我想会的，”她说，“这是一种友好的表示。”

---

❶ 马上诺（Pizza Express）是英国比萨连锁品牌。

“可能会很尴尬。”

“绝对会很尴尬，”她同意道，“不过事后大家都会挺开心的。”

这是个明智的建议，但我没法向普贾提出它。我担心她觉得这个邀请是故意屈尊，但又没法回绝。我想象我们吃着普通的比萨，使劲没话找话。我试着想象我的孩子是否会来，如果来了，普贾是否要帮他们洗手和切食物。我想象她的儿子看着她，又想象自己看着这个场景。我没有邀请普贾和她的家人去吃比萨。

不管怎样，汤姆有别的安排。

“我们把普贾和她的家人送到阿格拉去吧。”一天晚上，我们刷牙时，他建议道。

“什么？为什么？”我很困惑。

“你不觉得他们会想去看泰姬陵吗？”他的语气暗示我的问题真的很蠢。

“嗯。”我的第一反应是——不，他们不想看泰姬陵！刚刚完成了一次漫长而难受的旅程，他们又要一头栽进全世界最拥挤的旅游景点之一，被小贩纠缠，被迫购买价格很高、很可能会害他们闹肚子的食物，而这一切磨难，都只是为了伸长脖子瞥一眼熟悉的大理石墙壁。

不过，我不得不承认，汤姆对这类事情是有感觉的，他和普贾似乎惺惺相惜。也许他凭直觉感觉到某种未被满足的渴望。汤姆比我认识的任何人都更喜欢标志性观光景点。博物馆和纪念碑是我们恋爱期和家庭生活期间外出旅游的主要观光地。也许这是普贾和汤姆之间的又一点相似之处。

“我和汤姆聊了一下，”第二天我对普贾说，“他觉得你的家人可能会想看泰姬陵。”

她小心翼翼，不露出任何表情。

“等他们来这儿的时候。”

她什么也没说。

“我的意思是我们出钱！我们很乐意——”

“不，夫人。”

“这不是——我是说——这是汤姆的主意——”

“谢谢你，夫人。不，我是说——”

“我知道出趟门会很辛苦。”

“不，夫人。先生实在是太客气了。只是，你知道，我父亲要做手术。我们没法旅行。”

“当然。”

我松了一口气。和她说话的时候，我一直在设想安排这样一次旅行的种种不便。我得安排一辆车，或者订火车票。我得选一家旅馆。我得计算门票和餐费，然后把钞票装进信封里。每一个决定都要考虑到我们会为自己花多少钱，再比较一下我们能为普贾一家花多少钱。

“哦。”当我转达普贾的遗憾时，汤姆不以为然地说。我知道，如果是他，他会忍受任何不便，忽视每一个尴尬的时刻——只为留下带全家人去泰姬陵的记忆。

也许普贾并不是那么像汤姆。

她的家人终于来了，普贾不安地在房间里走来走去。她擦洗煎锅，清洗咖啡杯，铺床叠被。终于，时间到了。

“我两小时后回来。”她说完出发去车站了。

两个小时过去了，然后是三个小时、四个小时，可她还是没有回来。我拿起电话又放下。停下。普贾已经一年多没见到她的儿子了，而我想的就是打断他们的团聚，好让普贾回来给我们蒸西兰花，炸鸡肉，做晚饭？给她一点空间，我告诫自己。为她高兴。

但她有工作，有责任，我争辩道。是她自己说两小时后就回来的。她没有遵守自己制定的最后期限。

我也有工作。我和空气争吵。

“你打电话问过她情况了吗？”当我打断汤姆的工作征询他的意见时，他问道。

“我觉得不太好意思。”

汤姆说：“打电话礼貌地提醒她，现在是上班时间，这不是一个坏主意。”

“你不觉得这样做显得不太友好吗？”

“我觉得跟她说：‘嗨，普贾。我只是想看看你那边情况怎样了。’这没什么不好的。”

“我在做午饭，”我给普贾打电话时，她兴高采烈地解释说，“我三点回来。”

“好吧。”我冷淡地说。

“可以吗？”

“当然了！”现在我感到很尴尬。普贾什么都听得出来——我的小气，我的纠结。

“再见，夫人。”她说。在背景声音中，我听到了她家人的笑声和欢闹声。

送孩子去学校后，在回家路上，我看到普贾的爸爸和儿子在街上等我。他们间隔得很远，好像彼此没有任何关系似的。那天早上普贾爸爸要做手术，他们在等我的车。

在我的想象中，普贾的爸爸是一个高大的男人，有一双粗壮的手和一张威严的面孔。但他实际的样子跟我想象中差得太远，他又矮又瘦，卑微地弓着背。他的眼睛被胶带封住了，头上下摆动着，就像一只啄食谷物的小鸟。我想象普贾的儿子阿里安是个小男孩，跟我想象的一样，但他已经比外祖父更加高大了。他身材瘦长，穿着时髦的运动服，下巴棱角分明。

我从车里钻出来，我们互相问好。

“你还好吗？现在难不难受？”我说。

“挺好，挺好。”

“谢谢你。”普贾的父亲补充说，真诚得让人无法安慰。到头来我们支付的是他的手术费用，而不是去阿格拉的旅行费。钱使一切都变得奇怪。

手术很快。午饭前他们从诊所回来了。普贾喂帕特里克吃豌豆和意大利面，用勺子喂他喝酸奶，唱着他最喜欢的印地语歌曲，歌词讲的是一匹木摇马变成一匹真马，然后跑掉了。

在用人宿舍，阿里安负责照顾他的祖父。大家都知道普贾必须工作。

一月的天空阴沉而肮脏，笼罩着这座城市。冬天的花朵在花园里盛开：那是灿烂而苦涩的菊花和金盏花。阿里安在公园里踢足球，那里有一片光滑的泥地和斑驳的草坪。阳光穿透云层时，我们的邻居就会来这里散步，对着他们的 iPhone 大声聊天，从微弱的阳光中摄取维生素。

阿里安很无聊。我们的社区只是富人居住的地方。没有茶馆，便宜的咖啡馆，热闹的购物中心。不久，他就离开去和他的姨妈住了。姨妈在邻近的城市工作，那里到处都是摩天大楼和购物中心。

“没关系，去那儿他能做的事情还多些。”普贾似乎真是这么想的。

我偷偷看了普贾妹妹在 Facebook 上晒出的阿里安在城市里冒险的照片。穿着冒牌的添柏岚球鞋和紧身牛仔裤在商场里摆拍。在超市里推着购物车。在游乐场的镜子前照出无数个身影。

然后他回到普贾身边，普贾在厨房里欣喜若狂，就像一个恋爱中的少女。

“他就像个小男孩，”普贾滔滔不绝地说，“他坐在我旁边，贴得紧紧的。他说：‘妈妈，让我来照顾你。’他说：‘妈妈，你不必永远工作。’”

“他很想你。”我说，“这太甜蜜了。”我也紧紧抓住这些充满深情的故事不愿放手。我很想相信他们的关系能在分离之后依然茁壮成长，相信阿里安和外公住在山里，而普贾在城里帮我抚养孩子，这完全能行得通。

“我太高兴了。”普贾说。我相信她。

几天后，她冲着电话大喊大叫。

“怎么回事？”

“对不起，夫人，是我妹妹。”她说。

“你在和你妹妹吵架？”

她怯怯地咧嘴一笑：“我们一起和父亲吵了一架。”

“哦，不，”我说，“发生什么事了？”

“他就是那样的人，”她说，充满挑衅而又含糊其辞，“那天晚上他很沮丧。他对我大叫：‘你不是我女儿！’我妹妹帮我说话。所以现在大家都很不痛快。”

“听起来很糟。”

“是的，夫人。但没关系的。我们总是那样。”

“吵架？”

“是的，夫人。”

“哦。好吧，我希望情况会好起来。”

“会的，夫人。”

我原以为普贾在儿子离开后可能会陷入另一场抑郁，结果却是一种持久的轻快。

她告诉我：“阿里安正在认真和我讨论他的计划。他想踢足球。他想参加球队的选拔。选不上的话他想参军。”

“参军！”

“他是这么说的。他告诉我：‘别担心，妈妈。我以后会照顾你的。’”

这些可能性在她的手心里闪闪发光，就像拾到的贝壳，种类繁多，令人激动。她的儿子是军人。她的儿子是学生。她的儿子是足球明星。

“你呢？”我问，“你想做什么？”

有时我试着想象普贾老去时的样子，但这幅画面始终未能出现。我对村庄、山脉和后代有些模糊的想法。我不知道这些画面是否合乎现实。

“我不知道。”普贾说。她的手指摆弄着瓶瓶罐罐，糖和盐，茶和咖啡，“如果我能去国外工作就好了。那样我可以存下很多钱。”

“你是说跟着主人一家出国？”

“类似这样吧。”

“也许会实现的，”我淡淡地说。我知道我们永远不会把这些女人带出印度，“但是你的儿子——”

“这就是问题所在。”

“他现在越来越大了。”我指出这一点。

“如果我能出去几年，真的存下一些钱，我知道我会做什么。”

“说来听听。”

“我会回大吉岭开一家客栈，”她说，“客栈兼餐厅。我和我妹妹一直在说这件事。”

“好主意，”我热情地说，“你会做得很好的。”

“你真这么想？”普贾说。

“当然了，”我说，“特别棒。你应该去管理餐厅。”

我们完美地安排规划，对每一个听闻的计划都不遗余力地倾注热情，我们这些美国人。我们相信，得体的礼仪要求我们不断告诉彼此，我们可以做任何事，值得更美好的事物，永远不能放弃自己的梦想。在漫长的海外生活中，我常常在想，这个习惯是否有用，甚至是否真的带着善意。纵然如此，我仍然是我所受教育的产物。

“我也说不好，”普贾不大认同，“但这就是我想做的。”

我知道汤姆会对这次谈话感兴趣。

“我们不会把普贾带回美国。”他马上说。

“当然不可能。”他到底在说什么？

“其实我认为这是个好主意——”

“我不觉得。”他在说些什么鬼话？

“——但是我们不可能把一个酒鬼带回美国。”

“我们不可能把任何人带回美国。”

“我不知道。”汤姆沉思着。

我打算暂停谈话，留着以后再讨论。但我还在想着普贾。

“我被她开客栈的想法打动了。”

“那是个好主意，”汤姆表示同意，“她会做得很好。”

“我也这么认为。”

“如果她能尽量少喝酒的话。”

“没错。”

“你知道我们能做什么吗？”

我的内心涌出一阵喜悦。在他说这话之前，我就知道，这一次，我们有了完全相同的想法。

“什么？”我千万别误会了他的意思。

“最后我们离开的时候，可以给她一大笔现金。在这里开一家小客栈花不了多少钱。”

“我的想法和你完全一样。”我笑着说。

“如果能为普贾做点什么就好了。”

“这可能会改变她的生活。”

“这是她应得的。”

“对我们也有好处。”

“是的。”汤姆说。

“我总是想，和每个女人说再见的时候，我要给她很多钱，”我说，“最后我会做点事情帮助她。但不知道怎么回事，我们从没那么做。事情总是在一开始就四分五裂。”

“好吧。”汤姆说，“看看会怎么样吧。”

“好。”

第二十四章

那年春天，我们尝试了“留守假期”[1]——把孩子们留在玛丽身边，自己去酒店过夜。这当然是汤姆的主意。我太神经质了，根本没法假装我们没有孩子，哪怕几个小时也做不到。但为了维持婚姻，我还是配合了。我化了点淡妆，也不再穿牛仔裤。来到酒店房间，身处一片寂静，看到房间里一张干净的大床被铺得整整齐齐时，我克制住自己，不向汤姆提议我们马上盖上被子，一口气睡到第二天午饭时间。我试着在郁郁葱葱的花园里享受夫妻按摩和晚餐，尽管我太过焦虑，根本体会不到消遣的乐趣。

在一个意义重大的周五晚上，我们在帝国酒店订了一个房间。这个标志性建筑是殖民时期的幻景，走进内部可以看到棕榈柱廊，装饰艺术风格的壁柱，一幅幅镶着镀金画框的画像，画的主题是英勇的印度士兵和更加英勇的英国士兵，以及大象和寺庙。草坪吞掉的水比德里所有社区喝得都要多。印巴分治的谈判就是在这里的酒吧进行的。汤姆想去，我也有点想去，至少我希望自己想去。

[1] 留守假期（staycation），又译为“宅度假”，指放弃长途旅行，在家附近找景点、酒店、度假区，开发自己所在城市的景点和活动，或干脆在家度过假期。

但我很焦虑，普贾看得出来。

“夫人，”我收拾自己最小的手提箱时，她说，“我会在这里过夜的。”

“没关系。玛丽会睡在这儿。”

“玛丽睡得太沉，”她说，“如果发生什么事，她是不会醒来的。”

“你不介意吗？”

“玛丽和我都在这儿睡，我感觉会更好。”她说。

“我也是。”

看到普贾对孩子的无私奉献，我忍不住微笑起来。

就在动身去酒店之前，我犯了一个至关重要的战略性错误。在最后一刻的恋恋不舍中，我向玛丽提议，等我们睡完懒觉，慢吞吞地吃完早饭后，她可以带孩子们去那个漂亮的大理石游泳池里玩玩水。到时我给你打电话，我说。我早该知道这是个坏主意。

第二天早上，当我的电话响起时，我们还紧紧裹着被单昏睡着，酒店厚厚的窗帘拉得紧紧的，遮住了黎明。

“搞什么？”汤姆呻吟道。

“玛丽打来的。”

“喂？”

“哦，”玛丽喊道，“我们来了。”

“什么？”我在阴暗的房间里眨了眨眼。我是在做梦吗？这是噩梦吗？“你们在哪里？”

“孩子们兴奋极了。”

“你们都来酒店了？”

“孩子们太兴奋了，在家里坐不住。他们想来。”

“你们在——在哪里？酒店大堂吗？”

“是的，夫人。”

“嗯。”

汤姆盯着我。他眼里的警告是空洞的。我们陷入了困境。

“我马上来。”

我挂了电话。

“叫她把他们带回家。”汤姆带着压抑的歇斯底里说，就像犯人用尽了最后一次上诉的力气。

“我做不到啊。想想看，他们会有多伤心。”

“她为什么要这么做？”

“我不知道。”

“你当时怎么跟她说的？”

当然，我被看作同谋。

“我告诉她，”我气愤地说，“我可能会给她打个电话。在我们起床后。带孩子们去游泳。”

“我跟她说的是，我要晚点再给她打电话。”我补充道。

“她毁了整件事。”汤姆抱怨道。

“我知道。”

“我们的目的就是要睡个好觉。”

“我知道。”

梦被连根拔起，早餐也被搅了局，我们带着孩子们游泳，然后回家。在住过这家精致的酒店之后，包括我们在内的一切都显得更加昏暗和沉闷。楼梯上有灰尘。墙上有污渍。一个黑色的垃圾袋搁在楼梯口等着被取走。

普贾在厨房里搅拌着汤，炸着鸡肉馅饺子，微笑着看着我们。我们在餐厅坐下来与家人共进午餐。孩子们吃东西的时候，我的目光随意地扫过架子。掠过、捕捉、闪回、停止。有人动了酒瓶。尊美醇威士忌放错了架子。尊尼获加黑方被拖到了前面。

我张开嘴想叫普贾，但声音在喉咙里消失了，因为我突然想起楼梯口的垃圾袋。这是一个小小的不协调，但现在它的意义突然凸显出来。我们从不把垃圾放在外面，以免流浪猫撕破袋子，把垃圾撒得到处都是。

我离开一边聊天一边吃饭的汤姆和孩子们，穿过房子，走出前门，捡起垃圾袋。

叮当作响。

我摇了一下。

当啷，叮当，当啷。

我解开袋子，在湿漉漉的茶叶、发臭的纸巾和蔫了的黄瓜皮中间，躺着两瓶廉价的威士忌空酒瓶。

我从厨房拿了一个垃圾袋，无视正在炉灶上忙着的普贾。我把酒瓶塞进袋子里，把它们压在一起以免碰出声响，然后把它们藏在浴室里一个不怎么用的橱柜里。

我知道是普贾。在我看来，她已经被解雇了。但仍然存在一些关键问题。如果昨晚有陌生人来过怎么办？如果有男人呢？我的宝宝们在家——我必须知道一切。这就意味着我必须让玛丽交出现场证据。

带着颤抖的手和颤抖的心，我给孩子们读故事书，然后让他们钻进被窝睡个午觉。当我把玛丽叫进饭厅时，普贾已经回家了。

“昨晚发生了什么？”我冷冰冰地说。

“没有。”她紧张地笑了。“没发生什么。”她很快又说。

“请不要撒谎。”

“我没有，我在睡觉——普贾在这里——”

“我知道有事情发生了。”

“我没有看到。什么也没有发生。你知道我总是在念经——”

“谁来过这里？”

“没有人。只有普贾和我。”

“谁喝酒了？”

“没人喝酒。”

“你等着。”

我拿着瓶子回来，砰的一声摔在桌子上。碰撞声把玛丽吓了一跳，有那么一瞬，我担心自己把酒瓶砸碎了。就在那时，我意识到自己已经怒火中烧了。

“跟我说实话，”我把酒瓶从袋子里拿出来，“否则我就解雇你。”

她看着瓶子，看了看我的脸，又看回瓶子。愤怒涌入我的血管。

“我应该炒了你，”我告诉她，“不管发生什么事，都是你的责任。我是让你——让你——负责照顾我的孩子。”

她很安静。我也很安静。我已经做好整个下午都这么安静的准备。

“是普贾。”她最后说。

“嗯，是的，”我叹了口气，“这一点我知道。”

她什么也没说。

“谁来过这里？”

“没有谁，”玛丽说，“只有普贾和她妹妹。”

“她们开了个派对？”

“不是派对。只有普贾的妹妹在这里。”

“没有别人？”

“是的，我在神面前发誓。你知道我是基督徒，我不能——”

“万一被我查出来还有别人在这里——”

“不是那样的。”

“我会查出来的。房东在门上安了摄像头——”

“没有别人了。”

“我告诉过你，普贾的妹妹不可以来这里，”我说，“我告诉过你们两个的。”

“她妹妹硬要来，我能说什么呢？”

“你能说什么？”我的愤怒之火已经可以用来给伤口消毒了，“你可以说：‘这里不允许任何人进来。我们在照顾孩子。’如果她们坚持，你可以拿起电话找我。那是你的责任。”

“我能怎么办？”玛丽哭了起来，“我们只是保姆。如果我打电话给你，其他所有人都会说我是个坏人。我不应该那么做。”

“你不为那些人工作。你在为我工作。”

在我隐秘的内心深处并不是没有同情心，但我没有表露出来。我知道在我们离开印度很久以后，玛丽恐怕仍然要和那些女人在一起。她依靠她们获得工作机会、住房信息，或者在遇到困难时能从她们那儿借到一笔现金。作为一个群体中的一员，保持良好的声誉是一种合乎情理、自我保护的需要。但我不想让她凭直觉感受到我的同情。我想让她相信，无论她做什么，我都能发现——而且我是会报复的。

“我不想解雇你，”我说，“你对我很重要。”

“我没有喝酒。”

“我在这里很孤独。没有一个可以信任的人。”我说，“我请你到我家来，帮我照顾孩子，这种信任是神圣的。”

泪水模糊了我的双眼。我在用心计摆布玛丽。但说这些话的时候我也极其诚实、毫无保留。这两点都是事实，并且是同时发生的。我向玛丽展示了内心深处的恐惧，但我这么做是出于一种策略。我想利用我的软弱争取到她更大的信任。为了保护我的家人，我得把她拉得离我们更近。

我太累了。

而且主要问题仍然存在。我得炒了普贾。

第二天是星期天，普贾放假。我想给她打个电话，但汤姆劝我先放下这件事。

“等到星期一早上，”他说，“等孩子们都走了。”

“如果玛丽把发生的事告诉普贾怎么办？”

“照我看，她没有告诉普贾的可能性为零。”

星期一普贾一走进来，我就知道她知道了。她没有说话，也没有看我一眼，就在厨房的柜台前坐了下来，脸对着窗户，双手切着水果，好像那是别人的手。我煎鸡蛋，把燕麦片泡在牛奶里。我们都沉默着，最后一次一起做早饭。

汤姆去上班了。马克斯去上学了。玛丽来了，带帕特里克去上幼儿美术课。

“普贾，”我说，“我们谈谈。”

我们坐在餐桌旁。

“你和玛丽谈过了吗？”

“是的，夫人。”

“然后呢？”

“没问题，夫人。我会走的。”

这不是期望中的对话，我因此沉默了一分钟。我以为她会乞求保留这份工作，大声抗议，扔东西或诅咒。她平静的冷漠使我失去了方向。我说话的声音过于响亮。

“就这样？你要离开？”

“我能说什么呢？信任一旦被打破，就再也不起作用了。”

“嗯，我是不是误解了什么？”

“我不知道，因为你先跟玛丽谈了，”她说，“你没有和我说。”

“我正在跟你谈呢。”

“你本来可以打电话给我的。”

就是这样。尽管她的行为那么疯狂，但她还是生我的气。

“会有什么不同吗？”我问。

“如果是当时那种情况，那就没什么不同。”

“你想告诉我星期五发生了什么事吗？”

“我妹妹来了。”

“我告诉过你，你妹妹不能来。”

“她在我家睡觉，感觉很无聊，就给我送了一些吃的，离开了一会儿，然后又拿着威士忌回来了。她在喝酒，但我没有和她一起喝。”

“玛丽说你喝了。”

“玛丽当时在睡觉。”

“你还喝了我的威士忌。”

“我没有，夫人。”

“不，你喝了。你没有把酒瓶放回原来的位置。”

“也许我们碰到它们了。”

“普贾，”我叹了口气，“这么争下去我们都很难看。”

“是的，夫人。”她低声说，“不管怎么说，如果信任消失了，我就不想留在这里了。”

我的怒气消了。她的感情受到伤害，我有一种不理智的感觉，就好像我冤枉了她似的。

“普贾，”我说，“你想保住这份工作吗？”

“是的，夫人。”普贾第一次看上去像是要哭了，“没有人愿意丢掉工作。”

“我本来打算解雇你，但不知道怎么回事，我就是不想这么做。”

我不敢相信自己在说什么。思想和话语之间的墙已经倒塌了。突然间，酒瓶似乎不那么重要了。她妹妹来了，很无聊，带了一点威士忌。难道我的父母和祖父母没有在我的童年里开怀畅饮过吗？

“好吧。”普贾用她的眼角余光看着我，心怀顾虑又难以置信。我意识到，她自己都知道做出这种违规行为应该被解雇。我感到自己是多么愚蠢啊！聪明到能弄清楚发生了什么，但又软弱而自欺欺人到试图改变真相。

“我会给你打电话的。”我说。

我让她先回用人宿舍，之后给汤姆打了个电话。

“我刚和普贾谈过，”我说，“总感觉事情似乎没那么糟。”

“哦，真的吗？”在背景声中我听到电话铃声和嘈杂的会议声。我给身处事实聚集地的汤姆打电话，为我的幻想辩护，“怎么说的？”

“嗯，她妹妹来了，还给她们做了晚饭，所以普贾让她过来吃。然后她妹妹又带了威士忌来，所以普贾和她一起喝了酒。但这不是普贾的主意，她就是这么说的，我总感觉她说的是实话。这好像是个误会。也许我们有点小题大做了。”

在随后的沉默中，我听出了自己这番论证的无效。

“这和我们已经知道的有什么不同？”汤姆终于说道。

“嗯，我的意思是，并不是她想那么做的。我猜。”

“事实还是一样的。什么都没有改变。”

“我想你是对的。”我很惊讶，因为确实如此。事实完全相同。我匆忙给汤姆打了电话，自以为发现了什么新细节。但一切都没有改变。

给普贾打电话时，我知道她预料到了这个结果。她了解汤姆，也知道一切都结束了。

“很抱歉。”这一次我表现得干脆又坚定，“我没保住你的工作。”

在普贾找到新工作之前，我们给了她一点搬家的时间和足够的钱来存放东西。然后一切都结束了，她走了。这是我们第二次失去普贾，但这次她不会再回来。

“我的思绪不停地转到普贾身上，想知道她是否找到了一个房间，过得怎么样，”我在给汤姆的短信中写道，“我想念她。”

“希望她顺利，”他说，“但她自己做了决定。”

过了一小会儿，他的态度也缓和下来。

他说：“今天早上我也很难过，她看到应聘的人来我们家，会不会觉得自己虽然做了那么多事，但很快就会被别人取代。我觉得问题在于，我无法想象她留下来事情能有所好转。”

“我知道，不让她走也不行。”我只能同意汤姆的话。

就在我最需要普贾的时候，我解雇了她：我的文学经纪人把附有修改意见的初稿返还给了我。我努力集中注意力，盯着一页又一页的文档修订标记，试图找到再次面对这些场景和人物的耐力。与此同时，我无时无刻不在担心着普贾。这部初稿开始让我想起某个被虫蛀了的脏兮兮的皮草，我多年来一直在缝制它，剪裁它，把它拍松。我讨厌它的触感和形状。

我像看肥皂剧一样追着普贾的Facebook动态，以此来逃避工作。她拐弯抹角地提到换工作的事："如果你对昨天不满意，今天就尝试一些不一样的东西。"这是她贴在留言板上的一句格言。"不要停留。做得更好。"

"是时候改变了……祝我好运……"普贾在一张照片下面写道。

当然，这是一种正常的、可预测的本能反应。她是在挽回面子，掩盖因丑陋的不当行为而被解雇的耻辱。我明白，但我很生气。我不禁认为我们是还不够好的"昨天"。

后来她又发帖说："终于回到古尔冈了……感觉如此放松、安宁、幸福……好棒啊！！！！！！！"

她在一个露台上拍照，四周绿树成荫。风吹过她的头发，巨大的太阳镜遮住了她的眼睛，她对着镜头板着脸。她穿的是我的旧衬衫：一件飘逸的白色乡村风上衣，上面绣着天青蓝色的绣花。一件漂亮的衣服，但是有些污渍洗不掉。我本来把它放在一边打算捐出去，普贾把它捡回来穿。照片中的天空让人联想到大海。但仔细查看后，找不到任何水的踪影。取景太近了，所以她可能就在德里。我总是被她的这些幻觉所迷惑。我不知道这种幻觉有多严重。也许普贾一直都是另一个人。既然她已经走了，我也愿意这么想。现在我扫了一眼她的Facebook主页，希望能看到她并没有蒙受多大损失的证据。

“热辣……热辣……热辣。迷人……诱人……让人着迷。”一个戴着飞行员太阳镜的男人评论道。

一分钟后，他又发了条评论：“这位女士真是太赞了。”

“谢谢你让人开心的评论。”普贾回复。

“太棒了！！！迷人。”这个男人继续回复道。

也许普贾有了新男朋友。

我向玛丽刺探情报，但玛丽已经没有什么信息可以分享了。

“你跟普贾谈过吗？”我试着让自己听起来很随意。

“没有，夫人。”

“你应该给她打个电话，”我说，“我一直在想她怎么样了。”

“她没有接我的电话。”

“你觉得她在生你的气？”

“我不知道。”玛丽皱着眉头说，咧嘴一笑，这让我觉得她其实知道。

“别担心，”我告诉她，“她的脾气会过去的。”

当我邀请玛丽搬到后院的用人宿舍时，我甚至没有考虑她可能不会接受。玛丽是我们最资深的员工，也是迄今为止最勤奋、最忠诚的。要不是她的男朋友，她早就住在那儿了。现在她的男友走了，而用人宿舍又空无一人，我猜她会马上搬过来。我已经期待着她搬过来住了，这就相当于我们又有了一个住家保姆。

但当我提起这件事时，玛丽犹豫了。

“我不知道。”她看着地板。

“你不是非得——”

我说不出话来了。感觉很困惑。

“我的意思是——”我又试了一次，“我还以为你想搬进来呢。”

“我感到不好意思。”

“不好意思？”

不好意思意味着身体机能、性或社交上的胆怯，我敢说玛丽在社交方面可从不胆怯。

“我担心其他人会怎么说。”

“其他人？”

“其他保姆。”

“她们会怎么说？”

“普贾给那些人打电话。她说是我害她惹上了麻烦，所以我才有机会住进宿舍。”

“她是这么跟别人说的？”我惊呆了，“但这不是瞎扯吗！”

“她认为我确实想住进宿舍。”

“但是——你差点因为替她说谎而被解雇。”

“就是啊！”玛丽的脸上闪现出证人遭到诬蔑时的那种自以为是的神情，“但普贾说，一切都是我策划的。”

的确，时机很糟糕。玛丽刚被她的男朋友抛弃，这里刚好有间干净、安全的房子，但她没法住进去，因为普贾已经住进来了。就在玛丽和我秘密讨论之后，普贾被解雇了。

我也知道普贾的理论建立在更复杂和更丑陋的基础之上：普贾让玛丽黯然失色，我们都知道这一点。这种认识盘桓在我们之间，从未说出口，却始终存在。自从我们来到印度以来，玛丽一直是我们忠实的员工，不知疲倦地为我们工作。普贾来得相对晚些，表现反复无常，而且常常闹出很大的动静。

但我们更喜欢普贾。就是这么简单、无情。普贾建立起来的关系是玛丽无法忽视，同样也是无法复制的。普贾和我会聊一些与孩子和房子无关的事情。汤姆宠爱她。就连严格意义上应该由玛丽照管的宝宝，在普贾面前也兴奋不已。她的生活很动荡，她的决定不可预测，但她有种抑制不住的魅力。

玛丽没有这样的魔力。她带着无尽的能量说个不停，做个不停，谁也不会忘记她是多么可靠、多么勤奋。我们都欣赏她，感激她，希望她好人有好报。但在残酷的、不合逻辑的人际关系法则中，努力并不会有任何回报，普贾仍是她们两个中更受欢迎的那个。我知道，玛丽知道，普贾知道，我们还知道彼此都心知肚明，但决不能承认这一点，以免我们人格的脆弱平衡轰然倒塌。

普贾或许一度担心玛丽会出什么阴招争宠，但那不是玛丽的风格。她宁愿让自己身居次席的不公像某种赎罪一样横在我们之间，把它献给家庭的神，用她的痛苦微妙地惩罚我们。其他人都看不到这一点，但对我来说，这是显而易见的。玛丽和我之间存在着天主教式的理解。

我要求玛丽住进宿舍，警告她，不要让普贾的愤怒毁掉住进一个既安全又省钱的地方的重要机会。最后，她还是搬了进来。

从那以后，她们的友谊就永远结束了。曾经的同学，曾经的同盟者，曾经挑剔着彼此的指甲、脸上的汗毛，曾经赤脚站在我们家客厅地板上，在沙发中间，在互相低声开的玩笑、说的私房话中构建起牢不可破的堡垒——所有这些都被撕得粉碎，再也回不去了。

第二十五章

那年夏天，我的经纪人终于把我的小说初稿寄给了几位编辑。我原本抱以巨大的期望，以为这部书稿不用改动一字就会被出版社争抢，引起一片喝彩。现在回想起这些，我承认是在哄骗自己的自尊心，感觉有点奇怪。但这是真的——我当时确实是那么期望的。我已经在脑海中勾勒出一幅场景：为了庆祝即将出版的小说，我举办通宵派对，为客人们准备一盘盘玫瑰马卡龙、刷着玫瑰和开心果果酱的烤肉串，还有玫瑰味的伏特加。

不是那样的。当然不是那样的。编辑们慢慢给出回复。当然不乏赞美之词，但都暗含着一种看法，那就是这本书不能按原样出版。每个人都认为这部小说需要修改，尽管对它的具体缺陷没有达成共识。一位编辑喜欢开头，但不喜欢结尾；另一位喜欢结尾，而非开头。有一位认为小说的结构令人生厌；另一位则认为结构独特又有趣。

我不应该惊讶。我知道写小说是一场赌博。但莫斯科街头的某些景象牢牢地印在我的脑海里——一些表达如此刺耳，我仍然对它们的含义困惑不已；一些爱如此来去匆匆；一些我在俄罗斯经历过的感受，如此丰盈和独特——我想追溯这些线索的源头，把它们编织在一起，把一缕缕细丝变成实实在在的东西。我想写文学小说。

我一直相信冒险是有尊严的。冒险也很有趣，但只是因为——到现在我才明白这一点——失败无时无刻不在等着你。这就是让它有趣的地方；这就是恩典所在。你知道你可能会输，会崩溃，会一文不名，但你还是会冒险一试。

那年夏天，我告诫自己，如果不存在这些可能性的话，这一切都不会有任何乐趣。但现在我变软弱了，更容易受到诱惑。我可以写出一个更好卖的版本。也许它会很好，甚至比初稿更好，但这不是我想写的书。我不能那么做，让它变成别的东西。我不得不亲手修改我的书。

“我宁愿它永远不出版，也不愿意把它变成我不想要的东西。”我对汤姆说。我想把这个承诺记下来，因为我真的很想把它卖出去，然后继续前进。

“好。”他表示同意。“但我不敢相信这本书居然没法出版。”他忠诚地补充道。

我耸耸肩。受伤的感情渐渐平复，我明白了那些批评的道理。我不喜欢他们提出的任何补救措施，但看到了他们试图弥补的缺陷。现在我意识到，这本书还不能交给编辑。我太急于证明，尽管做了妈妈，我仍是一位严肃的作家，我把它推出去得太快了。我忽视了自己的疑虑，因为我是如此渴望重返更广阔的世界。这本书是我唯一的入场券，而且在过去四年里，我一直在为之努力。四年啊！

四年，这还不够。带着隐隐的恐惧，我意识到，在投入了这么多时间之后，这个项目一定还需要更多时间。这就像去献血，却被要求献更多的血，然后是更多，然后还要更多。你肯定认为身体里不可能有更多的血，只是不知怎么回事，总有更多的血涌出来。

我可以修改书稿，但不是马上。我需要从初稿中抽身而出，因为它有着错综复杂的心理动机、千头万绪的情节和超现实的俄罗斯背景。只要一想到这本书，我的心里就会涌起怀孕和刚生下宝宝时的强烈情感。工作断断续续地爆发，当我累得连基本词汇都想不起来的时候，我仍然在疯狂地坚持写作——这种努力一直与癫狂为伍，差点就毁了我的大脑，但最终，它也拯救了我。这本书是一座危险的桥，而我选择从上面走过，通过这个不完美的结构，我从一个已经不复存在的驻外记者跨越成为如今的我。

现在我再也无法忍受它了。只好不去管它，干点别的事。

事实上，下一个想法早已在我的脑海中展开，还未触动又不可避免。但这个话题很可怕，也让我感到有些自我贬低，我花了很长时间才承认，甚至只是对自己承认，我将去往那里。

“我有一个想法。”我试探着对身边的朋友说。然后我会提到家务活。以回忆录的形式来写。书里有我自己，还有家务。

我在德里的那些自称为“侨民”的朋友认为这个想法很搞笑。他们喜欢它，但以一种令人讨厌的方式喜欢着。他们真的不明白我在说什么，所以只能假定我打算记录人们对女佣的虐待行为。我们习惯于收集和交换令人发指的谣言：那些外国人支付给员工的工资低到厚颜无耻的程度，让员工睡在厨房的地板上，喜欢戴着一只令人胆寒的白手套来测试家具上的灰尘。我们听到过一些欧洲人的故事——他们在国内是社会主义者，但有传言称，他们在德里对印度家政工人采用了婆罗门教的标准，禁止他们和家人用同样的杯子喝水，坐在同样的椅子上，或者使用同样的厕所——我们听后都笑了起来，毕竟除了笑，你还能做什么？这些我们都听过，而且还会听到更多。

“这会是一本畅销书。”我的朋友们说。他们被流言蜚语和那些令人尴尬的事吊足了胃口。他们从别人家里收集淫秽的逸事，并把它们呈现出来供我考虑。

我表示反对，但只是温和地反对。“不会真的写这些事的……”我也很享受揭露这种轻微虐待狂的幻想。通过筛选最糟糕的逸事，我可以在善良的自己和剥削者之间划清界限。

但随着我的想法越来越清晰，熟人的反应也越来越冷淡。每当我试图描述这个计划的时候，人们都会打断我，争论不休。我一直没能把话说完。只要谈及家务和成为母亲的过程——相信我，我已经发现了这一点——每个人都有自己的观点。听到我在这本书里想把自己的命运与中国和印度贫穷的职场妈妈的命运交织在一起，听到我想写的不仅是我的奋斗，还有她们的奋斗，她们的出身，她们如何进入家政行业，她们如何安排照顾自己的孩子，这就足够了。谈话进入这个阶段时就会不可避免地破裂。好像把自己和保姆放在一起这种简单的行为已经是一种侮辱；好像把我的儿子和当地家政人员的孩子等同起来是不可接受的。

“好吧，等一下——等一下，”一个美国父亲在新德里的鸡尾酒会上打断我的话，“我只是想说——我是想维护她们——这只是一份工作。这对她们来说是个机会——”

“不，我想她要说的是——”他的美国妻子打断了他的话。

“我不是在谴责——”我打断他们。

“但问题是，这些人，这些工作，我见过——”他又打断了我。

“等等，她在试着——”

“我也有保姆——”我说。仿佛是在抗议，我也是你们中的一员！我没有搅乱等级！

然后他们开始大谈种姓制度，不久我们就都跑题了。

在新德里，几乎我认识的所有父母都雇了保姆，除了保姆自己（我甚至知道有一个高薪保姆确实雇了保姆）。大家以为我是在攻击那个使他们的生活方式成为可能的关键要素。对职业女性来说，这一点甚至更加私人化：我似乎是在暗示，她们能找到的唯一一种让自己继续工作的方法，实际上是内疚感和羞耻感的来源。我并无此意，但大家还是会这么联想。那些雇用其他女人在自己家里工作的女性，她们的个人良知中已经弥漫着这种感觉。我们都很愧疚——虽然还没有严重到让自己去做些什么，但仍然非常愧疚。我们下定决心要避免这种愧疚的陷阱——我们反复吟诵咒语来驱除内疚感，当感觉到有人朝着内疚的方向靠近时，我们就站起来把他们赶走。

有人警告我不要以偏概全，即使我写的只是自己。我被吓到了，不得不把一些离题的例子也包括进来，比如一个十分投入家庭的失业父亲，一个对自己的工作满足到令人难以置信的保姆，就好像他们在现实中是主流一样。这些谈话带有一种惊慌失措的基调。好像几块很薄的地板阻止了所有人跌进地下室，而我正拿着一把斧头朝地上砍。对女性的工作提出这种解决方案可能不太理想——甚至可以说是异端邪说。家务劳动提供了向上流动性。别老是念叨这个话题了。

“那这么说，我们都是坏人咯。”一个身为职场妈妈的朋友厉声说。我们一起在罗迪公园里快走，突然她加快脚步，愤怒地把我甩在身后，我只能小跑着追上去，嘴里说着安慰的话。

“不。”我喘着气说。

“我并没有打算这么写。”我快要说不出话来了。

“我自己也没有答案。”

我一直这么说。我没有答案，但我有兴趣找到答案。

“我想你是站在马克思主义的立场上考虑这个问题的，”一个年轻貌美、身穿华丽的黄色纱丽的女子尖声说道，“嗯，当然，一定是这样。”

那是一个雨季的深夜，我几乎再也没有参加过这样的聚会。到处都是聪明的年轻人——记者、出版商、知识分子。所有人都博览群书，寻找着论题。人们想要辩论，让软弱的人现形，搏出名气。那真是一间很丑陋的房间，但我还是去了。和我交谈的每一个人都不停地问我是否认识某个人，而我都不认识。然后他们会表现得很惊讶，说：“你会爱上她的！”如此循环往复了十次后，我开始假笑，尽管我知道这让周遭的环境更加丑陋，因为，我当然不可能爱上所有人，而且还要不断地告诉陌生人他们会爱上某一个从未见过面的人，这未免也太愚蠢了吧。

“嗯。”我不知该说些什么，被这个穿黄色纱丽的女士和她这个大学生才会提出来的问题弄得措手不及。我知道我有大约三秒钟时间来避免成为她笑话库中的某段笑柄——一个接受了垃圾教育的美国作家。

但我能看到的只有小李、普贾和玛丽的脸。乡村的脸，努力工作的脸，妈妈的脸。厨房，寒冷的早晨，疼痛的腰背。然后我想起了马克思主义者关于女人和工作的著作，在准备报道莫斯科时我确实认真地读过这些书。我还记得书里提倡把育儿劳动社会化。嗯，我当然考虑过这些，但我不需要借一个死去的德国人之口来提出这个想法。

“是的，当然，”我很快回答，“但我的书不是一场论战。”

有一天，我遇到了一位杰出的编辑，那会儿我应该还在报道战争、伊斯兰政治和中东政治，他说：“我真的很喜欢你的报道，喜欢你描写女性和儿童的方式。”

我礼貌地做出回应，但私下里我感到困惑。我知道我并不比男同事更加关注女性和儿童。一方面，是的，我确实记录了战争对平民的影响，但实际上，所有战地记者都是这么做的。被人单独指出在关于女性和儿童方面的报道格外出色，似乎是在暗示我的报道没有涉及战争战略、地缘政治和战术。我对这些角度进行了广泛的报道，但令人们印象深刻的是那些更柔和的作品。仿佛我一直停留在家庭中。只是，当时我并没有。

当我坐下来写家政工人和女性儿童的领域时，这种迷失感又回来了。我不禁感到自己在投降。但这种态度不正是问题的一部分吗？如果连严肃的作者也从来没有深入地写过关于家庭、工作、性别、金钱和族裔的文章，我们就不能指望事情会有所改善。如果这些家务的中心地位一直被否认，那么女性就会继续包揽所有的工作。看到家里的这些女人来来去去，我开始感到好奇，然后变得爱多管闲事，最后变得咄咄逼人。我在 Facebook 上偷偷关注普贾，结果发现我无法通过这样的监视来了解她。

我不希望我的家里留下一串被遗忘的女人的痕迹，她们照顾过我们的孩子。我不希望孩子长大后说，我有过保姆，她们就像我们家的一部分，仿佛这些女人只是作为我们家庭的功能而存在。我想写出一个更完整的事实。我们的孩子应该知道，有些孩子我们从未见过，有些牺牲我们无法做出合适的补偿。

但要做到这一点，我必须找回那些被我丢掉的女人们。我得采访她们，征得她们的同意后，写关于她们的文章。我无法预测自己会发现什么，也无法预测它会如何改变我对自己家庭和责任的看法。我意识到，寻找这些女人可能会带来危险的后果。

第三部分

女人们

第二十六章

我一直在Facebook上关注普贾生活的变化。我关注她的心情，观察她的脸，试图从字里行间解读她的心思。她会兴高采烈地自夸一番，然后沉默几天，接着悲伤地重新出现。

有一天她写道：“有人在Facebook上卖幸福吗？我想买点。”

几天后她写道：“独自一人……独自一人……独自一人……”

一天，她给儿子写道：“很抱歉，我的宝贝，在你最需要我的时候，我却不在。妈妈很爱很爱你。”

她贴了一些夸张的漫画，画的是漂亮女孩哭泣的场景。有一天，她还贴了一个反对堕胎的表情包，画的是一个小胎儿的手。

我很担心。奢侈的消费模式、男人的评论、性感的服装，让我怀疑普贾是否因为找不到另一份工作而转向了性工作。考虑到这种可能性，我开始反思我们对于她酗酒的反应。我第一次考虑到，如果我们明白普贾的选择如此之少，当初是否会忽视家庭暴力对她的影响。也许我在通过一种过于美国式的眼光来判断普贾的困境——过于简单化和理想化，并且避开了她所处环境的残酷真相。

还是那个戴着飞行员太阳镜的瘦削男人，在普贾的每一条动态下都留下谄媚的评论。我猜他是普贾的男朋友，所以很自然地，我也开始追踪他。

他的名字叫鲁比什。想象一个尼泊尔版的“油头小子”[1]，已经人到中年，穿着还跟十几岁时一样。如果你能想象这幅画面，那么你就能想象鲁比什的样子。他在头发上抹上发油，把额发往上梳，卷起牛仔裤的裤腿，剪掉运动衫的袖子。紧绷的肌肉从骨头里绷出来，就像裹在袜子里的网球一样。他留着脏兮兮的胡子，眼镜后的目光充满活力又满含愤怒。他喜欢发些不着边际的动态或者写些伤感的诗。

他给人的印象不太好，普贾也是如此。在 Facebook 的留言板上，他们宣布了他们的爱情，发泄他们的愤怒，并以暗示不忠的指控羞辱对方。有甜得发腻的情诗，用流行歌曲传情，还有激烈的分手。

“幸福这个词从我的字典里删除了，”普贾有一天写道，“我注定不会幸福。所有相关人士：我放你们所爱的人自由了。”

“我累坏了……只能等着，等到有一天我闭上眼睛，长眠不醒。”大约在同一时间，她写道，“等待那一天的到来。”

几天后，普贾和妹妹在酒吧里，手里拿着一瓶几乎空了的威士忌。她笑着，照片模糊不清。“生日聚会 @ 曼哈顿，”她写道，“我学会了保持快乐。”

我给她发了一条短信。她不理我。我等了几个星期，又发了一条消息。这次她同意见面。

---

[1] 油头小子（Pony Boy）是美国青少年文学作家苏珊·埃洛伊丝·欣顿（Susan Eloise Sinton）于 1967 年出版的小说《追逐金色的少年》（*The Outsiders*）中的十四岁男主人公。

我想和普贾在她 Facebook 照片上出现过的一家商场餐厅里见面。我想象着我们在一个明亮的、空气凝滞的、播放着欢快流行音乐的房间里喝着鸡尾酒。酒精将我们拉近，一起坐在这样一个地方所带来的新奇感使我们变得坦诚，我们会聊起来。我最希望的就是：最终我们能够在没有规则和角色的情况下畅所欲言。她离开我们家已经半年了，一切似乎都是可能的。

但是普贾没有那么轻易地满足我。她要求在德里南部的迪利哈特市场见面。迪利哈特是一个庞杂的露天手工艺品市场，坐落在一条喧闹的大街边上。我陪那些想买便宜桌布或挂毯的客人去过几次。我觉得在这里与普贾见面很奇怪，因为她更喜欢全新的、由机器制造的商品。我在想我们是去买风铃和披肩，还是去当地的食品摊买饺子和香料茶。但我没有抱怨会面地点的余地。过去我掌握着所有的权力，现在轮到普贾掌权了。

我们是在感恩节和圣诞节之间的一个星期天下午见面的。城市上方的天空略带黄色，沙粒粘在我的牙齿上。我爬上灰白色的台阶，来到工艺品市场的入口处，就在那里，普贾正歪歪扭扭、摇摇晃晃地向前走着——仿佛她在向我伸手，同时又试图逃跑。

她穿了一件背心和一件黑色开襟羊毛衫，弓着背抵御寒冷，看上去比我记忆中的她更像一个饱经风霜、冷酷无情的人。她刷着蓝色的眼影，嘴上涂了令人震惊的粉红色。当我拥抱她时，我闻到了香烟和麝香香水的味道。也许还隐约有股过期啤酒的气味，但我不确定。她妹妹在她身后若隐若现。

“嗨，瑞奇。”我试着让自己听起来很开心。

“你好，夫人。”她简短地回答。“我想进去，”她态度傲慢地对普贾说，“这样你们两个可以说会儿话。”然后她消失在人群中。

我转向普贾：“我们去里面吗？可以先买票。”

你必须买票才能通过那扇门。门票大约合二十五美分。

“不，夫人。”普贾说，“没必要进去。”

我意识到，她不打算在这次会面上花钱，也不允许我在她身上花钱。连两毛五分钱都不愿意。我们得在一个免费的公共场所闲逛，直到普贾的自尊心得到满足。

“我真的很高兴见到你。”我把重心从一只脚移到另一只脚，“我很想你。”

“是的，夫人，”她说，“我也是。”

“请不要叫我夫人。你已经不再为我工作了。”

“是的，夫人。”她发觉自己还在这么说，笑了起来，耸了耸肩，“好吧。”

“那么——”我环顾四周，不明白她为什么选了这么一个不方便的会面地点，“我们去哪儿聊呢？”

在这段时间里，我一直在打量她的衣着和姿态，急切地想知道她的生活变成了什么样子。每时每刻都准备好她会突然发作，叫我下地狱。我们之间有一种非常脆弱的东西，我担心如果我用力过猛，它可能会断裂。但疑问在我的脑子里打转，我想在再次失去她之前把它们说出来。

“就在这里。”她朝院子边上一片低矮的石块点点头。女人们沿它坐着，给游客编发、做手绘。我们找到了一块空着的红色石头，并排坐在那里，凝视着迪利哈特的大门。乞讨的小孩走近我们，敲着我们的膝盖，喃喃地叫着。普贾把他们赶走了，但态度并不刻薄。她用柔和的声音和他们说话，叫他们宝贝。

“你为什么想在这里见面？”我问她。

她用拇指指着马路对面的食品市场。

“我们每个星期天都去那里，我和瑞奇，”她说，“我们要买猪肉。来这儿只是为了买点肉。”

“哦，我明白了。”她并不是在刁难我。

“马克斯和帕特里克怎么样？”这是见面后她第一次微笑。

“他们很好。他们还很想你。马克斯还在原来那所学校。帕特里克现在上幼儿园了。”

“我也想念他们。”她说。

“你和帕特里克一直特别亲。”

“是的，夫人。”

“普贾，说真的。你不用——”

“我忍不住。”

“事情这么结束，我很抱歉。”这是笨拙而直率的心里话，但一旦说出口，我就只能继续，“我从来没想过让你走，但是……”我没说下去，之后不管说什么，都可能让情形更难看。

“我也很抱歉。”

“我关心你。我并不只是把你看作给我们干活的管家，而是看作一个人。我还想和你保持联系。”

“我也是。”

“所以，你现在怎样了？”我尽快避开了解雇她的话题，“你现在在工作吗？”

“是的，夫人。”

我们的对话就是这样开始的，充满试探和紧张。她把她的新工作告诉我：在新德里郊区的古尔冈给一对双胞胎婴儿当保姆。

我松了一口气。毕竟，她的生活并没有发生多大变化。

普贾说："我给了他们所有的爱和关心，但我保留了一些东西。离开你们家后，说实话，我哭了好多天。现在我不会再和他们建立那种感情联系。我得保护自己不要再受伤害。"

我想起了普贾被解雇后发的那些快乐的动态。不过，我没有时间去细想这两种情绪的脱节，因为普贾告诉我，她的雇主将在那年春天离开印度。她请我帮她找一份新工作。我同意了，以为这就是她愿意来见我的原因。

然后她告诉我她已经戒酒了。

"真的吗？"我仔细看了看她的鞋子。尖头黑色亮皮平底鞋，沾染了冬天的灰尘后显得暗淡无光。这是我祖母会穿的那种鞋子，可以在教堂旧货店里找到。看着这双鞋让我感到难过。

"是的，夫人。我不再喝那么多了。"我注意到她的含糊其辞，"我不会再为了睡觉而喝酒了。"

"你喝酒是为了入睡？"

"我在你家干活的时候是这样的。"

"当时你是怎么了？瓦伦走后，我知道你的情况很糟。我能看出来——"

"很糟糕。"

"告诉我。"

"那时候我根本睡不着。睡了半个小时后，我就感觉自己已经昏睡好久了。这种感觉很奇怪。那段日子太难熬了。我从来没有把发生的一切告诉过你。"

周日的车流在脏兮兮的立交桥上时走时停。外国游客穿着飘逸的、叮当作响的卡其色印度服装，零散地穿过大门。我看着她的鞋子，看看我磨损的皮靴，然后又看看她的鞋子。

“瓦伦走的时候，我已经怀孕三个月了。”她说。

“什么？”

“是的，夫人。”

“你是说在他打你的那天晚上？”

“是的，夫人。”

“当时你怀孕了？”我无法将这条信息融入我脑海中已经形成的故事里。

“是的，夫人。”她笑了，不知怎的，在这个尘土飞扬的冬日午后，这种笑，这种难堪的、悲哀的、自嘲的苦笑，比任何语言都更容易理解。

“哦，上帝。我很抱歉。我不知道。”

“没关系，夫人。我懂。”

“所以，发生了什么？”

“我把那个孩子打掉了。”她说。我突然想起她从洗手间出来时，我与她擦肩而过。她脸上流露出悲伤的自我厌恶。恶心，她喃喃低语。我现在才突然明白过来，事情大概就是在那个时候发生的。

“你当时每天都来上班。普贾。你应该告诉我的。”

“我那时不想谈这个，”她说，“我只是想，‘那些事情不属于我。我不应该去想它们。’”

那些事情。婴儿和男人。那些东西不属于我。

现在真相大白了，但仍然相当有限。它只是一个空空的框架，我还没有弄懂。我本可以马上结束会面，回家思考普贾堕胎的事实。但她还在说话。我们只好挣扎着前进。

她告诉我，她每天晚上都和一个在我们小区工作的朋友一起喝酒。她俩都独自住在用人宿舍。她们从一个女佣的丈夫那里买酒，那个男人倒卖黑市酒。

“她还在那儿吗，你的朋友？”我问。

“她走了，我也走了。”普贾平淡地说，“生活还在继续。”

我们的谈话让人感到奇怪，正如我们在印度的生活中的许多事情——在一个旅游景点的边缘，在家乡和远方之间，保持着平衡。我们静静地坐了一会儿。我说的一切都是不该说的，但我还不想让她走。我非常想念她，现在我只想尽可能久地坐在她身边，只要她愿意。

“我不知道该说什么。”我终于说。

“没关系，”她说，“我的生活总是这样。现在我还挺开心的。”

“那就好。”我不相信她的话，“你有男朋友了吗？”

我假装不知道自己在社交媒体上了解到了什么，这么做还挺轻车熟路的。她大笑起来，害羞地蜷缩着身子。她说，这个男人来自一个很好的家庭。他想让普贾打理他家里的一项生意——大吉岭的学生宿舍。但他们只见过一面。

“你是怎么认识他的？”

“他和我来自同一个地方。”她说，但我并不认为这是真正的答案。

“那么……”

“所以，你知道，我们彼此了解。”

“有共同的朋友？”

“类似这样。”

他仍然住在大吉岭。他想让普贾搬回去，普贾也很想去。她想离开德里，住得离儿子近一些。但另一方面，她刚刚逃脱了一个男人。而且在德里，她可以挣到她所说的“可观的薪水”。

现在我们之间的气氛缓和了。渐渐地，我们转过身来面对对方。冬天里，双手冻得苍白，谈话间，我们的手指在各自的掌心里颤抖着。普贾问起她在带宝宝聚会和玩耍时认识的朋友。她问起我母亲和汤姆的母亲。我问候她的儿子和父亲。我们告知对方，所有人都很好。然后她问起我的书。

“我写完了。”这不是真的，但仍然让人感觉是准确的回答，“现在我在想一些新的事情。”

我没有告诉她，她是我新项目的灵感来源和主角。我只是说我对写德里家政工人的生活很感兴趣。我说，我有一种印象：有许多经历和折磨是雇主们从未感受到的。我想知道这些女性的真实生活和故事。

普贾的脸亮了。

“这是真的，”她说，“我们都只是在扮演角色。有这么多——”

“可是怎么才能实现这一点？怎么才能让人们诚实地与我交谈？”

“我能帮忙。”她说，“我有几天假。我认识一些愿意和你聊天的人。”

我能想象到这一点。她会擅长那项工作的。她很多疑，也很聪明，而且她能卸下人们的防备。我告诉她我还在整理思路。她列出自己确切的工作时间，这样我就能知道她什么时候有空帮忙。

“我们能再见面吗？”我问。

“我想见马克斯和帕特里克。”她说。

“他们也会很高兴的。”

她说：“如果你们周末去哪儿玩，比如说购物中心或游乐场，可以给我打电话。只要能看到他们……”

一阵罪恶感袭来。

“你当然能见他们。他们愿意和你在一起。我们想个办法吧。”

我们拥抱告别。她妹妹溜达过来，避开我的眼睛，透过黄色的太阳镜盯着普贾。

“再见，瑞奇。”我说。

“再见。”她闷闷不乐地说。

她们向人行横道走去；她们会穿过马路买猪肉，然后继续赶路。回到车旁，我高兴得飘飘然。普贾回来了。她并不恨我。我告诉普贾我在乎她。从去年春天以来，我一直背负着的内疚之情一下子烟消云散，飘进了这座城市的烟雾之中。我解雇她的行为得到了宽恕。这是第一件事：宽恕。

车子经过时，我眯起眼睛看了看食品市场的门面和巷子，想找到一个穿黑衣服的女人，想再看一眼普贾。但我看不见她。她消失在人群中。

第二十七章

我买了一张去北京的票，制订了去看小李的计划，但一点也不激动。我强迫自己打包行李，安排住宿。每当想到这次旅行，我就焦虑得胃痛。

四年过去了，我又怀了孕，在事业上漫无目的，离开了北京。现在回去感觉应该是件很轻松的事。我要回到我所热爱的城市，没有孩子的羁绊。我会和朋友们待在一起，做一些简单的采访。我联系上了小李，而且她很想见我。这简直就是一次假期。

然而我无法摆脱这种无形的忧虑。我开始迷信地怀疑自己是否预感到了灾难的来临。也许我不应该去。

不——这想法太愚蠢。我必须去。小李是故事的开始，我必须了解她的故事。

但要从家里抽身而出并不容易。现在很明显，我渐渐成了我们家庭躯壳的大脑。玛丽知道孩子们的日常活动，汤姆是个溺爱孩子的父亲，只有我的脑子里记着无数的细节和细微差别。汤姆找不到温度计，玛丽也不会用。没有人知道我是如何在德里的市场上精心挑选食物，以保持家里食物充足。他们不知道如何与儿科医生或同学的父母取得联系，跆拳道课需要交多少学费，学校定在哪天穿什么校服。我还是唯一负责给孩子们剪指甲的人。

我写下一长串细枝末节，实际上忘记了一切，一边写一边责备自己纵容这种事情发生。我恨恨地想起汤姆的采访之旅。他不会列清单，不会给保姆提出指示，也不会安排一些特别诱人的玩伴聚会和外出活动，以分散悲伤的孩子们的注意力。他只是打包好行李就走了。一说起学校、朋友、维生素、睡衣和饭菜在不同时段的混杂安排，汤姆就显得十分多余。在某种程度上，这是一个可悲的身份，但是多么自由啊！

我知道这种现状是我自己造成的。生物学一开始就这么决定了——我先是怀孕，然后母乳喂养。我是一种物质上的需要，这既是一种绝妙的特权，同时也是彻底的毁灭。不知何故，就算孩子长大了，我独有的身份也没有改变。我们所有人养成的习惯——我的核心地位、孩子们的依赖、汤姆轻微的游离在外——已经根深蒂固。

现在我想：我本应该去旅行，甚至是进行不必要的旅行，这样家里的两个男孩就会明白，女人也是需要出门的。我本应该强迫汤姆把注意力集中在细枝末节上。我本应该更严格地训练玛丽。我本应该放弃一些控制，面对更多的争论，换取一点自由。相反，我做了什么？也许我教给儿子们的一点就是女人待在家里，男人闯荡世界。也许他们长大后会鄙视女人，认为她们只是自己弃置一旁的童年时代的傻瓜同伴。这都是我的错。够了！现在还不算太晚。我要走了。他们会和汤姆待在一起，他们也会看到，这可以是家中应有的安排。

但如果说离开的感觉不好受，那么抵达则更糟：试着设想与小李的会面时，我的想象力窒息了。

我得跟她说：事情是这样的，我一直在写你。

只是想象自己看着她的脸说出这些话，我的心就怦怦直跳。

我需要知道更多。我还有些问题。

我观察、记录、评判。我把小李从一个员工变成了一个角色。这次会面感觉不像是新闻采访，而更像是一次忏悔。

我用油画棒给孩子们写了一封充满爱意的信，然后在半夜离开了。我在黑暗中向东方飞去，朝中国飞去，那里已经是新的一天。

我和朋友们住在我们过去住的公寓楼里。还是那个有穿制服的门卫、绢花装饰和气派的仿大理石办公桌的大堂，还是那个门上装有镜子的电梯。

在给小李打第一通电话的时候，我请了一个中国朋友做翻译，她是我以前在宝宝群里认识的妈妈。我知道一开始就会发生冲突：我想去小李那儿，但她想来这儿找我。

我听到她的声音：“喂？”

“小李。”我说。

她顿了一下，然后叫了起来：“你好！ Hello！”

“我来了。”

“我知道。”

“我想见你！”

“马克斯和你在一起吗？”

“没有。”我内疚地承认。

又一次停顿。

“我们什么时候能见面？”她终于问道。

“什么时候都行。今天可以吗？”

“我去你那儿。”

“我能去找你吗？”我问。

再一次停顿。

“你想过来？”她终于开口。

“是啊。我想见见你的两个女儿。我有礼物送给她们。”

又停了下来，这一次太久了。

“我的房子很简陋。”她用中文说。

“没关系。”我转向我的朋友，“请告诉她我不在乎这些，我只想看看她和孩子们。去她家对我来说意义重大。”

通过翻译，我们礼貌地来回推让，直到小李心慌意乱地认了输。

“那你早上来吧，九点以后都可以，”她说，“我会把地址发给你。”

但几分钟后，她又打了过来。

“你今晚能来吗？”

我听到背景中有一个男人的声音。

“哦，”我说，“当然可以。”

我推测是她丈夫改变了计划，这样见面时他也可以在家里，这让我非常不安。采访女性时，往往丈夫一出现就什么都毁了。这是一个放之四海皆准的事实：在丈夫面前，女性通常说话比较少，听从于男性。至于丈夫，不管你问的是谁，问的是什么，他总认为他的意见才是你真正想要的。

我还认为小李的丈夫很有可能会礼貌而坚定地反对这本书。

但是没有时间担心了。我惊慌失措地打了几个电话，设法请到一位中国记者来翻译。我们乘出租车往北走，此时，夕阳西下，城市笼罩在春天的寒意中。新融化的雪的味道和高速公路上的柴油味混合在一起。小李发来短信：她就站在路边，我到哪儿了？

我们循着地址来到一个购物中心，看到闪闪发光的金属、做旧的木头，还有时装店里柔和的灯光，我立刻明白了：小李一定是选了她家附近最高档的地方，这让我感到很沮丧。

“这个地方不对。”翻译开始和司机争执起来。

“不是的。”我拦住她，“我想就是这个地方。”

“看起来也太高级了吧。”翻译愤愤地说。

我同意她的看法，心往下一沉，但还是爬出了车。

小李从黑暗中飞快地冲了出来，一个小女孩紧紧抓着她的手，一个穿着很整洁的年轻男人大步跟在后面。我抱了抱小李，看着她的脸。我已经忘记她那狮子般棱角分明的颧骨、高高的鼻梁和高高的发际线。

我们相互匆匆握手，做着介绍，在混乱中挤作一团。我向她丈夫打了个招呼，蹲下身来和她的女儿说话，小女孩躲在妈妈腿后对我咧嘴一笑。我介绍说这个翻译是作为我的朋友来帮助我们交流的，小李松了一口气。我意识到，原来她也一直在为今晚见面时要费力地憋出得体的中式英语而发愁。

然后，我们都开始发愁坐在哪儿聊天，有人提出邀请，又有人表示反对。我知道，因为是我来找小李，而且她的丈夫也在场，所以几乎不可能是我来付钱。这让我感到痛苦，因为我知道这些咖啡馆对他们来说太贵了。我们最后来到一家豪华的咖啡馆，里面有壁炉、一面落地窗和厚厚的皮沙发。

“喝咖啡还是喝茶？”小李的丈夫追问道。

“热水就好。”我说。

小李咯咯笑了：“她喜欢喝咖啡。”

“这么晚喝咖啡我会睡不着的。”

我看着小李的丈夫穿行到柜台。他不是我想象中那种粗鲁的工人。他穿着系扣领衫，袖口细致地卷起来，露出手表，他留着平头，修剪得很整齐。

我和小李开始了必要的相互奉承。

“我们永远不会忘记你，”我通过翻译说，“你把马克斯照顾得这么好，你是我们生命中重要的一部分。我很感激你。”

“你一直对我很好，”她回答，“我从来没有想过离开你们家，我知道你不想让我走，但我怀孕了，没法再接着工作，我也不想光拿工资不干活。”

我一直沉浸在回忆中。我没有料到看到小李会让我不由自主地回想起初为人母的那段激烈的、感情丰沛的时光。我们吃的食物，房间的气味，那些漫长的、溜走的、满溢着咖啡因的午后的疯狂。那一切都是真实的，小李的脸就是证据。但从她的脸上，我也看到了自从我们在一起以来，发生在她身上的种种迹象。

她最近把头发染成了焦橙色，但额前仍然是一长排齐刘海。她仍然喜欢彩色条纹：她的丝绒衬衫上印着豹纹，手包上的金属闪闪发光。

“你的大女儿呢？”我问。

“她回河北了，要上小学了。”

“没有见到她真是太遗憾了。”

小李的小女儿坐在妈妈的大腿上，我目不转睛地盯着她，几乎说不出话来。我和小李同时怀孕，现在我有了帕特里克，她有了一个留着波波头、穿着褶边连衣裙和厚裤袜的小女孩。女孩看着我们的脸，摆弄着一只小兔子玩具。小兔子乖乖，小李过去常常给马克斯唱这首歌。我伸手从桌下拿出礼物。

“既然你姐姐不在这里，你就能第一个挑了。”

来自印度的毛绒动物玩具和芭比娃娃，穿着亮闪闪的纱丽的娃娃，光滑的头发闻起来有一股糖果融化的味道。孩子高兴地接下玩具。

小李的丈夫带着像小山一样高的冰淇淋、华夫饼和水果回来了。我吃了几口，满足地吸口气。但因为担心空腹吃这么多糖会吐，嘴里又嘟囔着要节食之类的话。我又犯错了。他冲回柜台，用更多辛苦挣来的钱买了一盘新鲜水果。

我吞下一大块西瓜，挺直了腰。闲聊开始让我感到吃力和恼怒。我离开我的孩子，穿越大陆，为的是和小李进行一次特别的谈话。我在脑海中来回想着这些话，意识到我的肌肉放松下来，我感到一种赌徒的确信——我将主导这场谈话。

“我在写另一本书，”我说，“这本书说的是女性和工作。关于在家写作、生孩子，以及女性如何一边工作一边照顾孩子。”

“很棒。”小李看上去很高兴。

“但我不只是想写我自己，”我告诉她，“我也想写你。”

“哦？”她礼貌地笑了笑，似乎觉得我是在讲笑话，然后又仔细端详了一下我的脸。

“你也是职场妈妈，”我说，“比我付出得还多。我能工作是因为有你来帮忙照顾马克斯。但我的问题是，你自己的情况呢？”

“好吧。”她微微一笑，然后笑容更加明亮，“好吧。”

“所以我希望能采访你。不过今天晚上就算了，”我赶紧补充道，“但也许我们之后可以再见面，我会做笔记，我们什么都可以聊，也可以说说你的生活。”

“好的，”她高兴地说，“随时都行。”

“太好了。”

“我是这么想的，”她丈夫身体前倾，对我们说，“我认为女人去工作是很重要的。发挥她们的潜力。我认为她们必须得到所有的支持，这样她们才可以既工作，又生孩子……”

他的声音低沉而恳切。我不断偷瞥小李，想看看她的表情，每次她都等着给出肯定的点头或微笑。我听得到你。我看得到你。我理解你。

第二天早上，小李和翻译去了我住的公寓。从客厅可以看到宽阔的庭院和我们过去住的公寓，但两间房子离得太远，看不清任何细节。我在盘子里放了提子面包和莓果玛芬蛋糕，小李什么也没吃。她坐得笔直，充满期待地看着我。

我打开笔记本电脑：“跟我说说你的童年吧。”

就好像我们从来不认识彼此一样。在某种程度上，我们确实互不相识。小李描述了她在村子里长大的经历，在这里，所有的精力和策略都被投入到生存中。她家种小麦、玉米和大米，还照料着一些苹果树和桃树。小李上了学，这代表着一代人的进步——她自己的母亲既不会读书也不会写字。当时，中国正在推行计划生育政策，但出于某些观念或只是因为固执，小李的父母坚定地违反了这项政策。他们生了四个孩子。

“我妈妈，我不知道。”小李笑着说，“她就是喜欢小孩。”

小李是家里最大的孩子，也是唯一的女孩。她偏科很严重，但她的一个弟弟很聪明，大家都认为他是上大学的料。不幸的是，上大学的花费超过了他们一家能从土地里挣来的钱。

“我十八岁高中毕业，”小李说，“我想得很明白：我不应该继续读书了，得去工作挣钱供弟弟继续读。我不想成为家里的负担。”

她直截了当地说出这些话——这是故事的下一段情节。我不由地想象着小李走出乡村生活，步入嘈杂纷繁的城市的那一刻。

“我想明确说一点，家里没有人强迫我这么做，”小李继续说道，“我爸干活非常辛苦，我想帮忙。我觉得我有这个责任。”

我意识到，在她看来，她正在证明自己。她事先就决定使用这种语言，想让我知道她的生活扎根于个人选择。至少，她是有尊严的。

我还在想象着刚与北京接触的那一刻，这座城市不断抹去自身，粉碎自己的过去，将一幢又一幢高楼抛向天空。小李已经有了投靠的对象。她父亲先来到北京，平时从工地上捡些废铁和钢材，做一些建筑零工。他做什么并不重要：在北京做任何工作都比在老家种田挣得多。小李先是和她父亲住在一起，直到她在一家火锅店找到服务员的工作。

“但是，不管怎样，到这里来是不是都挺难的？”

“我很紧张，但也很兴奋。”她耸耸肩，“我从来没有见过这么大的楼，这么大的城市。”

小李搬进了拥挤的餐厅员工宿舍。她的工作极其辛苦，薪水微薄。那份工作她干了四年。

“那可真是很长一段时间。”我说。

我想象着火锅那火辣辣的油和刺眼的烟雾，令人精疲力竭的轮班和讨厌的顾客，以及沉闷的宿舍里一张脏兮兮的小床。

“我没办法挑三拣四。”小李看出了我脸上的厌恶，“我没上过大学，所以我觉得找不到更好的工作了。”

“后来呢？”

“后来就到了该结婚的年纪了，”她说，“所以我回了家。”

她停顿了一下，然后补充道：“我不喜欢回家。”

“为什么？”

“我已经不习惯了。我想过更好的生活，喜欢什么小东西就有能力给自己买。”

我喜欢她这种表达方式。对她所说的这种美妙的感觉——花一点钱买你并不需要的东西取悦自己——我也深有同感。她极其渴望自由，所以放弃了结婚的想法，回到北京工作。这次，她找到了一份售货员的工作。

“你是卖什么的？”

“家用产品之类的。”

我想到的是拖把、洗洁精、剪刀。

“比如鞋子之类的。”

那是一家位于地下的商店，过于明亮的走廊里摆满了廉价得让人觉得不真实的东西，闻起来像引擎废气的塑料制品，崭新但已经快要散架的衣服。

“我喜欢那份工作。”小李说。所以我也决定喜欢它。

她说，她弟弟曾经在他工作的设计公司帮她安排了一次面试。“但面试那天我没有去。”

“为什么？”

“我很紧张。担心没有能力做这份工作。我不知道，也许我不够勇敢。也许我不想挑战自己。”

她停顿了一下。

“我有时还是会想起那份工作。”

我们静静坐了一会儿。

“就是那个你打工供着上大学的弟弟吗？”

“是的。”

“这么说他毕业了？”

“是，”她说，“他现在在这里。”

“在北京？”

“是的。”

“你们常见面吗？”这不是我想问的——我想知道他是给了她钱，还是以其他方式做出弥补，或者他只是把小李的劳动当作他与生俱来的权利。我想问她是否怨恨弟弟，如果没有，那她是如何避免这种怨气的。

“是的，”她平静地回答，“有时候我周末去看他。”

“那很好啊。”我礼貌地说。

在采访中，我从来没有像现在这样恭敬和躲闪。但话又说回来，我从来没有如此痛苦地留意着，要把一个人像玻璃灯泡一样脆弱的自我捧在手里。

“你最后是怎么结婚的？”

“我老公的同学介绍的。我们都在北京工作。回家乡摆了酒席，然后回北京继续工作。”

“然后呢？”

我知道，我当然知道。每个人都知道接下来会发生什么，甚至连孩子都在唱着这样的儿歌：先有爱情，再有婚姻，接着便是[1]——

[1] 美国童谣《亲吻之歌》（“The Kissing Song”）中的歌词：“先有爱情，再有婚姻，接着便是婴儿车里的宝宝。”

“我怀孕了。”

她当时二十七岁。她辞掉工作，回到村里生孩子。一个算命先生给宝宝取了个吉利的名字：睿洁，意思是“聪明”又“干净”。

小李说：“我本来想在哺乳期结束后立刻离开村子。但我妈和婆婆都不答应。她们说：‘你得留下来多跟宝宝在一起，宝宝以后才会跟你亲。’我在家里待了一年半。”

“可是后来你还是离开了——”

“是的。”

“那你的女儿——睿洁——她和爷爷奶奶住在一起？”

“是的。”

“你当时是什么感觉？”

“我常常哭。太难过了，”她说，“我没有想到会这么难过。”

“能说说看吗？”

“我会给她打电话，我能听出来，她不知道我是谁。第一次回家看她，她已经不认识我了。”小李深吸了口气，但她没有哭。她保持镇定，继续说下去：“我不知道该怎么办才好。”

“我婆婆带她。我看得出她晒黑了，肯定是在太阳底下一直晒着，但我没有什么可抱怨的。我哪儿有权利说这些呢。”

我们静静地坐着，她的悲伤萦绕在我们周围。

“你是什么时候开始做家政这行的？”我终于提起这个话题。

“就是那时候，”小李说，“在我回到北京的时候。我弟媳告诉我这样心里会好过一点。”

“是吗？”

“我喜欢这行，尤其是带宝宝。”

“但那不是很难吗？尤其是在——”

她理解地点点头。

“带别人的孩子——”她一边想一边慢慢说，“很难消化所有这些情绪。我真的很爱马克斯，还有我以前照顾过的那个女孩。”

她停顿了一下。

“有时他们让我想起自己的孩子。”

“噢。”

“不是每个人都能应付得了。我记得一个阿姨告诉我：‘每次我抱着孩子的时候，我就会想到自己的孩子，所以我实在是干不了这个。’对我来说，唯一能做的就是去想：‘这是我自己的宝宝。’我要假装这是我的宝贝。”

我赶忙点点头，眯起眼睛盯了会儿屏幕，假装在看我记的笔记。

“你女儿现在怎么样了？”我问，“她的心脏好了吗？”

“现在没事了。”小李说，“当时我们真的很担心。她恢复得很慢，很困难。”

“她现在已经上学了吗？”

“是的。”

“学校怎么样？你喜欢吗？”

她叹了口气。“我不知道。”她停顿了一下，“我觉得我亏欠她太多了。”

“为什么？”

“因为我能想到的就只有钱和物质，我没有机会和她在一起，也没有机会和她搞好母女关系。”她说，“她基本上就是一个留守儿童。”

其实，并不是“基本上”。小李的女儿是中国留守儿童的完美典型。由于有严格的法律规定，孩子很难在家乡以外的地区接受教育，所以这一代孩子由祖父母抚养，而他们的父母在遥远的城市工作。

“即使是现在，我们也不是很亲，”小李继续说，“从长远来看，我担心这会对她产生不好的影响。她老是问我：‘为什么其他孩子的父母可以去学校接他们，为什么接我的只有爷爷奶奶？’之后情况变得更糟了。”

“你这话是什么意思？”

“我的公公婆婆都去世了，”她说，“是他们一手把她带大的，所以在他们去世后，我女儿非常难过。”

“你想过什么办法没有？”

她说，起初，睿洁来北京和他们夫妇俩住过一段时间。但因为她不能在北京上学，没法一直留在父母身边。之后，她又去和外公外婆住，但情况也不太好。她不习惯这种极端的贫困。小李的妈妈是文盲，没法辅导孩子做作业，睿洁一直在抱怨，最后小李和丈夫把她送到了一所寄宿学校。每隔十八天，孩子能离开学校四天，住在一个姑妈家。其余时间，她都与世隔绝。

“现在她没有手机，”小李说，“学校不允许学生用手机。如果有紧急情况，我们可以联系校长，但也只有这么一条渠道。”

这听起来很可怕，但我尽量不露出任何表情。

“你希望你女儿将来做什么？”我问，“你希望她长大后变成什么样？”

小李不假思索地给出了答案。

“我想让她上大学，”她说，“我没能上大学，所以如果她能上的话对我来说很重要。我真的不会去想遥远的未来，她会做什么工作，住在哪里。我只是想让她上大学。”

“还有，她得留在大城市。”她强调道。我飞快地回想起我看过的图表，全球大规模的移民涌入几乎无法容纳我们的城市。

“大城市工作更多，”小李继续说，“生活质量也更好。我想让她待在城里。”

睿洁。那个永远在别处的女孩。那个既不符合小李的工作抱负，也不符合我的家庭要求的女孩。那个女孩应得的抚育和关怀被我租走了，她和死亡的擦肩而过对我的家庭来说只是一时的不便。那个女孩曾经被病痛折磨，曾经被丢在身后，从一个地方转到另一个地方。现在她又回到乡下，无声无息，十岁的小孩，被锁在一所学校里。

我不能问，但像往常一样，小李猜到了我在想什么。她又用那句用在睿洁身上的话来回答我。

“我觉得我亏欠她太多。”她停顿了一下，然后又说了一遍，“我亏欠她太多。”

在心里，我也重复了一遍：我亏欠她太多。

我想去小李的村子看看，见见她的父母。我想去寄宿学校看看她的女儿。根据我对中国学校的粗略了解，我想象这所学校是一个沉闷的地方，到处是水泥板和带刺的铁丝网。

我们一直坐在软乎乎的沙发上聊天，沐浴着从窗户里洒进来的春日阳光。现在，我要紧张地提出一个要求：请她带我去看她女儿。

她眨了眨眼睛，下巴上的肌肉抽搐了一下。

“你先考虑下。”我无法忍受空气中压抑着的焦虑。

“好的。”她的姿态放松了，但马上又说她得走了。我很高兴，脑子里塞满了她说的话。我们的分别又快又干脆，她微笑着露出酒窝，点了点头闪身而出。假装我们还会见面，这对大家来说都最轻松。

后来我又给她打了电话。

“我真的很想去，”我说，“这能帮助我写书。”

“但是我星期六上午出发，”她说，“而你星期六就要走了。”

我很惊讶她居然还记得，也许是她丈夫提醒过她。

“没关系的。我可以改签航班。”

长时间的沉默。

“我会给你回电话的。”

我打电话给翻译，我需要一个答案。小李和我的诉求有细微的差别，但并不确切。

“请设法劝她让我跟着去。”我说，“不管怎样，起码得弄清楚她的想法。她没有给我一个直接的答复。”

翻译几分钟后打来电话。

“她不想让你去。她说她叔叔去世了，所以和一个外国人一起回去会很奇怪。”

“哦。”

“她说你可以下次再去，她会带你去的。”

“你认为她真是这个意思吗？”我问，“或者你觉得又会有别的借口？”

“说实话，”翻译慢慢地说，“我不确定”。

所以情况就是这样：我没有去小李的村子，甚至没去看她在北京的出租屋。她同意在和我的社会地位相符的空间里见面，但只有她才能通过那些大门。她是不会带我回去的。她会给我讲故事，给我看照片，但不允许我亲眼见证。我只能认为，她的羞耻感和自尊心是如此强烈，让她无法放弃这种权利。

她的回避激起了我昔日的冲动。作为一名记者，我向来只会把“不”当作谈判的线索。我和小李的关系，还有她害羞的礼貌，都对我有利。我可以冒失地上前询问，纠缠不休，直到她同意为止。此外，我还可以直接出现。她不想让我去那儿，但她可能不会强迫我回去。

这些思维和习惯属于我过去的生活。我已经很长时间没用过它们了，现在我才发觉它们卑劣得如此明显，这让我很不舒服。我的神经在皮肤下面跳来跳去——我很想去，直接去，去了那里乱扯一通，然后再想办法解决。

但我做不到。我爱小李，而她爱我的孩子。写她是在利用她和寻找真相之间划出一条不确定的界限。如果我强行闯进她的村庄，逼着她带我去见她女儿，小李会恨这本书的。她非但不会感到荣幸，反而会感到丢脸。

我做不到，所以就这样结束吧。我跟她说了再见。

第二十八章

我回到印度，渴望再次见到普贾。中国有太多隔阂和借口，但普贾表达清晰，也没有自尊到不愿袒露自己的程度。我给她打了个电话，约她在我们家附近的一个市场见面。闷热的夏日午后，灰暗的天空，无精打采的城市。我含糊其辞地告诉玛丽我有个会面，心里暗自嘀咕，不知道她会不会通过她们共同的朋友知道我是跟普贾会面。

我没有认出普贾。在人群中，我从她身边径直走过，尽管我在一个劲儿地找她。她低下头，半是奚落地咯咯笑出声来，走进我的视野，我停下来说了声“噢”，跟着大笑起来。她比我记忆中的样子要矮，而且更瘦了。她又换了一副眼镜，剪了一个新发型，换了一种新的口红颜色。那天她精神抖擞，衬衫在风中摆动。她取笑我时，头发也随风飘动着。她在衬衫上别了一枚带有政治色彩的别针——高高举起的拳头，这是廓尔喀兰民族解放阵线[1]的标

[1] 廓尔喀兰（Gorkhaland）民族解放阵线，由印度大吉岭地区的尼泊尔人组织。该组织要求把尼泊尔人占绝大多数的大吉岭、库尔西翁和贾尔派古里地区从西孟加拉邦划分出来，成立一个廓尔喀邦。

志。她刚参加完一场街头示威游行，因为是绝食抗议，她身体很虚弱。

普贾总是说：我从一件事走到下一件事，或者一件事结束，另一件事就会到来。直到我了解她是如何在这个世界里穿行的，我才明白她的意思：普贾会全身心地投入到一段关系、一个兴趣、一份工作中，然后她把一切都拆开，再进入一段新的生活。现在她投入到政治中，政治改变了她。斗争事业带来的兴奋使她挺直了脊梁，神色也跟着欢快起来。

“我们会走到最后的，”她热诚地说，“这次我们不会停下来。”

因为普贾，我一直在阅读有关廓尔喀兰运动的文章。一个多世纪以来，说尼泊尔语的大吉岭人一直试图获得对自己事务的行政控制权，但收效甚微。印度有三十六个邦和联邦属地，其中许多围绕语言组织起来，但没有一个邦专门由讲尼泊尔语的人定居。大吉岭到处是茶园，深受游客欢迎，由以孟加拉语为主的首府加尔各答管辖。然而，梦想依然存在。在一段时间的平静中，总是穿插着罢工、暗杀和底层的民兵暴力。

那年夏天，一切都沸腾了。政府规定大吉岭的学校必须使用孟加拉语，这引发了新一轮的抵制。银行、学校和市场因大罢工而无限期关闭；外国学生从大吉岭著名的寄宿学校撤离；街头爆发冲突；茶叶无人采摘，烂在茶树丛里。在德里，普贾和她的朋友们忍饥挨饿，游行示威，在抗议活动中呼喊口号。

“你们有没有一个自己的邦，这件事为什么那么重要？”我试图弄明白，成立一个邦究竟是能带来具体的好处，还是只是一种抽象的共同愿望。

“因为那样就会有人照顾我们了。我们会有自己的政府，”普贾说，“你看我们现在是被怎么对待的。”

我想我明白她的意思：普贾经常抱怨说，尼泊尔人被其他印度人嘲笑，被当作酒鬼和妓女。我看不出一个新的政府会如何消除丑陋的种族成见，但普贾相信，建邦能提高她所在群体的地位。她还认为，这会改变她的个人轨迹。

“会有很多工作和机会，”她说，“这样我就不用离开我的儿子了。我会和家人待在一起。”

奇怪的是，尽管信仰坚定，她却完全不抱希望。她确信罢工会失败，建邦的目标也不会实现。饥饿、不便、学校停课、暴力——一切都是徒劳的。然而，她还是这么做了，这是她的心愿。她急切地把这个夏天献给一项注定失败的事业。

“他们躲起来了，”她抱怨党派的领导层，“甘地和曼德拉进过多少次监狱？你必须面对命运。躲起来，你就什么也得不到。”

“你应该成为领导人。”我是认真的。

“如果我这么说话，他们会杀了我的。”她耸耸肩，“每个人都崇拜那些领导人。”

就在同一天，我要求把她写进我的书里。她平静而自然地接受了，就像她不假思索地拾起一个落下的苹果那样。我们坐在一个飘着酸啤酒和花生壳味道的酒吧里。电视里的足球比赛闹哄哄的。她将成为我书中的一个角色，这一事实在我们之间并没有改变什么。只有理解在流动，像水一样光滑而稀薄。

“阿里安怎么样了？”我问。

“我不知道。这就是问题所在。这次罢工后，他们掐断了大吉岭的网络。”

“政府？”

“是的，夫人。我联系不上我的父亲和儿子。我不知道他们现在到底怎么样了。我都要急疯了。”

“你打算怎么办？”

“我要回去。”她说，就好像这没什么大不了似的。

“什么？那你的工作怎么办？”

“瑞奇能替我。”

“你的老板不介意吗？”

“他们不介意。”

“瑞奇现在不工作吗？”

“不工作，夫人。”

“什么时候走？”

“我得看看票。也许星期三、星期四……”

“我能和你一起去吗？”

“我无所谓，夫人，但对你来说可能会不太舒服。”

“为什么？”

“比如说，我要坐火车去西里古里，但你应该是想去大吉岭。你想看看我家，对吗？你想看看我的村子和家人？”

普贾知道我需要什么。她当然知道。一阵愉悦在我的肋骨上跳跃。

“对。没错。”

“但去大吉岭的交通已经停运。所以或许我姑妈可以帮我坐上一辆救护车，或许我必须在晚上步行赶路。这就像——”

“我不介意。”

“我不知道这是否安全。”

“我不介意。我的意思是——除非这会让你面对更多危险——”

“不会的，我反正不在乎——”

来来回回，客气恭敬。最后我们同意普贾单独回去。也许罢工会结束，也许她能想出办法让我们一起回大吉岭。不然的话我们还是可以一起爬山路回她的老家。我们有了一个初步的计划。

几天后普贾就会离开。在她动身前，我开车去古尔冈采访她。当我向南行驶在被季风洪水淹没的道路上时，天空漆黑，一片片建筑陷入停电带来的黑暗中。人们站在路边齐脚踝的积水里，都懒得去避雨。我前往的古尔冈是城市的附属地，在那里，印度精英的白日梦凝固成钢筋、混凝土和企业标识。德里向下坠落，正在分崩离析。古尔冈野心勃勃，耸入天空。

普贾和她妹妹在普贾工作的小区外面等我。我很担心瑞奇的态度，但她坐进前排座椅时，咧嘴笑着对我说了声：“嗨，夫人。”于是，一切都被原谅了。我们开车去购物中心，天空突然飘起雨丝。

在一家昏暗的酒吧里，姐妹俩点了啤酒，挤在一起讲起她们的故事。她们不停打断彼此，交换眼神。显然，她们很高兴有机会谈论那个争吵不休、热热闹闹、充满爱和不幸的家庭。我忙着在笔记本电脑上做记录，并没有想办法组织谈话，我想看看她们自己会聊到什么，注意她们会反复说起什么，又会对什么避而不谈。

普贾说的第一句话是：“我爸爸和妈妈很恩爱。”

她们即将揭露几十年来一直困扰着一家人的极度贫困，但她们想让我先明白一点：她们的母亲是为了爱情而主动选择接受物质上的匮乏。母亲来自富庶的家庭，父亲则是穷苦出身，她嫁给他，因此被逐出家门，在羞辱中离开了自己的村子。她把女儿们抚养成人，让女儿们相信自己从来没有后悔过当初的选择，她们虽然穷，但有尊严，因为相比于坐享与生俱来的特权，她做出了自由的选择。

“她和我爸爸在一起总是很开心，”普贾说，“她说：‘不管我做了什么，我都爱他。’”

女儿们听了这个故事都很兴奋。爱是她们骄傲的源头。我爸爸和妈妈很恩爱。

接下来，她们吹嘘起自己的父亲来。他参加了对孟加拉国的战争。他在拳击中被打断过鼻子。他过去是苏联驻加尔各答领事馆的司机。

“我们的爸爸得过很多奖牌。”普贾说，“他喝酒的时候，会讲那些关于战争和他如何活下来的故事。”

“我们的爸爸永远不会说出他的年龄，”瑞奇插嘴说，“他说自己六十五岁说了有十年了。”姐妹俩笑得前仰后合，不能自已。

我还记得普贾一开始的解释：她还是个女孩的时候就和一个男人私奔了。其他的一切都是因此而起。

“跟我说说这个吧。”我说。

瑞奇闭上嘴，看着普贾，刷着睫毛膏的双眼露出震惊之色。普贾做这件错事的时候，瑞奇还是个孩子。现在是普贾一个人在说话了：在她还是个学生的时候，村里一个叫巴宾的男人注意到她。他给她写了一封情书，她没有理会。一天，普贾参加完学校野餐，回家路上被巴宾的妹妹拦住。巴宾在等你。妹妹说。于是普贾去了巴宾的家。那年她十五岁。

普贾说：“我们坐了两个小时。他没说话，我也没说话。但我们之间存在着某种联系。”

我很熟悉这个故事的随机性。在这个世界上，各种各样的事情一晃而过，呼啸而过，毫无缘由，我们总是做着无法解释的事情。我可以想象普贾和一个陌生的男人坐在暗处，说不出话来，荷尔蒙在跳动。夜幕那么快降临，普贾想回家。巴宾主动提出陪她回去，结果却把她带到一个亲戚家里强奸了她。

她被强奸是法律和客观上的事实，但普贾并不这么认为。在她心目中，她和巴宾私奔了。在她看来，这个问题跟同意与否无关——而且她觉得她同意了，而是关乎永恒。在山村里，性是婚姻，婚姻就是永恒。但是她太天真了，起初，她不明白她所经历的性行为就会让她结婚。

“我们在一起待了三天。一开始我甚至不知道我已经结婚了。然后我明白了：‘好吧，现在他将成为我的丈夫。’”普贾说，“现在没有必要回去了。”

“为什么？”我问。

瑞奇哈哈大笑起来。

“你知道，村里每个人都会说闲话。”普贾说。

“你当时害怕吗？”

“我有点害怕和害羞。我没有哭，但是我很害怕。‘我再也不能回自己家了。’我心里只想着这个。”

“妈妈哭得好伤心。”瑞奇突然说。

“这些你都记得？”

“我记得。爸爸回来了，他也在哭。”

普贾解释说：“我爸爸特地从加尔各答赶了回来。”

“为什么？”

“因为我是未成年人，”普贾说，“他报了警。”

听到关于普贾父亲的故事越多，我就越喜欢他。

“他们找到你了吗？”

“警察没找到，没有，”普贾说，“但我父亲找到了。”

“怎么找的？”

“通过一些熟人的关系。你知道，大家彼此之间都有各种牵连。总会有人说出来。”

“你那时还在村里吗？”

“不在了，那时我们已经到了边境。我们打算去尼泊尔，这样就没人能找到我们。他哥哥给了我们钱。然后我爸爸出现了。”

“哦，上帝。当时发生了什么？”

“爸爸给了我一记耳光，说：‘你会回来吗？你要回家吗？’我说：‘我要回来。’”

“这太疯狂了。”我说，“你当时在想什么？”

“我当时不一定真的明白发生了什么。”

我努力回忆起自己十五岁时的情形。记忆是模糊的，就好像那些年里，我一直是半睡半醒或者冷得无法思考。青春期是一种带着热度的压力，它令光线变弱，把思想稀释。感官接管一切，陌生的情感把青紫色的黑暗吹向天空，就像一朵风暴云。情绪和感觉，跌落和漂流，令一切陷入狂乱。在这种状态下结婚——我的天啊！

普贾的父亲带她去加尔各答住了一个月，希望她能忘记巴宾。最后，他把普贾带回村子并给出严厉警告：“他说：‘你必须学习，学习，再学习。这是你的工作。你不需要看看这里，看看那里，到处乱看。’”

普贾这么尝试了，她的父母也尝试了，但她的亲戚们并不同情她。她的奶奶带头公开坚称普贾已经结了婚，并因此失去了她在娘家的地位。在十胜节[1]，普贾和她的其他堂兄弟姐妹来到这个女族长身边，希望她能在自己的额头上涂抹赐福的米糊。“不行，”奶奶当着大家的面断然拒绝了她，“她不再属于我们家了。”

“我是这个家族的耻辱。我是唯一这样逃跑的人，”普贾说，“我的堂亲们从来没有对我说过一句好听的话。”

最后，普贾放弃了。她过去的生活已经一去不复返，尽管她的父亲希望她能忍受家人的轻慢，直到完成学业，但这种排斥太痛苦了，她无法忍受。她第二次和巴宾跑掉了，这次他们逃到了尼泊尔，在那里待了一年，直到普贾的母亲给她发了一条短信，说她被原谅了。

于是普贾和巴宾回到家里，在村子里安顿下来。普贾在学校教书，巴宾尝试成为职业歌手，但没能成功，所以他喝着廉价的威士忌自怨自艾。一年一年就这样过去了：普贾工作养活巴宾，巴宾整天喝酒。

普贾说：“他很沮丧，开始酗酒。现在我才意识到这一点。当时我还没法理解他。”

我想要反驳，但她还在继续说着。

“他每天从早上起来就开始喝。”她说，“他成了一个酒鬼。”

尽管这种生活在我听来很悲惨，普贾却表现得若无其事。在她的人生轨迹中，婚姻一直是相对较好的一段日子：她和家人很亲密，尽管有酗酒和财务上的麻烦，但也仍然有爱。

结婚七年后，有两件事同时发生：普贾怀孕了，巴宾发了场烧，一病不起，病因始终不明。普贾在怀孕六个月后成为寡妇。

---

[1] 十胜节（Dussehra）是印度主要传统节日之一，每年九月到十月举行，是为庆祝印度教教徒心目中的英雄罗摩战胜十首魔王罗波那而设的节日。

“那是什么感觉？”我问。

“他走了。他不在了，”她简单地说，“那段时间就像——就像我在一个荒无人烟的孤岛上。他一直支持着我，不是在经济上，而是在情感上支持着我。”

按照传统，普贾和她将要出生的孩子应该和公婆住在一起。但她在那里找不到安慰。相反，他们愤怒地指责她没能照顾好巴宾，让他恢复健康，并要求她同意在生产后，把宝宝过继给巴宾的一个兄弟抚养。

“你那时说了什么？”我沉浸在这个故事中，差点忘了记录。

“我说：‘我等了七年才怀孕。我永远不会把我的孩子交给任何人。’”普贾说，“这就是我会做的事情：‘我是个好妈妈。’”

“他们接受了吗？”

“并没有。他们对我很残忍，把我单独丢在一个房间，在别的房间里说话。”

“可怕。”我意识到，在普贾的生活中，最初的残酷不是来自这个世界，而是来自家人，发生在家庭之中——又是家庭。

“但是我爸爸来了。”普贾说，我又一次对这位父亲产生了感激之情，“他说：‘她对我来说不是负担，我可以带她回去。’”

普贾回到娘家，身无分文，悲痛欲绝，而且即将分娩。她非常想在医院里生孩子，但又没钱付医疗费。为了打发时间，她开始和村里的妇女玩起了金拉米纸牌[1]，赌得很小。她每次都赢。

“那个时候上帝真是太伟大了，”她告诉我，“我的牌运——我不知道，我想是上帝在以某种方式眷顾我。”

---

[1] 金拉米（gin rummy）是一种适合二到四人打的纸牌游戏。

我不知道那些妇女是否故意放水。也许这是对这个绝望的寡妇表示同情的一种方式。我没有细究，质疑普贾长期以来所珍视的天赐关怀的故事似乎不大礼貌。临盆的时候，她已经攒够钱来支付自己的分娩费用，她甚至还帮助一个不认识的女人付了生孩子的钱——这个善举遭到了瑞奇的反对，多年以后，瑞奇提起这件事仍然会大翻白眼。

普贾给她的孩子取名阿里安，意思是“高贵”。阿里安小的时候体弱多病，给他看病加剧了普贾的财务问题。普贾在学校教书，孩子由邻居免费照看，父亲为附近一家酒店开出租车，但钱总是不够用。这家人连买食物和学校用品的钱都时常凑不齐。

普贾一度把阿里安留在家里，自己搬到尼泊尔，然后又搬到加尔各答——那里的工资更高，但这意味着把阿里安留给瑞奇照顾，可瑞奇自己还是一个孩子。阿里安病得很重，最后住进医院，普贾又回到家里。

“我从来不知道你的处境那么艰难。”我说。

这是一个保守的说法：这些故事就像是对我的严厉指责。我渐渐明白，普贾是出于自尊心才故意对她的贫穷轻描淡写，我们假装来自大致相同的背景，从而为彼此挽回一些颜面。

当然，有时这种伪装会产生裂痕。在一个特别潮湿的季风季节，我发现一个不怎么用的枕头上布满黑色的霉点，于是让普贾丢掉它。但她眯着眼睛看着那些斑点，轻松地说——她当时的语气实在是过于轻松——“我想我能把它弄干净，夫人。我拿去用。”说着把枕头拿到屋顶上晒干。我现在又想起那件事。

“我们是经历过非常艰难的时期。”普贾同意了，打断了我的思绪。

“这就是为什么我们对家里的其他亲戚仍然感觉很不好，”瑞奇说，“因为他们知道，却什么也没做。”

她的眼里充满泪水。我从来没有见过瑞奇的这一面——坚强、自负、放荡不羁的瑞奇，以及在她心底涌动的所有悲伤。

“我们太绝望了，你知道吗？他们可以请我们过去吃点东西的，但他们从来没有这样做过。”

“这很难原谅。”我表示同意。

“现在他们倒巴结上我们了，”瑞奇气愤地说，“因为我们有钱了，他们想让我们回去。但问题是——你们早干吗去了？”

“我们现在只顾好自己，”普贾坚定地说，“我们很客气，跟亲戚们聊天啊，做客啊，但在私底下，我们就顾好自己，其他人谁也不理。”

“反正我不回去。”瑞奇说，她说话总是会更进一步，“现在我不会接受他们的食物。他们应该早点问我们的。”

“我懂你的意思。”我说。

“我们做了很多事情，只为了艰难地生存下来。需要凑我和阿里安的学费，”瑞奇说，“我没有钱买书。老师会说：你给我出去。我只能那样走出教室，所有人都盯着我看。”

这种屈辱在她眼里又重新燃烧起来。

“我会特别生气地回到家。有时我们甚至连铅笔和橡皮都没钱买，偏偏阿里安老是弄丢他的橡皮——”瑞奇停顿了一下，“我跟你们说实话，我甚至会打他。我太生他的气了。”

我拼命让自己面无表情。我试图用五官摆出同情的样子。她当时还只是个孩子，我提醒自己，她是个孩子，而且生活又是那么疯狂——我还是瞥了普贾一眼，但普贾的头靠向了瑞奇。于是我明白了，她早就知道，她听过这个故事。

“你应该就是那会儿来到德里的。”我对普贾说。

“是的。我当时难过极了。阿里安很小，他需要妈妈，”普贾说，“但当时我别无选择。”

她来到德里，和一个叔叔住在一起，为一户英国家庭工作。这家人每月付给她五千卢比，按现在的汇率大概是七十八美元。这一举动虽然痛苦，但足以拯救生命：这笔看似微不足道的资金，足够弥补勉强生存和财务稳定之间的差距。

“我们庆祝了，”瑞奇回忆道，“我还记得十胜节的时候，每个人都买了新衣服，我们都很开心。我看到阿里安一脸高兴的样子。”

德里的话题让姐妹俩想起了另一个喜欢谈论的主题：瓦伦，那个虐待她的男友也曾颠覆了我家的稳定局面，我现在才知道，他折磨普贾已经有十多年了。

普贾第一次见到瓦伦是在她刚到德里的时候。那时，瓦伦和蔼可亲，体贴入微。他帮普贾找到一份更好的工作，在私下里教她怎么做饭，更好地为主人家提供服务。

“一年后他开始变了。”普贾说，“他开始说：‘你和先生上过床吗？’我会说：‘你在说什么呀？’”

很快，她说道：“他每天都打我。”瓦伦把普贾和她的家人隔离开，如果她把时间和精力放在其他任何人身上，就会招来一顿打骂。他甚至嫉妒普贾的儿子。

“阿里安恨他。”普贾说。瑞奇点点头表示同意。他们都恨他。但普贾一直留在他身边。

“我一直在想，如果我给他一个机会，他也许会改变的，”她说，“我一直在说：‘总有一天一切都会好起来的。’我浪费了许多年的生命。我就像个木偶。他控制着局面。”

“现在，”她补充说，“我得到教训了。”

“我不敢相信你被虐待了这么久。”我说，“我曾经担心，是我让你在工作和瓦伦之间做出选择，因此毁了你的生活。但现在我觉得这是最好的选择。”

“是的。”普贾说。

“要是你能早点甩掉他就好了。”瑞奇粗鲁地说。

关于瓦伦，我们谈得越多，普贾的姿态就越是畏缩，她蜷进座位里，而瑞奇的腰板也就挺得越直，一脸气鼓鼓的样子。

“另一件事情我一直想知道。”我想换个话题，“知道你在照顾其他孩子，阿里安是什么感觉？”

“他会来看我，但是我不能给他太多的时间。”普贾说。

“他是怎么应对的？”

“他八岁的时候，开始知道点事情了。他会说：‘我是你的儿子。你为什么要抱那个女孩？’”

“哦，上帝。”听到这句话就像把针扎进了我的心脏，“你是怎么说的呢？”

“我说：‘我也必须爱她。我为她工作，而且她也是个小孩子。你不在这里的时候，我会照顾她，而且她很爱我。她就像我的孩子一样。但说到底，你才是我的孩子。’”

“他能听懂吗？”我问。

“随着他长大，他慢慢能理解了。”

“可是现在怎么样了？”

“我有时觉得，因为我和他已经很久没有联系了，也许这让他变得更安静、更内敛。我想是的。他和我的交流非常有限。”她朝瑞奇点点头，“他和她一起玩。从来不跟我玩。他和瑞奇什么都谈。关于女朋友，关于一切。但跟我在一起的时候，我要是问：‘那个女孩是谁？’‘她是我的朋友。’再没别的话了。”

普贾说话直率，没有试图粉饰现在的情况。

“他待在家里不出去。他的朋友来找他，但他喜欢待在黑暗里，拉上窗帘。”普贾说，“也许我没有给他那么多的关注。有时候他需要我，我却不在。但我并不自私。我把十年的生命给了一个无情的人。我亲手毁了自己的生活。”

一想到阿里安就会想到钱，一想到钱就又想到阿里安。这就是连接普贾生命的两股力量。有时候阿里安直截了当地要求母亲和他住在一起。但是普贾不知道该如何实现这一点。她付不起城里的学费，回到村里又挣不到足够的钱。

她说：“远离儿子的罪恶感一直存在。甚至我的父亲生气时也会说：‘你为你的儿子做过什么？’这种话让我很难过，我只能一个劲地哭。我爸爸说：‘在你眼里只有你自己的生活。’”

这让我觉得残忍又不公，但我没有表示反对。我忍住不说话，把这一切记了下来。

已经很晚了，我们聊了太久。我付了账单，我们一起走进购物中心，经过那些已经打烊的商店和空荡荡的咖啡馆。我的腿直打晃，推开椅子站起来时就像从梦中苏醒过来。

漫步在昏暗的商场里，我问起普贾的男朋友。他们在 Facebook 上的联系平静下来，我在想他们是不是已经分手了。

“他在等着。”普贾说。他的家人希望这对情侣尽快结婚。男友年迈的母亲生着病，他的家人想让普贾照顾她。另一个男人和另一段新生活正在等待着她。普贾可以走进去，但她在犹豫。

“现在他说的话都有道理。他想照顾阿里安，我们都可以生活在一起，我不会碰到任何麻烦。”她说，“男人一开始总是这么说，但我想知道，他以后会说什么？我在意的是这些。”

“你说得对。”我说。

“我们来自拍吧。”瑞奇突然提议。

“但你知道，”在我们互相搂着肩膀对着镜头微笑时，普贾说，“我们那儿的人都不知道我们在做这种工作。”

“什么？”这是我整晚听到的最令人惊讶的细节，“他们以为你们在干什么？”

“我不知道，夫人，”普贾说，“也许以为我们在客服中心吧。”

“他们认为你们在一个客服中心工作？”

“是的。只有我爸和我儿子知道真相。”

“但是为什么呢？”

“他们会笑话我们。这些都不是体面的工作。”

“他们看到我们有钱，以为我们的工作也很光鲜，”瑞奇说，“如果他们知道真相，会取笑我们的。”

“那你男朋友知道吗？”

“不可能。”普贾干脆地说，“他们家——他们自己还雇着用人呢。如果他们知道我在别人家里做用人，他们不可能让我进门。”

我想象着维持这种谎言的压力，自己也因为间接感受到的恐慌而浑身发僵。

“他们不会发现吗？你那些老乡不也在这里工作吗？”

“是的，但她们面临同样的问题。”

“真的吗？”

“是这样的。我们的那些朋友，我们的家人都不知道我们在德里是做什么的。”

我把两姐妹送回家，然后开车回家，脑子里全是刚才听到的那些故事。我怀疑阿里安是不是抑郁了。我记起她们谈起瓦伦的时候，普贾是如何在她妹妹身边瑟缩着，仿佛她的错误让她失去了捍卫自己的权利。

车子滑过被雨水洗刷成银白色的道路，经过冒着蒸汽的水坑和嘎吱作响、车身画着涂鸦的货运卡车，这些卡车聚集在城市的边界上，长途司机等着在午夜时分把货物运进首都。看着窗外，我有一种错觉，似乎古尔冈不是一个真实的地方，而是一个超现代的舞台布景。商场里灯火通明，挤满了人，但它给我留下的唯一印象却是空洞——巨大的裸露的玻璃窗格、用人造材料建成的洞穴、向前滚动的自动扶梯、空调吐出的冷气。所有这些东西由像普贾这样收入微薄的人组装和缝制而成，由像我这样的人设计品牌、策划营销、负责进口，再被某些人买下来，至于这些人是谁，他们为什么购买，只有上帝知道。这些商品都是道具和昙花一现的东西。商场只是一个闪闪发光、巨大而空洞的立方体，用来容纳我们的痛苦。消遣成了陷阱。

第二十九章

几周后，普贾来敲我酒店房间的门。我坐飞机来到西里古里，这是位于喜马拉雅山麓一个拥挤喧闹的贸易和运输中心。普贾和她的男友以及他的家人正住在这里，一起商量下一步要做什么，这个安排让我感到有些惊世骇俗。

我拥抱了普贾，我们分开时，她扫视了一下房间。床上铺着破旧的毯子，塑料花积满灰尘，墙上有霉菌斑点。

“你居然住在这种地方，我感到很意外。”她说。

“我认识一个人，他碰巧认识这儿的经理。”我耸耸肩，“据说他有一些很好的司机——尼泊尔司机——哪怕这里在闹罢工，也能把我们送到你的村子。”

她提到另一家酒店：“那家不错。下次可以住在那里。”

“我无所谓的。”普贾对我也太不了解了吧！在来到印度正式扮演“夫人”的角色之前，我在许多便宜、肮脏和危险的地方待过，而她对这些地方恐怕一无所知。

我没有茶也没有零食，所以倒了两杯纯净水。窗外，白色的夏日天空随着夜幕即将降临而泛出粉红色。一股由货车和大巴组成的金属飓风在脚下的高速公路呼啸而过。

“还记得阿里安生日那天，你因为他想来这里看电影和他大吵一架吗？”我突然想起有一次，普贾在厨房里对着电话大喊大叫。

普贾笑了：“我总是告诉他，‘不要去西里古里。’这里毒品泛滥，毒贩子专门找像他这样的男孩。”

“哪种毒品？”

“红糖”。

“海洛因？”

“我不知道。他们管它叫红糖。”

“是褐色的吗？像这样注射进去？”我在胳膊上做出打针的样子。

“是的。”

“就是海洛因”。

“我男朋友就吸这个，”她突然说，“他吸毒。”

“哦，不。”但我并不怎么吃惊。我注意到他的Facebook页面上提到了匿名戒毒会。

“但现在他去了戒毒所，已经七个月没有复吸了。”

她说话时仔细打量着我的脸，仿佛希望我能肯定地告诉她，这样戒毒是可以坚持下去的。

“他去参加匿名戒毒会的会议，”看我什么也没说，她补充道，“但他已经吸了二十八年了。”

“那也是好的，”我不太确定，“他们说，这些会议真的有用。”

“我跟你说过，他们家很有钱。所以，如果他又回头碰毒品的话，他继承的那份遗产就会转成信托。”她又看了我一眼，我又一次感觉到她在热切地等着我的宣判，仿佛我能告诉她，经济上的动机足以让他不再碰毒品。

“有毒瘾的人必须是自发地想要戒掉，”我最后提出，“大家都是这么说的。”

“那恐怕他还会复吸。”

“他怎么说的？”

“他有很多情感上的痛苦。他母亲总是很忙……”

我对这个听起来很麻烦的男友的心理状况不感兴趣，转而询问她手臂上的瘀伤。普贾解释说，她在帮忙把鲁比什的母亲和她的轮椅推上四段楼梯时，被人撞了个正着。说到这个，鲁比什一家在一个时髦的小区里有一套大公寓，那只是他们众多房产中的一套。

普贾喋喋不休地谈论着鲁比什家的财富时，我盯着她皮肤下凝结的血丝。有人伤害过她吗，这是用针扎的吗？她的解释听起来是可信的。我怀疑我对这些瘀伤太小题大做了，因为它们就在那里，谁都能看到，不同于她生命中许多对我隐藏着的时光。尽管如此，我还是忍不住盯着看。

“你很容易碰得青一块紫一块的吗？”

“是啊。”她说，“我们出去透透气吧。”

我立刻猜到她会把我带到一个购物中心，果然如此。在美食广场上，普贾喝着百事可乐，我喝着玫瑰奶昔，听她说起鲁比什：她在饺子店遇见他，两个人在Facebook上调情。鲁比什有段失败的婚姻，他还丢下了自己的孩子。她主要谈论的是他的钱。她当然想要钱，但她不确定自己是否爱他。不，不对——她爱他，但她不信任他。不，确切地说，她并不是不信任他，而是总的来说，她不信任所有男人。我试图集中精神，但旅行令我昏昏欲睡。“我要回去睡觉了。”我终于说道。

我们像游客一样挤在一辆电动三轮车里，穿过炎热的夜晚，弯腰盯着外面。西里古里挤满了推推搡搡要去不同地方的人。公路通往尼泊尔、孟加拉国、不丹和中国。我们经过堆着一层又一层商店的高大方形建筑，这些建筑灯火通明，在夜间显得华丽而紧凑，朝星空的方向叠放着。整个市场涌动着一种令人兴奋的东西，所有地理上的远方都汇聚在这个高速公路和商业的交汇处，商品和金钱的交易，在许多个房间里，买卖双方的身体弯曲着，像蜡烛的火焰一样颤抖着。

“这里就像加尔各答，不是吗？”普贾在喧闹中喊道。我明白她的意思。我想起了万花筒般的高速公路，不知疲倦的人群，切成碎片的颜色，一张张面孔和纷繁杂乱的生活。

“是的。”但我又记起来了，补充了一句，“但加尔各答更热闹。”

“是。加尔各答更热闹。”

然后，三轮车嘎吱嘎吱地撞在一辆停着的摩托车上，普贾用她沙哑的大嗓门喊道：“哎呀！”摩托车的主人从人群中挤了出来，生牛肉一样的脸上，一双布满血丝的眼睛眯了起来。他喝醉了，他的朋友也都醉了。他们对车夫大喊大叫，抓住车顶，把三轮车从一边撞到另一边，晃得我直犯恶心。我紧紧抓住座位，准备迎接那一刻——有人会注意到我，那个坐在后座上的白人，他们的愤怒会以一阵强烈的痛苦向我袭来。普贾只是无动于衷地坐在那里，就像在等公共汽车似的。最后，司机把那几个人往后推，然后沿路开车离开。一直到那时，我们才重新开始说话。

“这些人疯了！”普贾对着我的耳朵喊道，“他们把车到处乱停，然后你只要稍微撞一下，他们就想杀了你。”

“你不害怕吗？”我问普贾。

“不，”她说，“我会抽他一记耳光，要是他打了那个司机，我会出来揍他。”

我可以想象。她会钻进黑暗中跟那些醉汉较量。普贾不会让我失望。

第二天，我们坐车去了一个挤满小巷和小商店的社区。

“你看，那儿有一家养老院。”普贾指着一扇门，“家属来来往往，但没有地方吃饭。我在想……”

一家小店的金属百叶窗紧紧地合拢着。虽然只有一个壁橱那么大，但已经足够了，租金也很便宜。如果普贾买了炉子和煤气，她就可以开始卖简单又新鲜的印度食物。

“人们总是在这里到处找吃的。”

“这是个好主意。”

她说：“问题是，我的钱因为罢工，存在银行里取不出来。我得等等，看能不能拿到钱。”

“普贾，”我叹了口气，“这里真是一团糟。”

“总是这样的。”

清晨的大雨逐渐变为小雨。普贾皱起眉头，从出租车窗口望出去。

“我不喜欢西里古里。这里就像——”她做了个鬼脸，“这些女人从山上下来，以为在这里无人知晓。她们有男朋友，她们在Facebook上聊天，然后约会、见面。”

我没有点明她就是这样认识鲁比什的。

“我不喜欢Facebook，”她继续说道，“尤其是当我看到女人们——这些女人——失去尊严的时候。”

“而且她们太蠢了。她们来到西里古里，就摆出一副好像身处好莱坞的架势。”

我笑着重复她的话，看着牛趴在泥地里打盹，看着晒得黝黑的男人把牙签一样细的腿跨上生锈的自行车。

“我没有安全感，”她突然说，“我不信任他。”

“你男朋友？”

“是的。他上 Facebook 的时候，我很担心。”

“真的吗？”在我看来，他们俩都经常上 Facebook。

“是的，我们总为这个吵架。”

我们看着湿漉漉的城市在车窗里一晃而过。

“他问我：‘你要嫁给我吗？’他总是这样问我。我说：‘我不知道。’”她几乎是在唱歌，声调摇摆着，往下坠，“他说：‘那你在这里干什么？’我告诉他：‘我不知道。’”

她声音里慵懒的亲密感让我想转身离开，就好像我打开一扇门，冷不丁发现他们在床上。

“他说：‘你这样拖下去不好。以后会发生什么？别人都会知道的，如果我们不结婚，他们会说闲话。’”

“这倒是真的，”我说，“你得做个决定。”

“我知道。也许我太自私了。”

“怎么个自私法？”

“如果我嫁给他，我就不会再为钱发愁了。”

“你还有其他问题。如果他又开始吸毒，你的麻烦就太大了。”

“他的堂兄弟告诉我：‘我们不会让你独自面对这件事。如果他再犯，我们会在这里支持你的。’”

我们在一家超市停了下来，给普贾的家人买食物。通往大吉岭的补给线已被切断数月，人们只能互相交易蔬菜和茶，所有的东西都卖光了。我们把芥末油、糖、面粉、米饭、红豆、茶放进购物车里。普贾加了几袋咸味零食和饼干，还有一大瓶可乐。

“有了这些,我儿子肯定乐坏了。”她把垃圾食品放在传送带上，“这孩子就是那么简单。他不会期待任何贵重的东西。”

我付了钱，把袋子装进出租车。车子继续行驶，直到她突然叫司机转弯。

“这是你的房子吗？”

“不是我的房子，”她严厉地纠正我，“我只是暂住在这里。”

在一个有围墙的停车场里，一个光着脚的保安睡在一张脏兮兮的沙发上，肚子上搭了件褪色的汗衫。他抬了抬眼睛，懒得坐起来。

“你上来吗？”这与其说是邀请，不如说是命令。

“可以吗？”

“我告诉过他你要来。”

“但要见他，我有点紧张。”如果普贾的男朋友不知道她是家政工人，那么我该扮演什么角色呢？要是我不小心害她露了馅，毁了她嫁入豪门的机会怎么办？

“他也紧张的。”普贾急忙向楼梯走去，我不情愿地跟在后面，“他说：‘我看起来不健康，我很瘦。’他吸毒的时候从来不害怕和任何人说话。但现在他有点胆怯。”

我们已经在爬大理石楼梯了。角落里布满槟榔叶的印渍，墙壁上有蜡笔涂鸦，但这座建筑的某些地方却显现出繁华褪尽的感觉。

“我告诉他：‘你不能躲着。’”普贾一边爬楼梯，一边喘着气说，“‘你想和我在一起，就要和我一起面对。’”

她按了门铃，我默默记下她没有钥匙的事实。一个女仆打开门，迈着顺从的脚步消失了。

鲁比什带着微笑羞怯地走了出来，这是一个瘦小的男人，穿着黑色紧身T恤和牛仔裤。他的牙床上有一排溃烂的黑线，让人觉得他的牙齿仿佛在嘴里漂浮着。

“钢琴很漂亮。”我说。

“他有好多钢琴。”普贾说，“你有几架？”

“七架。”

“七架。”她重复。

“在古尔塞翁[1]吗？”我记得普贾说他们家在那里的财产更多。

“是的。”

“好棒。”

流于表面的对答。长时间的停顿。普贾叫女仆给我拿杯水来。我问候鲁比什的母亲。

“来打个招呼吧。”普贾说。

“我不想打扰她。”我被吓到了。

“她会高兴的。”

我很不情愿地跟着普贾来到一间卧室，一个瘦弱的老妇人穿着睡衣，躺在被子上。她动了动脖子，发出沙哑的声音。

“嗨。”我像唱歌般说道。“你好。”大大的笑容。

她又发出沙哑的声音。

我做了个合十礼，然后退回到她看不见的地方。

我坐在鲁比什旁边，偷偷瞥了一眼他胳膊上的文身。他不安

---

[1] 古尔塞翁（Kurseong），位于印度西孟加拉邦大吉岭县，也译作格尔西扬。

地咕哝着，说话带着浓重的口音。我不断请他再重复一遍。普贾从房间的另一头看过来。

“想看看他戒毒的地方吗？”她喊道，她的笑声在我们中间粗鲁地回响着。

我们都僵住了。她想开诚布公地谈论鲁比什的毒瘾。她害怕它，所以想通过讨论把它变得不那么可怕，但我和鲁比什都不想这么做。

“哦，戒毒所跟我们要去的地方顺路吗？”我温和地问道。

“是的，顺路。”鲁比什也温和地回答我。

“哦，好的。”

“你在德里住了多久？”他停了一下，问道。

“四年了。”我说。趁他还没来得及问我是怎么认识普贾的，我就赶紧转移话题，“在那之前，我们在北京。”

普贾帮不了什么忙。她看着我们不知所措，漫不经心地咧嘴一笑，似乎是在挑战我们，看我们敢不敢毁掉她的世界。她是唯一可能会因此而一无所有的人，但她不在乎。她从不关心！我想，我还没见过哪个人比这个戴着可乐瓶底一样厚的眼镜、留着尖指甲的农村寡妇和女佣更加内心强大的。

这次拜访还算顺利。鲁比什并没有问我什么。要么他真的像普贾想象的那样毫无好奇心，要么就像我开始怀疑的那样，他已经知道了。也许他感到这是一个他不想确认的事实，也许他害怕破坏浪漫的梦，或者他只是不在乎。我不这么认为，但有时候，这种事情很难说。

这条路就像一根线缠绕在山丘上，盘旋直上，直奔大地的边缘。日出的光线穿透茶田上的薄雾；一群猴子爬过一座桥；山间的河流向大海翻腾而去。出租车爬上了山麓小丘，山谷被抛在脚下。因为罢工，这条往常因为游客和贸易而熙熙攘攘的道路显得很空旷。人们在柏油路上或慢跑，或散步，平常挤满马路的载货卡车、公共汽车和狂按喇叭的轿车都奇怪地不见了踪影。我们快到普贾的村庄时，她专注地盯着人群。阿里安在路边的某个地方。他正在为马拉松比赛训练，天还没亮就起床去跑步。

“我看不见他。”普贾烦躁地说。

“也许他去了另一条路。”

“不会的。”她转向我，“你感觉怎么样？”

“挺好的。”

“别往下看。只能往前看。往下看可能会吐。”

她并不是刻意为之，但话里带着隐喻，这句话可以用来形容生活本身。

“你要有一颗强大的心脏才能在山里开车——阿里安！”她突然大叫一声，拍了拍司机的胳膊。她摇下车窗，大声喊着阿里安的名字：车还在前行，但她已经探出身了。

一个又高又瘦的男孩从一群十几岁的孩子中挤了出来，大步跑来。普贾和她的儿子相视而笑，十指相交，在晨光中握着手。他们说了几句话，点了点头，然后普贾跳回了车里。

“他会来的。”她说，我们的车子继续向前开。

普贾的父亲在家旁边的路上闲逛，用两条细木板挑起树叶和垃圾。他大步走向汽车，穿着黑色汗衫，戴着帅气的黑框眼镜，看起来健壮、愉快，甚至可以说很时髦，跟我在德里见过的那个无精打采的男人相比，简直像是换了个人。他把我们领进屋，我们坐下来，有一搭没一搭地用英语慢慢聊天，他说起话来很注意遣词用句。

他把前门打开，让室外新鲜碎树叶和融冰的气味钻进来。从家里所有人记事起，他们就一直住在这幢房子里，房子用年代久远的木板钉成，漆上了明亮的蓝色。靠外侧的房间里有制作精良的床、小小的沙发和老旧的电视机。墙上，印度教的神灵们微笑着，嘴唇紧闭，薄薄的红色窗帘让阳光透了进来。地板扫得干干净净，照片、茶杯和盘子被小心地摆放在架子上。房子里弥漫着煤油、香烟和茶的香味。

“只有我妹妹和我会打扫。”普贾皱着眉头，看着茶杯盖上薄薄的一层灰尘，“不然的话，这两个男人就过得一团糟。”

“看起来不是很干净吗？”我说。

“只有我们会擦灰。”

“我可以抽烟吗？”她父亲问。

“这是你们家啊，”我说，“不过，我喜欢烟味。”

我喝了杯茶，问起他在加尔各答为苏联工作的事。我们还互相说了几句俄语。普贾心不在焉，坐在门边，伸长脖子往路的远处张望。

“他来了。”她终于说道。

阿里安从门外探出身来，把他浓密的头发先弯向母亲，然后弯向我，直弯向我们的脚。我像普贾那样把手放在他的头上，既慌乱又高兴，高兴的是他也向我这样行礼。

母亲和儿子没有亲吻，也没有拥抱，他们几乎没有触碰。他们分别坐在房间的两侧，互相凝视着对方的脸，彼此的柔情却像茶叶投入热水中那样翻滚着。

阿里安根本坐不住。脚掌带动双腿抖来抖去。他的手像螃蟹一样爬过床罩。他比出一个刷牙的姿势，然后掀开帘子钻到厨房。

“他很害羞。”普贾说。

“他需要一些时间。”他的外祖父说。

人们不停地在敞开的门边停下来。邻居、堂兄弟姐妹、朋友——这些人通常兼具以上所有身份。他们笑着，摇了摇头，好像在说，普贾当然会在罢工时回来。

“如果你想写我如何照顾我儿子的故事，”普贾告诉我，“你需要写这个村里的每个人。他们都以不同的方式做出了贡献。”

“这是卡尔帕纳，”当街对面的女士出现时，她双手合十地宣布，“我跟你说过她。”

我记得——刚生完阿里安的那几个月里，普贾在学校教书，这位邻居帮她照顾刚出生的儿子。她喂他吃饼干，因为普贾不能经常溜出去给一直吃个不停的宝宝喂奶。

卡尔帕纳穿着家常衣服和开襟羊毛衫，她的长发往后梳起，露出一张饱经风霜的脸。我一直坐在普贾的房子里，无所事事地看着她用长柄掸子掸屋檐，拖地板，往地上泼水。“她家就在那儿。”

“是的。”普贾说。

“在我的想象中，一切都是那么遥远。”

村子里只有一条山路，路边散布着一座座房屋。这条路是村子的脊柱、心脏和大脑，村子里最热闹、最不可预测的事情都在这里发生。村民们说，这里的山口比道路要古老，山口从喜马拉雅山脉蜿蜒而过，从印度直通中国。孩子们在道路两旁的空地玩耍。老人们围坐一旁，看着道路向前延展。

只有一条路，但这条路向两边伸展。一边沿着山坡直通向天空，另一边向后面延伸，被耸起的大山生生拦住。

普贾的母亲是从天空那一边的路来到这里的。她家有一座房子和几家商店，都悬挂在山谷上方，面朝深渊。

普贾的父亲来自被山拦截的那端，他们一家就定居在了这里。这座房子只有两个小房间，连着一个昏暗潮湿的厨房和一个小祈祷室，里面供奉着祖先的灵魂。普贾嫁出去了，所以不能进入这个神龛。

“这里没有厕所，”普贾告诉我，这是一种坦白，“我们都去后面。这样很不舒服。”

“我想也是。”我表示认同。

后面的山上丛林茂密。“所以会有蛇爬进来。”普贾说。

我知道我们俩都在想着她从前给我讲的那个故事，看到我打了个寒战，她爽朗地笑起来。有一次，一条蛇爬了进来，爬到她熟睡的身体上。她感到有东西滑过胸膛，骨头被缠绕和揉捏着。她盲目地抓住这只动物，把它扔了出去，她父亲把它铲到路上。他们说，这条蛇有一米多长，而且是条毒蛇。第二天早上，他们寻找它的踪迹，但什么也没找到。在印度教哲学中，蛇似乎承载着相互矛盾的意义——丰饶、永恒、欲望、无限、创造和毁灭。杀死一条蛇会被认为有灵魂不安的危险。

回想起来，我又打了个寒战——但看到十几岁的孩子们背着书包成群结队地沿路而下，我的注意力一下子转移了。

“学校还开着吗？”我很困惑。

“只有训练。”阿里安马上回答说。

普贾转身追随我的目光。

“你是说体育训练吗？”

“这样他们就不会落后了。”普贾冷冷地说，又转过头来怒视着儿子，“这样他们才能通过考试。”

阿里安抖动了几下膝盖，然后将双臂炫耀般地举过头顶。

“阿里安不想去？”我猜想着。

他马上笑起来：“不想啊。”

“你不喜欢上学？”

“我讨厌上学。”他说。

普贾愤怒地瞪着他。阿里安傻笑起来，无辜地摊开双手。

普贾突然提议我们出去。她走在路中间，我和她儿子走在她的两侧。周围响着流水的合唱，几十条小溪流经村庄，在道路下方继续向前流淌；传统宝莱坞影片的迷人音符从敞开的窗户里飘出；鸟儿在茂密的树丛中鸣叫。我大口大口地吸着山上的空气，在忍受过德里的漫长酷暑之后，这里的空气显得清新而凉爽，我试着想象普贾是如何离开这片位于原始山区的栖息地，去到印度首都那片肮脏和罪恶之地。

普贾把我介绍给我们遇到的每一个人，介绍给无数的堂兄妹、叔叔、婶婶和朋友，每次必定会提起我正在写一本书，而她，普贾，将会成为主角。她几乎和村里的每个人都有点关系。

“你在哪里踢足球？”我问阿里安。

“那儿，”他指着山坡说，“那里有个球场。”

“我们可以去吗？”

普贾和儿子交换了一下眼神。

“不行。”他说。

“有两个人死在那里了，”她说，“就在罢工前。”

“怎么死的？”

“触电。一根电线。”普贾说。

“一个人压在另一个人身上。”阿里安说，“烧得很惨，他们的脸——”

“大家认为第二个人是想去拔电线,结果也被电死了。”普贾说。

“我的天。”

“可是接着罢工开始了，没有人来检修，所以现在我们就不去那里了。”普贾说。

这个村子里的生活充满偶然的死亡。我整个上午都在听这些故事：一个上二年级的女孩在上学路上被埋在山体滑坡中；一个阿姨坐的车子掉下了山崖；一个堂兄做了个内窥镜检查后死于败血症感染。消防部门和医院离得太远，起不了什么作用。这些家庭在广阔的大地和天空之间安家，他们只能冒险。

这条路弯弯曲曲，在山上留下一道皱纹。一条深谷张开大嘴。被垃圾堵塞的瀑布在肮脏的阴影中奔流。

“大家说这里有邪恶的灵魂。”普贾说。

“为什么？”

“有些人在这里死于——”

“自杀。”阿里安插嘴说。

“自杀。”普贾也这么说,“我们晚上都不来这儿。不允许来的。”

“会有人跳下去吗？”我从山崖探头往下看。这个斜坡看起来不够陡，你可能只会摔断一条腿或一条胳膊。

“我不知道。”普贾说，她的声音让我觉得她其实知道，“这里死了一个女孩。然后另一个女孩走到这里,看到了那个死去的女孩。她跟人们说了这件事。她吓坏了，然后她自己也死了。从那以后，我们晚上就不再来这里散步了。”

我们都沉默了一会儿。

“我知道这些事情听起来很疯狂，”普贾最后说，“但如果你住在这里，如果你认识这里的人，你会相信的。”

经过寺庙门口时，我模仿普贾和阿里安的样子摇响了铃铛，一面面鲜艳的经幡拂过我的手。我们爬上山，沿着小路穿过茂密的竹子、蕨类植物和松树，直到来到一片空地。又小又矮的庙宇，纵横交错的祈祷旗帜，几张木凳。

普贾说："无论在这里问什么，你总会得到答案。"

她说，每年人们都从四面八方赶来参加庙会。他们宰杀鸡和山羊，大吃大喝好几个小时。盛宴后，血水会弄脏寺庙。

普贾对我说："第二天，总会有雨水来洗刷它，让它重新变得纯净。这是真的。每年如此，第二天总会下雨。"

我相信她。站在庙里，耳中有风，坛上有烟，大地耸入天空，我相信她所说的一切。

普贾和阿里安走到庙门前祈祷。他们摸了画着印度教神灵的壁画。他们还摸了大门，没有看对方，然后离开了。

我也祈祷了，部分原因是我没有别的事情可做，部分原因是我相信普贾说的，我的祈祷会灵验。

我们徒步走回路上，把寺庙的超然氛围抛在身后。这时我已经爱上了这个村子，幻想着留下来。但有时它肯定会很狰狞——被车流扬起的尘土呛得透不过气来，冬天冷得刺骨。普贾指着阿里安女朋友的家，打断了我的沉思。

"她真是你的女朋友？"我问。

"不是啦。"阿里安说。

"就是的。"普贾戳穿了他，"我都看到短信了。"

阿里安嘟囔着，耸了耸肩，脸都红了。"没关系，"普贾说，"你有一个善解人意的妈妈。"

"她比阿里安大。"她转向我，"十九岁了。你相信吗？我和她通了电话。我说：‘你知道这个男孩很年轻。他对你来说太年轻了。’”

“她是怎么说的？”

“‘阿姨，我们只是朋友。’”普贾模仿着女孩轻快的腔调。

阿里安盯着脚下的路，嘴角绷紧，眼里充满笑意。他讨厌这种谈话，但同时又很喜欢。我们谈起了青少年时期的爱情。普贾不屑一顾。

“我十几岁的时候就结婚了。我不知道自己当时在做什么，”普贾说，“当然，我有了阿里安。但这么做还是毁了我的生活。”

当着阿里安的面，她说：这毁了我的生活。我转过头去，正好看见阿里安瑟缩了一下，但是他什么也没说。他边走边听我和普贾谈论他的年龄和感受，什么也没说。作为一名运动员，他原本可以把我们丢到后面的，但他的教养要求他待人有礼，所以他放慢步伐，一直等着我们。

我们又去了一个堂兄家做客，普贾对着一盘盘通心粉和辣椒煎蛋，又开始翻阿里安的旧账。他留了一级，想要退学。

“他想做什么呢？”我意识到自己已经跟他们一家人习惯的那样，谈起阿里安时就好像他不在场似的，我转向他问，“你想做什么？”

“只想踢足球。”他咧嘴一笑。

“只有足球。”普贾像吐苦涩的胡椒粒一样吐出了这句话，“只有游戏，他不学习。如果他不学习，总有一天我会自杀的。”

“为什么？”我讨厌听到这句话。

“这些年来我一直很辛苦。我想让他明白我为什么离开他——因为我想给他一个美好的生活，”普贾愤怒地喊道，“他以为挣钱很容易。他一直没有看到我为他所拥有的一切受了多少苦。我真的非常非常郁闷。而且，我也在一天天变老。”

“他为什么要重读十年级？”我问，“你为什么要重读十年级？”

“他考砸了！”阿里安还没来得及回答，普贾就大叫起来，“他根本不理解我。”

“他太懒了。”普贾的姑妈表示同意。

阿里安慢吞吞地打了个哈欠，耸了耸肩，淘气地咧嘴一笑。家里的女人都用宠爱的目光注视着他。

我们走在路上时，阿里安开始唱歌：“Rock-a-bye, baby, rock-a-bye.”他瞥了一眼，普贾也加入合唱。这首歌当时是电台的热门歌曲，讲述一个单身母亲为了让儿子过上更好的生活，做出牺牲，遭受困难。他们互相看了看对方，再看向别处，又唱了几小节。

这条路让我感到不安。我们是在黎明时分过来的，那时民兵还没有醒，也没有任何动静，但我想我们已经开始冒险了。民兵组织最近开始为破坏罢工而放火焚烧汽车。是时候离开了。

“你想留下来吗？”我问普贾。

“我和你一起走，”她说，“我也有事情要做。”

离开之前，普贾和她父亲躲进了厨房。他注意到我的目光，揉搓着拇指和食指。“我们有事情要商量。”他笑着说。

他们回来后，阿里安和他的外祖父跟着我们走到路上，站在那里看着我们钻进出租车。

“普贾，你总是这样，”一个堂兄笑着说，“风一样来，风一样去。”

没有人拥抱。每个人都在微笑。

阿里安一直站着挥手，直到我们再也看不见他。

我们坐车往回走，浓雾像牛奶灌满杯子一样灌进绿色的山谷。牵牛花藤、清澈稀薄的瀑布、香蕉树一闪而过。我们一路开车下山，出了山，经过军营、稻田和茶田，女人们打着鲜艳的阳伞，在种植园里一排排的田地间踱步。我们没有停下来，也几乎没有说话，直到来到西里古里边上的一家咖啡店。

我们点了一杯我从黎明起就渴望喝的咖啡，我拿出笔记本，我们俩被一种平静、坦率的气氛笼罩着，就好像我们终于接触到了事情的实质。普贾满脑子都是她的儿子、她的父亲、她的过去、她的选择。她会从山上回来，因为在西里古里，她有东西可选——男人、食品摊、未成形的未来的某些支柱。普贾现在处在中间，停下来沉思。

"我没多少日子好活了，"她宣布，"我厌倦了这一切。"

她就是这样开始的。这是她离开父亲家后的第一个声明。她继续说了一会儿，用含糊而夸张的语言讲述着她的绝望，我喃喃地说："别这么说。"

然后她开始谈论起细节。她的男友最近以大约十五万美元的价格卖掉了一些房产。成交时，他是带着普贾一起去的。他把钱存入银行，告诉普贾他们可以靠 7% 的利息过上舒适的生活。

"你为什么不这么做呢？"

普贾耸耸肩。鲁比什在她面前晃动着钞票，他主动提出给她一千五百美元让她开一个食品摊，但她拒绝了。

"我告诉他：'我可以找世界上的任何人要这笔钱，唯独你不行。'他说：'你为什么这么自负？'可我不想要他的钱。我也不想听他以后这么说我：'我给了你这个和这个，别忘了。'"

"你很害怕。"

"我从瓦伦身上学到很多。"

"我记得你第一次来我家时，你看起来不太一样。"我说，"你披着头发，穿着很宽松的衣服。”

“每次我打扮得漂亮一点，瓦伦都会非常生气，会把我身上的衣服撕下来。”她假装挠自己的胸口，“但我想：‘不管他是什么样子，他就是那个人了。’现在我意识到了：接受别人的馈赠是非常糟糕的事情。”

普贾的思绪围绕着同样的主题：儿子、男友、父亲。钱、购物、工作。结婚、工作、搬家，还是留下来？她反复讲着这些故事，但又不仅是重复，因为每当她再次回到一个话题，她会把它谈得更开，讲得更清楚。

她的朋友告诉她，有一份在迪拜做保姆的工作，月薪七百美元。有了那份工作，她可以攒够钱，盖一座有室内厕所的房子。

一提到迪拜，我就产生了怀疑。

“这个朋友是谁？你怎么认识他的？”

“是一位女士。”

“你有多信任她？”

她改变了话题。

“我很担心阿里安。我想让他和我在一起。”她说，“他没有看到我的难处。我想让他明白：‘妈妈工作非常辛苦，我需要自立。’”

“我觉得你对他太苛刻了。”我说，“他是个好孩子。他会理解的，但他现在还小。”

“我像他这么大的时候，已经结婚了。”

“但你不希望他也这样。”

她盯着咖啡杯。

“我应该离他更近一点。”她平静地说，“我在他三岁半的时候离开了他。”

“但是你还能怎么办呢？”

我听起来很生气，事实上，我确实生气了。对于普贾因为上班而受到所有人的责难——这当中也包括她自己——我已经失去了耐心。唯一可行的选择就是把儿子留在老家由别人照顾。她付出汗水活了下来，还救了她的家人。难道这也应该被横加指责吗？

“在他最需要我的时候，我离开了他。”她说，“一定有很多次他都想抱着我哭。一想到这件事我就难过。他一定很痛苦。”

她停了一会儿，然后又告诉我，她没多少日子好活了。有时她无法呼吸，这种感觉袭来时，她只能把头伸出窗外，大口喘气。

“就像一个盖子罩住了我。”她说。

我告诉她这可能是焦虑发作：“你的压力太大了。”

“我终于想把整个故事告诉你了。”她说着，吸了一口气。

“我告诉过你，”她直视着我，“瓦伦打我的时候，我怀孕了。”

“是的。”所以她确实记得告诉过我——我们俩都没有再提起这件事，但对此我很好奇。

“他不相信孩子是他的。”她说。

“你们那天晚上就是为了这个吵架的？”

“是的。”

“哦。”他肯定不会认为这是那个瘦得皮包骨头的送水工小孩干的吧——

“他离开的时候，我已经怀孕三个月了。我不知道该怎么办。我无法面对医生的问题：你丈夫在哪里？”

“他们会问这个？”

“当然。”她用犀利的目光看了我一眼，好像这是个愚蠢的问题，然后继续说：

“我在想着杀死这个孩子。我的孩子。我怎么能这么做呢？我的孩子想活在我的身体里，我怎么能杀死他？一想到这件事，我就感到非常内疚。我不知道该怎么办。”

“玛丽说：‘别担心。’她知道有一种药可以在怀孕的前三个月里流产。她说：‘你现在几个月了？’我说：‘大概三个月。’”

普贾看着我的脸。“这是有风险的。”她说着点了点头，对她觉得在我脸上读出的看法表示认同。但我想的却是别的。

“是玛丽啊。”我重复了一遍，既惊讶又不惊讶。

“她说：‘给我一千卢比，我给你拿药来。’”普贾接着说，“她带了两粒药。她说：‘今天服一片，两天后再服一片。然后孩子就流掉了。’她告诉我要向特蕾莎修女祈祷，要非常努力地祈祷我没有犯下罪孽。”

“哦，上帝。”玛丽！即使是教唆堕胎，她也不能放弃这种卖弄的虔诚。她强迫普贾——一个脆弱的印度教徒，向一个天主教圣徒祈祷不下地狱。

“我吃了第一颗药丸。就在那儿，在你的房子里。但是什么都没有发生。两天后，我吃了第二粒药，还是什么也没有发生。我整夜坐在房间里祈祷，害怕极了。‘它不出来，我现在该怎么办？’最后，在凌晨三点，它以最可怕的方式出现了。在血泊中。我痛得不得了。我把一切都打扫干净，早上又去上班。”

“哦，上帝。”我又说了一遍。

“我讨厌自己这么做。我从来没想过要那样杀死我的孩子。”

所以，故事就是这样。这就是整个故事。但是普贾还在倾诉。

“从那以后，我开始疯狂地狂欢。我在你家工作一整天，一离开就从包里拿出酒瓶开始喝。我会去找我妹妹。我会像个疯子一样喝酒跳舞，直到倒下来昏睡过去。我花了那么多钱，就是为了逃避这种痛苦。到了深夜，他们会把我当成死人那样扔进汽车里，把我送回德里。”

“这么说，你喝得比我们知道的还要厉害。”我说，这个想法中还包含着给我自己的一种宽恕。所以说，当时我解雇你是对的。

“是的，夫人，”她简单地说，“当时我确实喝得太厉害了。”

“我不敢相信发生的这一切。”但事实并非如此，我可以相信。我的本意是：这太不可思议了，虽然这一切都发生在我家，但我原本可能永远不会知道。

我抬头盯着天花板上扁平的石膏吊顶，眨了几下眼睛。我想对普贾说点什么。但我能说什么呢？

嘿，普贾，我们去找个地方哭吧，哭到再也哭不出为止。

嘿，普贾，进入你的生活就像把我自己投入大海，而大海又在竭力把我冲出去，某种程度上说，我想抵达你，但可能也并不想这么做。

嘿，普贾，我得走了。

我们都得走了。

嘿，普贾，现在我们得走了。

普贾终于给了我这几个月来一直在寻找的东西。她终于给了我一些真相。

她曾在我们家中，我们共同生活，然而普贾的许多烦恼都瞒着我。现在我看见她了。我看到她充满矛盾和复杂。许多处于她这种地位的女人会出于自尊或隐私而隐藏她们的问题，甚至聪明地认识到，她们的雇主在内心深处并不渴望面对家政工人生活中令人沮丧的现实。

但是，如果我不了解在我家的屋檐下发生了什么，我怎么能评估这些安排的道德性——更不用说写一本关于它们的书了。无论普贾遇到什么麻烦，我都负有一定的责任。我把她带到我家里，强迫她把伴侣踢出去。在某些方面，我确实是从她的弱势中获益，而在另一些方面，是我创造了这种弱势。至少现在我知道了，她把我所缺乏的关键信息告诉了我。

总有一个相对简单的故事可以讲给我们自己听：普贾在喝酒。然后：普贾成了酒鬼。

然后：普贾必须被解雇。普贾被解雇了。

最后：普贾过去在这里，但现在她走了。

现在我不需要这些故事了，因为我知道了一些真相。这个人，这个女人，这个母亲。她告诉我她做了什么，发生了什么事。

但随着了解的加深，恐惧也随之而来。她说过：我没多少日子好活了。她一直在这么说。我担心她是在清除自己的灵魂，我怕她把我带回家是为了听她最后的忏悔。

我感觉到了危险。和普贾在一起，我总是感觉到某种危险。我感受到了她的痛苦、她的错误，世事落在她身上的方式，她获胜和失败的天赋。

但救她现在不是我要做的事。即使我努力尝试也不可行。我们之间用金钱交换劳动的交易早已不复存在。我们住在不同的房子里，我无法把她从毒瘾或另一段糟糕的婚姻中拯救出来。那不是我要做的事，也不是我的权利。普贾有自己的重心和计划。她的生命是流动的，我的也是，我和她同行了一段时间，但后来分开了。至少，我知道我在做什么，她也知道她在做什么。

普贾一直陪着我，直到我要去机场，她坐上出租车，把我送到路边。我抱了抱她，表示感谢，然后她坐出租车回了城。像她提醒我的那样，她不是回到她自己的房子，而是去她暂住的地方，回到鲁比什和她变幻莫测的生活中去。而我要飞回我自己的生活，过去它包含着普贾，但现在她已经不在其中，这让我的悲伤挥之不去。

第三十章

那是一个星期六的下午，厨房里空荡荡的。玛丽不停打断我。

“我正在做一个关于女性的项目，而且——”

“好，好。”

“——关于工作和育儿——”

“好。是的。好。”

“等等，听着好吗，因为我想——”

“好。”

“我想写你。”我气恼地脱口而出。

“哦，好吧，好的。”

“你先听我说，好吗？”

“好吧。”她笑了。

“所以我想写一些——比如说——我能工作是因为你在这里照顾我的孩子。但是谁来照顾你的孩子呢？明白了吗？这就是我想要写的——”

“我们村里没有保姆。”她又打断了我的话。

“是啊。”我们已经开始现场采访了吗？

“孩子们到处走来走去。每个人都帮忙照看一眼。他们知道是谁在照顾孩子。”

她正在加快讲述的速度。

“我们没有医生和药。没有那些。在村子里，你不会生病。哦，看那里！”

她用手指着窗户。我弯腰跟在后面，期待看到什么激烈的场面——屋顶上的野猴子，从空中坠落的飞机，正在爬墙的强盗。但眼前只有熟悉的黄昏景色，屋顶和树木在夏日渐暗的天色中显得单调简陋。

“看什么？”

“看那儿。”她又指了一下，“在阳台上。那个屋顶——不是屋顶——像稻草——”

“那个茅草屋顶？”邻近一家的屋顶阳台用棕榈茅草遮盖着。

“是的，那个。我们那里家家户户都有。”

“嗯。”

“我们就是这样生孩子的。”

我们都沉默了一会儿，然后我说：“啥？”

“我们必须抓住屋顶上的茅草，这样腿才能垂下来。他们会在下面放一张床单。婴儿很容易就会掉出来，然后被床单接住。”

“你们非得抓住屋顶吗？”

“是的。”

“在你们生孩子的时候？”

“是的。”

“可是——你们怎么能坚持下去呢？那么痛。你们怎么能集中精力抓住屋顶呢？”

“我们喜欢那样。”

“肯定得有人把你们托住。”

“她们会托住你的腿。”

“我明白了。是女人吗？”

“是的。男人不能到那儿去。”

“连孩子的父亲都不行？”

“是的。不行。父亲不能去那里。”

“我听说有女人会悬挂在树干上，这样能伸展开来，保持身体挺直。但你说的这种——我从来没听说过。”

“就连我也喜欢那样。”

“你跟我说，你是在医院里生的孩子。”

“只有生儿子的时候是在医院，因为当时我们在城里。但我就是那样生我女儿的。”

“有意思。”

“所以，我们必须那样，我们必须非常坚强。这就是为什么我们认为，如果生产时有女孩子在周围走动会更好。那是她们学习的方式，否则她们会太软弱。稍微软弱一点没关系，”她指着肺部的位置，“但不要太软弱了。坚强一点更好。”

“我不觉得你很软弱。”

她笑了：“我不软弱。”

然后，好像没有什么可说的了，玛丽收拾好她的手机和水瓶，走出门去，迎接周末。

我叹了口气。这正是玛丽和我经常进行的那种对话，既生硬又互不理解。我正式向她提出采访要求，并希望在书里写她。她则用一则令人惊奇的逸事打断了谈话，而且内容还毫不相关。她漫无目的地说了一通，然后突然离开。我不确定她是否听到了我想要表达的最基本的东西，也不确定我们是否能够相互理解。

我打开笔记本电脑，越过屏幕看着玛丽。对于这种正式的安排，她不安地笑着，咬牙发出嘶嘶声。

“玛丽，”我说，“你是哪里人？”

这是一个公开的谜团。当一个不丹家庭搬到我们小区，我们发现玛丽不会说宗卡语[1]，也不像原先那样自信地谈起不丹。相反，她提到了缅甸的遗产，阿萨姆邦的家，以及一座位于不丹边境线上的城市。

现在玛丽告诉我，她的父母过去在不丹。她是这样说的：“我父母当年在不丹。”她说，二十世纪七十年代有一群尼泊尔难民被驱逐出不丹，他们就是这些难民中的一员。他们最终来到印度北部的马蒂加拉[2]，在那里，她的父亲被耶稣会传教士雇为司机。玛丽正在一一叫出修女的名字，挨个讲述她们的事迹，突然，谈话来了个急转弯。

“其实，我母亲是墨西哥人。”她说。

一段漫长而相对无言的时间从我们之间流走。这种说法的不可能性是如此之大。她从来没有提起过这件事，这也很奇怪。一时间我根本不知道该怎么回应。

“这怎么可能？”我终于问道。

“她当时在出差。她在不丹有点事，然后遇见了我的父亲。”

“她是做什么工作的？”

---

❶ 宗卡语是不丹国语，是不丹国内使用人数最多的语种。

❷ 马蒂加拉（Matigara）是位于印度大吉岭地区西里古里城的一个行政区域。

“我不知道。”

“你不知道她为什么来不丹？”

“不知道。”

“她是背包客吗？”

“不是。出差。有些工作。”

“然后她就遇见了你的父亲？”

“她没有回墨西哥的证件。她学会了当地的语言。没有人能认出她。”

“你说她没有证件是什么意思？”

“很多人都碰到过这种情况，证件丢了。”

“你是说她丢了护照？”

“类似那样。”

“但她可以去墨西哥大使馆，不可能因为这个就被困住的。”

“这种事也是有的。”

我不相信这种事会发生。你不可能在地球的另一端丢了护照，然后耸耸肩，索性嫁给一个尼泊尔难民，学习当地语言，然后假装成印度人或不丹人度过余生。但我怎么能不断强调这一点呢，那不等于是在否认玛丽的出身吗？

“我的意思是……”我仔细看了看玛丽的脸，“你看起来像墨西哥人。确实很像。”

“我们长得一模一样。”

“你还记得她吗？”

“记得。”

“她是一个什么样的人？”

“她是我妈妈，人非常好。”

“然后他们去世了？”

“同一天去世的。他们去中国有点事要做，飞机坠毁了。我那年八岁。”

这些细节倒从未改变。关于她的父母，玛丽总是说：他们死在同一天，那时我才八岁。如果提到飞机失事，那也是题外话。我们第一次谈起她的父母时，玛丽说：“他们死于事故。”我当时以为是车祸。

“你不知道他们为什么要去中国？”

“不知道。”

“飞机是在哪里坠毁的？”

“在中国吧，也许。”

“你还记得他们是在哪天死的吗？”

“记得。”

“告诉我吧。”

“我们当时还小，”她含糊地说，然后思路向前跳跃，“父母去世后，我们就像流浪狗一样。但是这些传教士，他们收养了很多孩子。所以，我们的生活并没有多大变化。”

玛丽是四个或三个孩子中的小妹，这取决于她是否纳入了一个叫拉米亚的姐姐。玛丽说，一个富裕的不丹家庭在拉米亚十岁时收养了她，并把她带回了——

“瑞典——不，是瑞士——我想是瑞士——是的，瑞士。”玛丽说。

我已经认识到：玛丽的话常常是模棱两可的，所以她说是瑞士，可能其实是德国、加拿大或斯威士兰。这种地理上的不确定性一直萦绕在我的脑海里，同时我也很明白，这类年龄相对较大的女孩很少被收养。玛丽说，拉米亚有时还会回印度。她们都已经是成年人了，但玛丽在谈起她时，似乎仍然是在形容一个受外国监护人照顾的孩子。

玛丽说："她变得很有钱，但是那些领养她的人不希望她回到自己的国家。"

玛丽的一个兄长加入印度军队后去世了，她要么无法解释死因，要么不愿解释。她的另一个哥哥加入天主教神父的行列，成为山区一所教会学校的校长。但他是同性恋，最终离开了教堂。

"他就这么放弃了。他说，在收容所里，他看到牧师们之间有很多的不公正，他面临很多问题。"玛丽说。

"什么样的问题？"

"我不知道。"她说，然后改变了话题。

玛丽和普贾之间有某种神秘的联系。如果你相信佛教经文，你会说她们之间存在着业力。否则，这当中的巧合也实在是太多了。她们的生活在这片拥有十亿人口的土地上沿着平行的轨迹流动，每隔几年就会相交一次，然后再次分开。

普贾和她妹妹记得玛丽过去是女修道院学校的班长，来自隔壁孤儿院，是个具有"领导人格"的女生。"说实话，她是个很刻薄的女孩。"普贾说。她们当时并没有保持联系。

多年以后，普贾来到德里，和她叔叔住在一起时，她们又相遇了。这个叔叔有个女朋友。普贾告诉我，这个女朋友就是玛丽。

普贾当时没有认出她的老同学。当然，叔叔的女朋友并没有来过他们住的地方。普贾听到很多家人的八卦，但玛丽是一个常常听到的名字。

普贾告诉我，她和玛丽在我们家客厅意外重逢的第一天，两人用尼泊尔语兴奋地聊天时，才发现了这个巧合。

“玛丽说：‘不要告诉她你叔叔的事。’”普贾对我说，“我说：‘好吧。’”

现在她们的友谊已无可挽回，普贾和我有时会谈起玛丽的种种神秘之处。和我一样，普贾对玛丽错综复杂的过去和她前后矛盾的故事感到一头雾水。

普贾描述的玛丽狡猾、善于摆布别人，而且相当神秘。她欠了一屁股债，名声在外。“每次她领到工资，大家都会来叫她还钱。”

我们俩都不明白玛丽把钱花在哪儿了。她穿着我的旧衣服，直到把衣服穿到没法再穿。她没有智能手机。她已经有五年没去旅行了。她吃得很简单，似乎也不喝酒。

“我会问她，”普贾说，“但她从来没有真正解释过。”

“你猜是怎么一回事？”我想听听普贾对玛丽的所有看法。在玛丽背后议论她，让我觉得自己是在搞两面派，但我太想能多掌握一点信息，所以抑制住了自己的不安。

“我想过的。”普贾举起空着的双手，“但一直想不通。”

“你觉得她会不会把钱捐出去了？”

“也许。”她的口气有些怀疑。

普贾告诉我玛丽的副业是自封的治疗师，其他家政工人会向她咨询药物和建议。这个消息令我震惊——我经常目睹玛丽对生物医学的无知。她两次因为过度服用非法行医的医生随意开出的药，把自己毒得够呛，头肿得像个气球，吐了好几天。有天晚上，我匆匆赶回家，因为帕特里克在她照看的时候吐了，我发现她正喂他喝酸奶，还拍他的背。她认为吃生的柑橘皮能预防肠道寄生虫，芥末油和祈祷几乎可以治愈一切。

每次她看完医生回来，都会把一袋子化验报告和处方塞到我手里。我们为她支付医疗费用，所以这在一定程度上是在展示收据，但不仅如此——她想让我查看病历，判断她是否健康。她想让我了解她的身体状况，但我总是溜走，因为这太封建，暗示着我对玛丽的控制范围大到让我无法接受。

“我不会看 X 光片。”她第一次这么做时，我结结巴巴地说。

在印度生活多年后我才明白，虽然我是在努力划定一个尊重的边界，但在玛丽眼中，这么做一定非常冷酷无情。

接着还有普贾流产的故事。理智上，我明白普贾当时面临可怕的困境，而玛丽救了她。但是普贾讲故事的方式把玛丽折射成一个挥舞着药水和咒语、怪异又阴暗的形象。

然而，那个噩梦般的画面不是真的，也不公平。当其他人浑然不知或畏缩不前时，玛丽却始终坚定。她不畏惧走进黑暗，她弄脏了自己的手，甚至——根据她自己的定义——玷污了她的灵魂。她接受这个艰巨的任务，承担罪孽。玛丽会做需要做的事。

玛丽喜欢谈起她和传教士共度的童年。她在极为朴素的宿舍里长大，身边的女孩子要么父母双亡，要么刚出生就遭遗弃。

“我不知道，人们说这很难，但我们真的很享受。”她告诉我，“你不会有压力。你的朋友在那里。你有玩耍的时间、唱歌的时间、做礼拜的时间、学习的时间。你知道吗？”

孤儿们住在收容所，在散布在喜马拉雅山麓的各个教会学校里学习，之后再进行职业培训：护理、缝纫、教学。

“与那些传教士共度的生活是非常宝贵的。”玛丽说，“我们都感觉我们比其他和父母住在一起的人还要活得好。”

“一开始你不觉得难吗？”我问，“我只是想象一个失去父母的小女孩，去孤儿院会很痛苦。”

玛丽摇摇头。一切都很好，她坚持说。不只是好，而是变得更好了。玛丽的生活比普通人过得更好，也使她比普通人更坚强。

“他们收留你，让你忘记。”她说，“这些传教士比你的父母更爱你。”

玛丽对孩子天生就很有一套，所以她在学校工作。她到偏远的村庄去传教。她长大后离开高中，遇到一位年轻的科学老师——“一个非常聪明的人”，他也在教会工作。

“他是基督徒吗？”我问。

“他的家人是印度教徒，但他改变了信仰。”

“他家人在茶园干活？”

“是的。他来自一个非常好的家庭。虽然贫穷，但非常美好、非常单纯。”

一天，她给我看了一张她结婚那天的照片，一边期待着我的反应，一边咯咯笑个不停。

“哇，”我叫道，“你真美”。

照片里，玛丽站在她的新公婆中间，身材苗条，美得令人难以置信，她的脸上带着和现在一样的那种开朗、平静的微笑，但五官显得更精致。她穿的高领长袖款式的结婚礼服有点像十九世纪的风格。

“后来怎么了？”我目不转睛地盯着照片中这个熟悉又陌生的新娘。

“我们有了一个小房子。他在学校教书，”玛丽说，“我待在家里。”

我很难想象一个住在小屋里做家庭主妇的玛丽。整个场景听起来太局促，太普通，无法容纳她的个性。但那是很久以前的事了，也许玛丽年轻时是个更加单纯的人。我总是怀疑，遇到的种种麻烦迫使玛丽变成我们所认识的那个强悍女人，她在逆境中茁壮成长——长出新芽，探出新叶，就像一棵被挡住生长空间的野生植物。玛丽就是这样，一个生命力旺盛的人。

“你觉得结婚怎么样？”我问。

“直到结婚，我才开始认清现实，”她说，“然后我明白了现实多艰难，然后我明白了什么是生活。”

“为什么说很艰难？”她说话的时候，我一直在想，这是这些女人中第一次有人描述一种听起来不那么压抑或危险的生活方式，也是她们中第一次有人用“艰难”来概括某个事情。作为一个救助对象，在印度的孤儿院长大如同田园诗一般美好，可成为一个中产阶级家庭主妇，日子反倒变得艰难了？这与经验背道而驰，但我可以看出她的真诚，所以我试图跟上她的思路。

“我不知道。即使有了丈夫，我也感到孤独。”玛丽说，“从一开始，我就一直在集体里生活。回到家庭中后，突然就剩下我一个人了。”

因此，玛丽觉得，婚姻并不代表逃离贫困的收容所，而代表失去她所熟悉的集体生活——这是她第一次接触没有经过修女和神职人员过滤、审查的世界。我开始有了模糊的理解。玛丽对家庭生活毫无经验，而且她不喜欢自己打理小家庭的唯一体验。但如果她如此鄙视家庭生活，又怎么会去帮别人管理家庭，而且最后被我雇用了呢？

“但后来你有了格拉迪丝……”我提醒她。

“是的。有一个加拿大牧师，他管理我们。”我没理会这种奇怪的描述，“他说：‘给她取名格拉迪丝。’我们照做了。”

“当妈妈是什么感觉？”

“很奇怪。”

“奇怪？”

“我不知道。照顾其他孩子很容易，但如果是自己的孩子，反而很难。”

“真的吗？”我仔细端详着她的脸。玛丽很少承认自己失败或陷入困境。现在她显得心不在焉，似乎还在竭力弄清和她的后半生截然不同的那些年的意义。

“那你做了什么？”

“我当时只是决定，我要做那些传教士教我们做的事。我丈夫下班回家时，我会把孩子交给他，然后自己上街去。”

“为什么？”

“只是为了帮助人们。”她耸耸肩，“总是有那么多人遇到麻烦。”

她说，她把迷失的人带回家喝茶，专门用家里的一个房间安置那些不幸的人，让他们有地方睡觉。她会把女孩们从皮肉生意中解救出来，送到修女管理的收容所。

她说：“每到星期天，她们就来看我，就好像我是她们的母亲一样。修女们总是说：‘如果你看到有人有麻烦，即使你不喜欢这些人，也要坐下来听听他们有什么难处。你好心的宽解可能会帮到他们。即使是敌人来到你的门前，也要邀请他进来喝口水。’她们把我们训练得很好。”

听着她的话，我想起几年前的一次谈话。玛丽提到过一个在教堂里认识的流浪汉，他失业后就在她家地板上借宿。

“我总是让别人睡在我家。”她说。

这在我看来是个糟糕的主意："但是你不怕被抢劫，或者有什么更可怕的事情发生吗？"

她茫然地看了我一会儿。

"我什么都没有。"她终于说道。

生了第一个孩子后不久，玛丽又怀孕了。但就在她生完儿子，还在医院休养时，她的丈夫在一场摩托车车祸中离世。

玛丽又一次成了漂泊的孤儿，但这一次，她还是一个母亲。

一天，玛丽带来一些照片，都是些家庭成员在机场或法院之类的公共场所和装饰华丽的地方拍的光面相片。我把它们拿在手里，但不知道究竟在看些什么。

"这些是什么时候拍的？"我问。

"很久以前。在我出生之前。"

"真的吗？"

我的潜意识察觉出一些不和谐的东西，但不确定为什么会有所怀疑。为什么我觉得这些照片是在二十世纪九十年代前后拍的？背景的车子，或者衣服发型之类的，是不是有一点不对头？要么就是照片的质量，相纸非常光亮，相比于那个年代的照片，分辨率也比较高。我想不出个所以然。

"那是谁？"我指着一个有双下巴的男人，他橄榄色的军装上别满了勋章和徽章。

"我的父亲。"玛丽回答。

"哦！"我叫道，"你长得像他。"

确实很像，但我的这种热情十分生硬。我默默思索着这幅照片。

"他当时在军队里？"我又问道。

“是的。”

她以前从没说过这一点。或者她其实提到过？真希望能有一种巧妙的方法让我躲进书房查看之前的笔记。军装的胸前有一个刺绣的名牌。我把照片拉近，眯起眼睛看：托雷斯。

“为什么写的是托雷斯？”

“这是我妈妈的姓。”

“可是他为什么要跟你妈妈的姓呢？”

“你知道，人们能弄到假证件。我想他们是想弄到假证件，这样就可以住在那里了。”

“你的意思是去墨西哥生活？”

“是的，他们试着这么做，但是他们在那次空难中死了。”

“飞机是在哪里坠毁的呢？”我曾经熬到深夜，在网上搜索航空记录，但仍然没有在玛丽八岁前后的三年时间里，发现任何涉及印度和中国的坠机事件。两国国内都发生了几起坠机事件，从理论上讲，其中几起可能是她父母乘坐的航班，不过似乎没有一次从地理位置上看是可能的。但我不能肯定，因为她给的细节总是含糊不清。我不知道航线和时间，也不知道他们从哪里出发，到哪里去。

“我认为是在中国。”

我拿着照片，试图理解假证件和军装之间的联系；用妻子姓氏的目的；玛丽父亲可能服役的时间；究竟是为印度还是为不丹而战；这军装是否是假的，如果是假的，那么目的何在？我放飞想象力，想要用一个貌似合理的故事将所有信息都囊括在内——哪怕只是一个假设也好。

“我父母是做贸易的。”玛丽突然说，打断了我的胡思乱想。

前一天她刚告诉我，她不知道她父母是做什么的。

“做哪方面贸易？”

“我不知道。”

我在不丹有一个好朋友，我把玛丽的故事讲给她听。

“这听起来完全不现实。”朋友的声音里充满惊奇，“那个时候，这个国家非常封闭。我们这儿没有背包客之类的人，跟阿富汗不同。”

“所以你认为一个女人不可能从墨西哥来，最后还留了下来？”

“这是一个非常小的国家，”她回答，“而且在那时，它非常安静、封闭。我只是觉得如果真有这么一回事，大家应该都知道。这种事情会上新闻的，你知道吧？如果一个墨西哥女人留下来，还跟本地人结了婚的话。”

“所以你认为这是不可能的？”

“听着，一切皆有可能，”她说，“但这太不可能了。我想说的是，这个故事不属实的可能性应该达到了百分之九十九。”

“嗯。”

“除非，”她说，“我们漏掉了一些细节。”

“对。”这一直是个问题。

我漫不经心地掂量着已知的信息。拉丁美洲。喜马拉雅山脉。贸易。玛丽的父母是毒贩吗？人贩子？她的母亲是墨西哥黑帮女老大吗？是躲在这个最不可能的地方——不丹——的一个难民营里的国际逃犯吗？

我觉得再想下去我会疯掉。

我告诉我妈妈我在艰难地发掘玛丽的过去。我妈没怎么搭腔，但我听得出她不赞成。

“你真的想把她的故事从她身上夺走吗？”她终于问道。

“不，”我承认，“我不想。”

我又一次问玛丽，她是如何干上家政这行的。

“事实上，是我哥哥把我带到德里的。”她说。

“什么？哪个哥哥？”

“做神父的那个”。

“你之前跟我说，你是被一个中介带来的。”

“其实我们是一起来的。”

多年来，我一直不能忘记玛丽最初告诉我的故事：她被迫把孩子交给婆婆，然后被拐卖到新德里。但现在她要推翻那个版本。

她说：“我丈夫去世时，是我告诉我婆婆：‘我去工作，你在家休息，和孩子们在一起。’村里的人都很害怕。他们听说过这个城市，知道那里的人是如何对待女孩的。但我婆婆说：‘你很坚强，比我儿子还坚强。’”

我没有提醒玛丽她以前说的一切——她对一个铁石心肠的婆婆的顺从，以及命运的不幸转变迫使她陷入如此境地。而现在，玛丽成了一个勇敢的英雄，她拍拍老太太的手，无畏地冲进了这个世界。我不得不承认，这么看待自己更加令人振奋。

玛丽解释说，她丈夫去世那会儿，她的哥哥（那个被免去圣职的同性恋牧师）在德里为一个极其富有的商人工作——我根本不知道那个富商的名字，这显然令她相当失望。在这个新的故事中，玛丽和中介一起坐上火车时，她的哥哥像守护天使一样跟着她。

“他说：‘在火车上我会坐在靠近你的地方。不要告诉她我是你的哥哥。'"玛丽说，"有些女人，你知道，她们贩卖女孩。他说：'我就在旁边看着，看看你是否安全。什么都不要说。'"

但这个中介并不是一个邪恶的皮条客。她自己也当女佣。玛丽说她是一个正派的女士，靠把年轻女人带到城里挣点小钱。她们在德里下了车，她偷偷把玛丽和另外两个女人带到自己的宿舍睡了一晚，消除旅途的困顿。第二天早上，玛丽就被介绍到一户人家做工，主人是一名来德里走亲戚的加拿大籍旁遮普妇女。

"那个女中介说：'你跟她住四个月，学印地语。'"

"你以前不会说印地语？"

"不会。在学校里我们说英语、尼泊尔语——"

"你四个月就学会了？"

"是的，不难学。印地语和尼泊尔语很像。"

玛丽提到她有时还会去看那个中介。

"她现在老了。我可怜她，"她说，"我会给她一些钱。生活不容易啊。"

"你花多久把欠她的费用全都还清了？"我问，"我是说，你刚来的时候。"

"只用了一个月。"

"真的吗？之前你说用了两年时间才把欠她的钱还完的。"

"我婆婆给她付了钱。"

"为什么？"

"这个中介把我所有的亲戚都带走了。我婆婆每月给她付一次钱，一共付了六个月。"

"所以说，是六个月。"

“是的。”

“但上次你告诉我的时间更长。”

“不，不是那样的。”

每当我试图用一个矛盾的故事和玛丽对质，她总是面带平静而又厌倦的微笑，盯着我，好像有些事情我没搞懂似的。她从来没有被激怒过，也从来没有——一次也没有——让自己卷入我认为是最基本的问题的讨论中：为什么她对事件的描述会发生如此剧烈的变化，甚至她是否相信真相和谎言。她只是笑嘻嘻地重复着她目前对事实的说法，之前的说法已经死了。她不受我的引诱，坚决不去证实或否认她改变了自己的故事。

“你记不记得告诉过我，你用两年时间还债？”

“不，我不记得。”

“但你原先是这么说的。”

“不是两年。”

“可你当时为什么这么说呢？”

“我不知道。”

我们静静地坐在那里。我盯着我的笔记。字词。日期。胡言乱语。我不知道该说什么好。我采访过成千上万的人：吸毒的人、遭受创伤的人、杀人犯、儿童、精神病患者。有时他们撒谎，有时他们会犯糊涂或出现错觉，但没有人像玛丽那样反复改变自己的故事。

“其实是我哥哥把我从那个中介手里弄走的。”她突然说。

“什么？哪个哥哥？”我眼前出现了一幕画面：所有的采访记录都被抛向空中，随风飘散。

“还是那个。牧师。”

“他做了什么？”

“我不知道。他跟她谈了谈，然后我就不用再付钱给她了。”

“好吧。”

每当我对玛丽说“好”的时候，我就有种偷了她台词的感觉。

也许我应该彻底弄清玛丽的身份。作为一名记者，我能找到显而易见的调查途径，但我还是放弃了。如果我找到了她的故事，如果我把她过去的真相拼凑起来，这是一种馈赠还是一种侵犯？

有一个玛丽在我家里，和我的孩子们在一起，日复一日。玛丽喘着粗气和孩子们疯玩，唱着歌，喃喃细语。玛丽是一只风筝，消失在天空中，越飞越远。她发明出一种性格，创造了一个角色，然后抑制不住地表演着，即兴创作台词，添加手势，补充细节。她是自己想象出来的作品。

有一个玛丽告诉我，有一个小女孩叫她“妈妈”。那个女孩现在已经长大了，但小女孩过去是一个住在隔壁的孩子——谁家隔壁？这无关紧要，无非是玛丽过去的某个家。这个女孩被无情的继母毒打和忽视，她蹲在外面等玛丽下班回家。

“她晚上和我睡觉。我照顾她。”玛丽说，“她现在已经结婚了，但还是叫我妈妈。她比我自己的孩子还要亲。”

有一个玛丽跟我抱怨说，她买不到美国职业摔跤赛超级现场秀的票。

“你喜欢摔跤？”我无法把玛丽和摔跤联系在一起。玛丽在哪里、何时、和谁一起看摔跤比赛？

“我喜欢看美国职业摔跤赛。”她平静地说，“这是我的最爱。”

有一个玛丽在公园里，穿着宽大的裤子，大摇大摆地走着，男式帽子低低地压在前额上，她和园丁、司机们说着俏皮话，嘴里嚼着烟草糖，嘴角高高扬起，露出一抹坏笑。玛丽吸引着男人们的注意，她毫不胆怯，像街头罪犯头目一样说着脏话。

有一个玛丽跟我说，她去机场附近的贫民区，把年轻女人从被迫卖淫的困境中解救出来。这始终是她的主题——卖淫，拯救女孩，男人的残忍。一个女人能走多远，一个人的一生中能包含多少个角色？

“我是一名社会工作者。”她说。

“嗯。”我考虑过这种可能性：玛丽在我家挣钱，但在职业和精神上，她仍然以传教士自居。

“我知道你认为我是个中介。”她突然说，她是对的。我经常有这样一种感觉，玛丽经营着一份副业，介绍女人去别人家从事家政劳动。我的朋友都知道，各家但凡出现人手空缺，找玛丽帮忙总没错，但每次我问她，她都否认从中获利。

“看起来确实是这样。”我表示同意。

“但不是那样的，”玛丽说，“我是一名社会工作者。”

“好吧，”我说，“我相信你。”

这是真的。在那一刻，在阳光下看着她的脸，我相信她。

我仍然相信她。

第三十一章

我不确定玛丽是否知道她与真相之间的痛苦关系。在我试图粗略地和她讨论她模糊事实的倾向时，她用她的天主教信仰作为证据来打断我。“我不会那么做，”她说，“我是基督徒，我不能那么做。”

我推想，作为一个生活在凄苦环境中的孤儿，她经常受到大人、哥哥姐姐，甚至自己的欺骗。幻想和令人宽慰的模糊处理在她当时还很幼小的大脑里混杂着，这也许永远改变了她与现实互动的方式。玛丽的父母、兄弟姐妹和丈夫都已去世或消失。她被留给传教士，于是一切事实全部由她自己重新安排。她告诉自己这是可能发生的最好的事情。她凭借一种在我看来简直不可思议的力量，书写了一个有幸成为印度孤儿的神话，进而建立起了一个以忍耐为核心的完整生活体系。玛丽应对得了生存，却无法应对历史的清算。

这还不是主要问题。玛丽没有认真给孩子们刷牙，在他们的盘子里堆了太多的蛋糕，还和其他保姆起争执。她爱说闲话，混淆事实。她把我私下里说过的话传得到处都是——有时准确，有时不准确，不要问我哪种情况更糟糕。

我想有些人会因为这些轻率的举动解雇她，或者至少把她大骂一顿，但毫无疑问，这些人雇用的保姆在我这儿很可能会因为其他原因看不入眼。人与人的联系是主观的和个人的，没有完美的公式。在我家里，玛丽作为一个有缺点的角色，身处所有其他有缺点的角色之中。她是那个捣乱的人，但这只是事实的一部分，更重要的是：我愿意把孩子托付给她。我相信她的街头智慧，相信她能保护他们。玛丽歪曲事实。玛丽让我最为恼火。玛丽在我们家工作时间最长。玛丽是我信任的人。

“这些活儿不好干，”有一次她对我说，“你必须非常坚强。待在那样的房子里，做那样的工作。”

她说的是另一个人——我们司机的妻子，她在一户印度大家庭里做工，常常会哭闹起来，和其他用人发生冲突。她在向我解释她——玛丽，为什么能经受住家政工作的严峻考验。

“我离开了我的家人。我离开了我的生活，”她说，“这就是我能忍受的原因。”

我同意这一点。我早就得出了一个自相矛盾的结论：玛丽是一个理想的家务助理，因为她并不真正关心家庭，因此也不渴望拥有自己的家庭。她自由自在，无所牵绊——给她钱，她就会留下来工作。

她说服自己，父母是多余的，所以她没有因为把孩子留在家里而备受折磨。她的孩子并不软弱，坚强应对。这样的安排最好。

有一年，玛丽十几岁的女儿在大学长假期间来和她同住。玛丽在德里另一头的夜校给女儿报了计算机课程。她的家庭作业需要用电脑，这样一来，她就只能去有些危险的社区找网吧。汤姆对这种安排中的危险感到非常震惊，于是我们给她的女儿买了一台笔记本电脑，这样她就可以在家里学习了。玛丽很感激，但同时也很困惑。

“你不担心让她一个人坐公共汽车穿过德里吗？”我问玛丽。

“只有好处，”她淡淡地回答，“这样她才能学会生存。”

玛丽是反乌托邦世界的理想工作者。她是制度化的产物；一个没有欲望的移民。她既没有负罪感，也没有情感冲突，这让我和我的家人都轻松很多。如果连玛丽自己都不介意，我们又干吗费心呢？

一个拿钱办事的雇员，一个唯利是图的母亲。无论哪个女人得到玛丽，都是一件幸事，她能让雇主专注于自己事业的发展而毫无负罪感——事实证明，这个幸运的女人正是我。

当然，不只是我，不只是我们。还有很多像我这样的母亲，还有很多像小李、玛丽和普贾这样的母亲。

同样的故事在全世界重复发生。这个故事关于每个在成为母亲后仍然想要自食其力的女人。当家里已经有这么多事要处理的时候，我们怎么能在工作上取得成功？当我们忙于工作的时候，我们如何养育孩子？（像我这样的女性或许更愿意说，我们的事业。我发觉，事业是一个非常有用的抽象表述，因为即使没有工作，你还可以继续拥有一份事业。）我们的思维都指向同一个地方——我们的伴侣，当他们让我们失望时，我们能雇用谁？如果我们雇不起帮手，那么我们又能要求谁来帮忙呢，找孩子的奶奶、阿姨或者邻居代劳？

我可以用数据填满整本书，事实都朝着同一个方向前进。

统计数据证实了我们已经知道的事实——女性在做大部分家务，即使在美国也是如此。这不是一个模棱两可的事实，我找不到任何提出异议的数据。2015 年，美国劳工部发现，美国女性做饭和打扫的时间是男性的两倍，洗衣的时间是男性的三倍。

既然妇女包揽所有家务是个全球性的事实，那么，雇用家政工人就成了解决方案：国际劳工组织认为，全球有多达一亿的家政工人，而且人数每天都在增长。这些工人是谁？她们中大多是女性（80%），其中许多人是移民（17%）。

这些数字反映了全球收入不平等、移民激增、农村数量锐减以及城市中心功能日益失调的问题。人们离开垂死的村庄去找工作。她们来到城市，最终在别人家里找到工作。这些女性农民工之所以至关重要，就是因为她们解决了一个难题：中产阶级和富裕阶层的女性需要在职场上占有一席之地——或者至少保留一种与她们的社会地位相称的休闲方式，但她们的男性伴侣不想分担更多家务。

所以她们雇了另一个女人，在很多情况下，她们雇的女人来自异乡。如果她们住在美国，这些女人就来自拉丁美洲。如果她们住在亚洲的大城市里，这些女人就来自贫困的村庄。如果住在意大利，帮佣就来自非洲。实际上，住在任何地方的人，都可能有个来自菲律宾的帮佣。

人们有时谈论贫困女性，就好像她们是另一种应该推向市场的产品，比如孟加拉国产的内衣或中国制造的手机。一天，我认识的一个三十多岁的美国女人——单身、白人、未婚、事业有成、住在城市——在 Facebook 上发表了一篇文章，讲述抚养孩子是多么辛苦。“这就是为什么我们需要进口廉价保姆！”她的一个朋友回复道。

我从来没有听到任何人指出这当中再明显不过的事实：这种妇女解放的模式建立在贫困女性永远处在社会底层的基础之上。

当然，这些故事不仅仅是关于女性的，它们也折射出一部分男性的现实，他们不仅逃避家务劳动本身，还逃避与之相伴的内疚感和相互指责。所有那些好心的男人啊，他们在公开场合说些与时俱进的漂亮话，而在私底下，他们依赖女人付出多得不成比例的劳动，轻而易举地获取幸福。

说到底，答案是男人。他们必须承担家务。他们必须承担这该死的工作！为什么我们要作茧自缚，死活不愿说出这个简单的真相？这是一个日复一日重复着的永恒的真理，这是一个危险的真理，因为如果我们坚持这一点，我们会把自己的家庭炸成碎片，我们会拆散这个家，我们会破坏我们伟大的爱情。这样的要求足以摧毁我们所珍视的一切。所以我们索性闭上嘴巴，埋头干活。

没有一项任务值得争论。刷马桶，洗几个盘子，回复老师的便条，和另一个妈妈聊聊天，买些日用品。不要小题大做，不要没事找事。所有这些琐碎的家务事，显然正是我们被困在毫无意义的对话中、发展受到限制的原因，但请不要介意。在经历了女权主义浪潮和各种女性身份的内部争论之后，我们仍然被视为一种可以被毫无顾忌地掠夺的自然资源，但请不要介意。孩子们都在一旁看着，但请不要介意。如果介意的话，你可能会发疯的。

做饭、打扫卫生和照顾孩子就是一切。它们是终极真理，它们构成我们所做的一切的基础，使之成为可能。这项至为关键、不可避免的工作永远按照性别分配，这使女性注定失败，男性注定成功。它耗尽了一半人口的能量，给她们的大脑带来负担。

然而，坦诚地讨论家务仍然被视为一种禁忌。

尽管谢丽尔·桑德伯格提出守住自己工作的各种建议，但她基本上成功地避开了家务这个领域。她没有直接谈到自己家中雇佣的家政工人，而是指出男性不会被问及有关家务的问题。言外之意，既然男人没有被问到，她也就不必回答。她说的有一点道理：男人确实不会被问到这个问题，但这仍然是一种逃避。有必要问问男人，有必要问问每个人：在你们家，谁做饭，谁照顾孩子，谁刷马桶？

你是如何设法走进外面的世界的？如果你在外面的世界工作，谁在家里呢？

我们很快就要离开印度，剩下的时间不多了。我有一种感觉，玛丽察觉到我们要离开，她能读懂我们家，就像水手能读懂潮汐和天空一样。她见过这种循环更迭。

正当汤姆在协商下一份工作时，玛丽病了。她烧得很厉害，不断呕吐，腹泻不止。

她一直有气无力地提出要来上班，而我一直命令她待在家里。我把水和一包包补液盐送到她的房间，每天都给她打电话，试图说服她去看医生，而她每天都会拒绝。

我没有勉强。我还有其他问题要解决。女管家也病了，所以我忙着打扫、做饭、洗衣服和买吃的。我要照顾帕特里克，他也感染了病毒。我知道玛丽的女儿和她住在一起，我想这就足够了，毕竟家里还有一个成年人在照看她，尽管只是一个年轻人。玛丽找我要腹泻药，我给她送去了。但是日子一天天过去，她并没有好转。

与此同时，我几乎无法抑制内心的焦灼。我在编辑的书稿要交稿了，这两周本该紧锣密鼓地工作。我恳求汤姆请几天假，哪怕一天，哪怕半天。他坚持说没法请假，他也有稿子要赶着交。孩子们上床睡觉后，我才能昏天黑地地写作。周末汤姆在家时，我带着笔记本电脑躲进咖啡馆。我需要有人帮忙照顾孩子，我需要玛丽。

我强烈地意识到，我又一次被我所写的东西绊倒了。玛丽和我从两个需求完全同步的女人（我需要有人照顾孩子，玛丽需要钱），轻易地转变为两个陷入困境却无法帮助彼此解决难题的女人。一夜之间，事情就这样发生了，我们都没有收到任何预警，也没有准备好后备计划。

玛丽生病一个星期后，我趁着周六在咖啡馆工作了很长时间，然后步行回家。冬天的煤烟在城市上空飘来飘去，一阵微风拂过树叶，像梳齿穿过头发。我正要转过拐角进家门时，听到有人在轻声说话："你好，夫人。"

我吓了一跳，看到玛丽蹒跚走来，手腕上挂着一个沉重的袋子。她脸色灰白，面部浮肿。

"玛丽！你感觉怎么样了？"

"好点了。"她像个小女孩一样轻声说道，"我能走点路了，所以出门去买香蕉和黄瓜。"

"你还在拉肚子吗？"

"是的，拉了很多次。"

"好吧，香蕉不错，但是不要吃黄瓜。黄瓜是利尿剂，会让你的情况更糟。"

"我给一位药剂师打了电话，"她说，印度人通常如此称呼在药店里开药的人，“他说要吃香蕉和黄瓜。”

“是的，但是听着，他错了。香蕉，可以；黄瓜，不行。”我只是想帮忙，但听起来凶巴巴的。

她半点了点头，垂下眼睛。

“你看起来糟透了。”我说。

“一直到今天我才能走路。我老是拉到裤子上。邻居们都提意见了，因为我厕所里的气味太难闻了，他们以为有一只死老鼠。然后我告诉他们，不是的，是我病了，所以他们要求我们打扫厕所和下水道，因为，你知道，他们说：‘你会害我们都生病的。’”

“哦，我的天。”这比我想象的要糟糕得多，“那你为什么今天还要来上班？”

“我以为……”她没有说下去。

“玛丽，”我说，“你不会丢掉工作的，好吗？但在你还不能正常进食之前，请不要来上班。”

“好吧。”

“你为什么不去看医生呢？”

“我想我下不了楼梯。”

“你觉得你连出门的力气都没有了？”

“我想，我会死在这里。我的头直发晕，上厕所时坐都坐不住。”

“但是你一直说你在好转，不需要医生。情况不是这样的啊。”关心和沮丧交织在一起，这是一种我很熟悉的情绪，“我们本来是可以帮你的。你应该让我知道发生了什么事！”

“对不起，夫人。”

“不，重点不是这个——听着，我想你需要去医院。先回家休息，好吗？我会打电话给你。”

我茫然地走回家，思索着玛丽病情的严重性。我本以为她得的是一种特别顽固的胃病，没有什么不寻常的。现在我意识到，她没死就已经算走运了。

玛丽总是让我相信，她在德里到处都是朋友、亲戚和教会的熟人，她有一个丰富而深厚的支援体系。但现在我亲眼看到，在需要帮助的时候，她孤身一人。她都以为自己要死了，可是并没有人来。

我现在想，我本应该去看看她，克服不愿卷入玛丽私事的心理。我不想把她当成一个孩子，陷入某种新封建主义中去。我换位思考过，如果是我打电话请病假，结果发现上司专程跑来看我，我会是什么感觉。但现在我明白了，不管是否乐意，我都要对玛丽负责，而且按照当地的标准，我是在逃避责任。在我们的雇佣关系中有一种约定，它没有明文规定，却是不言而喻的，那就是我要对一切负责。

然而这根本就说不通。我没有能力照顾玛丽。这种困难在我们的关系中根深蒂固：在她面临危机时，我自己肯定也会因为失去育儿和后勤的支持而变得不堪重负。

我已经列出依赖贫困女性的不利之处，但在我家，雇用帮佣的局限性从来没有像现在这么明显过。正如玛丽不是一家托儿所，不能保证稳定的托儿服务一样，我也不是一家能够提供福利、保险和更广泛的社会保障的公司，我没有人力资源部门。我们只是匆忙凑在一起，互帮互助罢了。

大难临头时，我们只能各自飞。

这就是为什么专门的家政劳动说到底是一种虚假的制度。这是一种草率的、漏洞百出的妥协，永远不会兑现它的承诺——为一个女性提供向上流动的机会，同时为另一个女性提供个性化的托儿服务。

我把玛丽送到医院。经过几天的抗生素治疗和良好的医疗护理，她基本上痊愈了。

我还是很震惊。玛丽和我住在同一个家庭的不同房间里，我们需要彼此，但无法互相帮助，甚至看不见彼此。于是，我们就这样平行地各自受着折磨，在一起却彼此分开，需要彼此却得不到，被困在自己选择的处境里，祈求能有更加光明的境遇。

我一直在想，一定会有更好的办法。

自从玛丽来到我们家，她在一年年发生着变化。她的身子更加厚重，行动愈发迟缓。她的脸更圆也更沧桑。她的视力在衰退，她不能再给孩子们读故事了，除非字很大。她的膝盖和背部僵硬，走起路来一瘸一拐。

孩子们也长大了。他们不仅长高了，还变得很健谈。他们有自己的计划。我可以看出我们对他们的主权即将到期。他们是独立的灵魂，只属于他们自己。

最近我感觉，我生活过的这个阶段，这个紧张、混乱、无眠的时期，似乎已经到头了。我的两个孩子都不再是小宝宝了。每天我都能获得一些以往没有的时间，每个月这些时间又能变得更多一些。我不再那么疲惫了，种种可能性似乎又摆在我面前了。在办公室或新闻编辑室工作听起来不再是一个疯狂的白日梦，而是我或许应该认真考虑的事情。

孩子们上学的时候，玛丽专心打扫房间和洗衣服。她打电话给电工、水管工和杂货店送货员。她不再是小宝宝神圣的监护人。

近来我有时发现玛丽只是坐在那里——放在几年前，这是难以想象的伤感景象，不是因为懒惰，而是因为她实在无事可做。

即使不离开，我们也会想办法友好分手。我们应该给玛丽自由，真的，这样她就能找到一户有孩子的家庭来照顾。那样会更好。

每天至少有一次，玛丽或我会指出一些重大的改变——孩子们的成长，即将到来的假期，季节的变迁。然后玛丽说："真快啊，时间飞逝。"她每天都这么说，听起来都非常惊讶和悲伤。最近我们家就像在举行一场追悼会，但我想那是因为玛丽还在这里，她是我们长大后抛在身后的生活遗迹。

我知道我们永远不会真的离开玛丽。我知道我们也从来没有真的离开小李和普贾。即使尝试过，我们也无法真正做到。她们的影响留存于孩子们的内心深处，她们在我们的家庭里留下印记。

一天，帕特里克正为即将升入一个新的学前班而发愁。

"我不要新老师，"他大声说，"我要我原来的老师！"

马克斯转向他，表情毫无波澜。

"我以前也有这种感觉，"他坚定地说，"但你必须向前看。"

我倒吸一口气。我不敢相信这个建议——无情而又乐观，直指问题的核心——来自我五岁的孩子。然后我想，那是玛丽的功劳。马克斯永远也不会意识到他从哪里得到了这种轻快而积极的处世方法，但我能认出它的根源。

我对玛丽有种难以名状的歉意。我给她的工资非常优厚，我试着善待她，尽我所能地帮助她。尽管如此，我还是无法摆脱这种感觉，仿佛我从她那里买到了一些本不应该出售的东西。她的生命力，她的能量。

现在一切都结束了，我想知道我们交易了什么，我们拿走了什么。玛丽赚到了孩子们的学费和公婆的手术费，我得到了一些工作的时间。

我的孩子们是幸运的。他们不做交易，只得到种种好处。他们尽情享受着保姆们的爱和关注。他们暴露在不同的语言、文化、品味和声音中。他们学会了穿行于世界的新方法和生存的其他方式，见到了与他们的父母截然不同的人们。

玛丽、普贾和小李的孩子必须像成年人一样做交易，他们的交易是当中最为残酷的：他们得到了钱，但要在没有母亲的环境中长大。

我们一家人现在要离开他们，离开这一切。我们将带走时间和爱，这令我们比以前更强大，更成功，更充实。我们将留下需要花费的金钱，没有任何不舍。

现在，在我看来，这似乎总是一种能量的交易——有限的能量供应流淌而出，无法补充。身体上的力量，精神上的刚毅，情感上的忍耐。世世代代，女性在家里耗尽了这种能量。至于我，我既想要孩子，又想在家事中节省一些精力好从事其他工作，所以我向玛丽和其他人求助。我有机会以我能负担得起的价格从她们家里买回我的能量。

这确实有用。帮手确实能帮助我，这一点永远不能否认。在最初的几年里，宝宝们还很小，身体上的需求还很强烈，帮手的出现带来了巨大的差异，以至于我甚至不可能条理清晰地谈起这些。那不是微妙的差异，而是黑夜与白昼之分，是生活为之而改观的差异。

有时我还是会生玛丽的气，恼怒像迅速蔓延的皮疹一样在我的皮肤上奔涌。有时候我觉得我们应该炒了她。其他时候，我被那种熟悉的忠诚所淹没，觉得我们应该带着她一起走。

但是，说实话，我知道我们也不会这么做。我们只会干脆地离开，那便是结局。

中文版后记

在我看来，在中国，一切都改变了。2010 年来北京时，我刚刚结婚，还没有孩子，是一名驻外记者。三年后离开这里时，我和丈夫有了一个两岁的孩子。我辞掉工作，开始写一本新书，而且又怀孕了。

那些年里，中国是一个新兴的超级大国，生活在那里令人激动。中国经济发展之迅猛，持续时间之长，难免会让人以为它能永远保持增长。哪怕是在远处观望，你也能看出苗头：随着中国游客涌入世界各地的名胜古迹，中国的外交官和商界巨头也四散到世界各地的偏远角落，发挥着政治和经济影响。而在中国国内，这一切则更为明显。新修建的基础设施井然有序，连接着全国各地的新兴城镇网络。每到一处，家家户户，你听到的都是同样的故事——人们过得比父母那辈舒适多了。在一些家庭，“舒适”意味着上有片瓦遮头，家里有电冰箱；在另一些家庭，这意味着给孩子们提供昂贵的衣服和奢侈的私立教育。

“你现在跟进的是什么题目？”编辑们经常这么问驻外记者。按照他们的想法，报道总是围绕着一个中心主题或趋势展开。驻外记者报道的所有关键情节，从本质上讲，都是一场剧变的持续影响和反响。在来中国之前，我一直在报道那些本质上十分暴力的剧变——战争、暗杀、暴乱、大规模腐败。中国的剧变是我见过第一个以经济为基础的剧变——而且还是正面的改变。北京的空气中充满了可能性和创业的活力。

但事情没有这么简单。在经济腾飞的希望和社会快速变革的泡沫之下，这个国家充斥着紧张氛围。

社会摩擦也在显著增加。科技迅速改变了年轻人的期望和思维方式；几十年来的计划生育政策导致适婚女性匮乏；新的就业机会引发了大规模的人口迁移浪潮，这对家庭结构和传统儒家价值观构成考验，而与此同时，人们的生活水平在成倍地提高。

在这样的背景下，我的报道将我带到了社会剧变的各个领域，从我自己的国家，从我报道过的几乎所有其他国家，我都认识到了这些剧变。在工作、金钱、婚姻和孩子方面，世界各地的女性都在为同样熟悉的问题苦苦挣扎——我一下子就被那些更为悄无声息的社会斗争吸引住了，我想把它们当作一个机会，用来阐明更广泛的变化趋势。

对我个人来说，中国是一个启示。在苏联和中东待了十年之后，我对北京最初的记忆主要是一种轻松的感觉。多年来，我在公共场合的一举一动都受到性别的限制。我要戴着面纱采访穆斯林神职人员，他们不会看我的脸，也不会和我握手，因为我是女人。在开罗和卡萨布兰卡这样的城市里，我被色眯眯地盯着，被肮脏的词语挑逗，被陌生男人触摸。在莫斯科，我被一群群醉汉打量着，嘲笑着，仿佛我只有变得更性感、穿着更讲究、化着更精致的妆，才能成为有价值的人。

在北京，多年来第一次，我以为我终于可以摆脱这一切。在中国，我只是一个普通人。我不觉得自己被崇拜、被憎恨、被挑剔或被渴望。我感到了一种自由,这种自由对我来说简直不可思议。

但我猛然惊觉，我本人也存在着内在的性别歧视。在男人没有表现出所谓的“绅士风度”时，我会感到恼火。碰到男人不给我让路，或者没有帮忙拉门，我有时会感到一种隐秘的愤怒，这种愤怒让我自己都感到惊讶。我不得不嘲笑我的虚伪，这种虚伪鲜明地表露出西方女性一方面享有特权，一方面又受到惩罚。

我也必须对自己诚实：我体验到的自由，在某种程度上，来自我这张显而易见的外国人的脸。通过报道，我很快了解到，中国女性也面临着同样的暴力、厌女和地位失衡问题，这些问题困扰着世界各地的女性——她们受到伴侣的虐待，遭到同事的性别歧视；她们努力在工作、养育孩子和家庭责任之间保持平衡。中国女性，就像她们的美国姐妹一样，在社会没有对性别规范做出更广泛调整的情况下进入了劳动力市场，而且，可以预见的是，对于自己是否真的能“拥有一切”，她们并不那么笃定。

我写过一篇关于女大学生的文章，她们通过与有钱（且已婚）商人的性交易赚钱。我了解到，表演专业的学生报酬最高——她们生得好看，每年性服务的报酬可以超过两万五千美元。在中国，这是一种全新的故事，它由互联网促成，由经济雄心驱动，但这类故事早已司空见惯，甚至可以说是亘古不变。我在华盛顿上大学的时候，有个同学靠在脱衣舞俱乐部打工维持生计。最近，我读到一些关于女大学生通过网络找到金主的报道。在报道这类暗地进行的违法交易时，我采访过一名男学生，他为自己的同学寻找顾客，从中收取一成的佣金。我带着怀疑的态度听他随意拿各种侮辱性语言描述这些女生，把她们描绘成受物质主义驱使的盲目又贪婪的年轻女性。我相信，这个故事背后还有更多的意味。

他告诉我："大多数女孩经济上都很宽裕，但看到同学们拿着路易威登或古驰的包，她们就会嫉妒。这些女孩想要更好的生活。"

还有一次，我去安徽一个偏远的村庄，做一个有关中国留守儿童的报道。我发现，尽管从遥远的城市和工厂汇回家的钱已经让家里的条件越来越舒适，祖父母们在照管孙子（女）和曾孙（女）时仍然感到非常吃力。村里的街道上到处散落着建筑材料，但只有老人和孩子留在家里。

"我老头有时累得直叫唤，因为小孙子老是挂在他脖子上，在他身上爬来爬去。"一个祖母告诉我，"我老头真的是累坏了。"

让我震惊的是，我看到了西方家庭所面临问题的镜像。人们说养育孩子需要举全村之力，但是，在美国，我们没有村庄。我们的文化珍视这样一种能力，那就是趁着年轻离开家门，独自闯荡世界——早年越是孤独无助，最后写就的传记就越是高尚宏伟。老年人和残障人士住在提供集中照看的机构里，而他们的亲属则组建了通常只由父母和非成年子女组成的小家庭。父母雇用保姆，招待外国互惠生，让他们帮忙看孩子，或者把孩子交给托儿所的陌生人照顾，这样他们就可以去上班了。这些昂贵（且有时设施简陋）的机构就是为了复制我们所缺乏的村庄而存在的。这是一种不合理的、令人沮丧的现状。

在中国，我可以看到，村庄经久不衰。不过也并不完美。村庄的存在，加上经济机会的诱惑，意味着父母要把孩子留下来，自己奔赴远方，从那里寄钱回来。祖父母受到利用，懵懂无知的孩子少了父母的疼爱，每个人都不得不接受一个难以承受的情感现实。我想知道，这一代孩子与父母关系的淡薄会让他们在心理和情感上受到怎样的长期伤害。我想知道，在中国，由于这种大规模的分离，家庭观念将如何演变。看看我自己的国家，破碎的家庭纽带无疑与移民和西部扩张的历史趋势紧密相连，我知道，这些选择显然永久地改变了整个国家对家庭的看法。

至于我和中国，我坚定地位于这些迁移路线的接收端。我在城里，我的家成了一个雇用农民工的工作场所，那个农民工是职场母亲，她离开女儿，来照顾我的孩子并获得报酬，而我也因此得以工作。当我试图梳理令人眼花缭乱的困境、内疚、爱、金钱、地缘政治和私人住宅的层次时，这本书开始在我的脑海中萌芽。

意识到我雇了一个女人在家里全职工作，就像我最终来到中国生活一样不可思议——也许还要更加不可思议。在我小时候，我们会用小勺子在院子里挖洞，假装我们可以一路挖穿地球直达中国。小时候，在我们那个富裕且充满田园风光的新英格兰小镇，压根没人请过保姆。在我心目中，保姆和家庭教师都是虚构的人物——他们只出现在故事书中，出现在很久以前，住在遥远地方的富人家庭小孩的故事里。但当时离婚在我们镇上也相当少见，而且我认识的绝大多数母亲都没有出去工作。

当然，现在一切都变了。美国女性已经开始工作。令人难堪的是,这常常被（男性）描述为女性正在做出的一种选择。事实上，大多数女性别无选择。离婚、单身母亲的数量和生活成本都在迅速上升，而工资却没有跟着提高。很少有美国家庭能负担得起让父亲或母亲全职在家照看孩子的奢侈。日托中心生意兴隆，美国国内的劳动力市场正在增长，并将继续扩张，与此同时，婴儿潮一代正在慢慢衰老，开始需要看护。当下，人口迁徙、全球化和贫富差距达到前所未有的程度，有偿家务劳动在全球范围都属于一个蓬勃发展的产业——这与农村经济萧条、无技能劳动力涌入人口中心以及女性进入劳动力市场均有着密不可分的联系。家政行业也是世界上受监管最少的行业之一，其中充斥着各种不当行为。

从我在中国生活以来，中国已经发生了变化，而且仍在变化。你很难向从未去过中国的人描述这种变化，它以令人目眩的速度展开和发展。在为写这本书而进行的研究中，我学到了一件事——你回不到先前的北京。我知道，因为我尝试过。北京永远不会为你驻足。有太多的东西被拆毁、建立、抹去、重新安排，制造出已消失景象的幻影。

这是中国给我上的最重要的一课：你只能目视前方，继续前进。你身后一无所有，不要费心驻足回望。

为了写这本书，我回到中国。我必须找到小李，在我第一个孩子出生后的几个月里，她一直在我家工作。我写了她作为一名职场母亲的挣扎，并试图解释她的生活是如何与我的生活交织在一起的。我必须深入地采访她，才能创作出这本书中所描绘的肖像。我用了几天时间，和小李以及她的家人待在一起，问问题，做笔记。当时，她的大女儿在乡下的一所寄宿学校上学，她的二女儿是一个眼睛明亮的小女孩，我们说话时，她在母亲的膝盖上扭来扭去。

我离开首都才几年，但一切都变了。突然间，北京的街道上到处都是共享单车，我认识的每个人好像都一直挂在微信上。让别人扫一个二维码的想法在我看来十分新鲜，虽然我对此有种说不清的厌恶，但也还是这么做了。我在北京的老朋友们还蛮喜欢我的二维码。他们觉得我的比他们的更好看——这个二维码有着黑色的线条和白色的间隔。就跟你没法挑选自己的长相一样，你也没法挑你的二维码。当你遇到某个人，你们一起举起手机，扫描对方的二维码，就好像手机在接吻。当你和朋友在餐厅吃饭，用手机扫一扫账单上的二维码，突然一切都搞定了，账单也付清了，这让我感觉一切都像是不要钱似的。

我不喜欢二维码。我跟和我一起工作的翻译说起这个，她告诉我，我简直是个山顶洞人。我觉得这是一种非常中国式的回应。

在飞机起飞前，我有一天的时间可以消磨，所以我动身前往北京的小巷，寻找我们生活过的痕迹。我先是和一个中国朋友吃午饭。她对这座城市很生气。北京的城区已经开始合并，她觉得自己丢失了身份，因为她出生的区已经不复存在。我记得她的父母在“文革”期间被送到农村接受再教育。我没提这个。这么做似乎有点冒犯她。但在我的脑海里，我把她的愤怒与她家族的历史联系在一起。

她幻想着搬到一个小一点的城市，找一个能让艺术家们大展身手又足够便宜的地方。她再也负担不起北京的生活了。我不知道我们是不是都注定要四海为家，好去找一份工作。我自己就是这么做的。我当时并没有这么考虑过，但这就是事实。也许这就是新的世界秩序：二维码和迁移。

但是，在日坛公园的垂柳下，仍然有恋人在俯身细语。忍冬含苞欲放，郁金香在风中摇曳。天空是一个明亮的蓝色大碗。我觉得，北京因为我的离去而嘲笑我。树叶浓密，阳光猛烈地倾泻在树叶和人行道上，留下斑驳的树影，人们骑着自行车经过。我已经忘记中国可以有多宁静，哪怕是在人潮汹涌时。

告别朋友，我乘出租车去了后海。刚来北京的时候，我和丈夫住在这儿的一个四合院里。我很高兴能一个人待着。这几天我在不停地说话——和老朋友吃饭，采访小李，晚上和招待我的主人一起喝酒。因为话说得太多，我的脸有点疼，谈话的回音在脑袋中嗡嗡作响。

站在湖边，有老人在垂钓，有风筝在北方高高的蓝天里飞翔，我拍着照片，突然感到一阵悲伤。怀上第一个孩子的时候，我们就住在附近，那是一个厚重、缓慢而又闲适的夏天。不管是之前还是之后，我们从来没有像当时那样幸福，我们的第一个孩子在某种程度上就是那种完美幸福的结晶。我曾走在湖边的石径上，祈愿能有个孩子，我曾怀着身孕漫步在湖岸，然后冬天来了，我们离开了，迈入余生，来到当下。

在湖边故地重游，就像碰到水果上的瘀痕，一些甜蜜的汁液流了出来。我不确定是该为我得到的一切喜极而泣，还是该为我失去的一切悲伤落泪，最后我压根儿没有哭——我只是四处走走看看：一瓶瓶酸奶，摆满塑料玩具的牌桌，招揽游客进去喝咖啡或者喝几杯酒的小贩。

我顺着胡同到了我们原来的家，绕过歪歪斜斜坐在人力三轮车上高声谈笑的游客，经过在地上铺几张报纸卖青菜的人家，路过公共澡堂。阳光穿过树梢，洒向地面，晕成一道道波纹。我走到我们家门前。现在门边挂着一个木制的牌子，以前可没这块牌子。我看不懂汉字，所以给一个朋友发去了照片。

“这是一家公司的名字。”她说。

我又把照片发给我丈夫汤姆。

“快按门铃！”他说。

一个年轻的女人打开了门。

“你住在这里吗？”我说。

“我在这里工作。”

我解释说我过去住在这里，想进屋看看。她笑了笑，让到一边。

它曾是我们的房子，但已经不再是从前的样子。原先我们的天井里长满了草，里头有好些流浪猫，还种着一棵果树——所有这些都不见了。他们放弃了传统的庭院，在空地上盖满房间，把它变成了一座实心的建筑。我不明白这是什么地方，貌似是某种惺惺作态的灵性商店。那里有金字塔和色彩极其鲜艳的成堆精油。看起来他们把我们的客厅变成了电视演播室。除了这个身材修长的年轻女子外，没有别人。她在我周围转来转去，抿嘴微笑着。

只有卧室还是老样子——摇摇欲坠的楼梯通向屋檐下的床。其他一切都面目全非。这座房子不再是我的，不再是我们的了。我转过身，把它抛在身后。

我走到钟鼓楼，但是我们最喜欢的咖啡店不见了。街角那家曾经在橱窗里展示着装有蛇和海马的玻璃罐的昏暗小店也不见了。我们最喜欢的刀削面店也不见了。我放弃了。

在去地铁站的路上，我经过了一家法国－越南风味的餐厅——这是我第一次看到一个在我们离开后没有什么变化的地方。我停了下来。我想爬上屋顶，点一杯酒，坐在忧郁的暮色中，把一切记在日记里。总算找到了我们过去的一部分，完整无缺，未曾改变。我已经能感觉到屋顶上铅灰色的怀旧之情，头上那根树叶繁茂的枝条，想必已经长得更加粗壮了，而在脚下，到处都是掘起来重建的街道。我想起，刚怀孕那会儿，宝宝在我肚子里还是一个秘密的存在，我因为妊娠反应难受得吃不进一点东西。有次我和汤姆下了地铁，在回家的路上来到这家餐厅小坐。在中国寒气沁骨的冬夜里，我们掀开厚厚的塑料门帘，牵着手，喉咙里发出笑声，脸被冻得红彤彤。我在餐馆里遇到的那些人，我再也记不起他们的名字或长相了，他们遗失在我的记忆里。对此，我并不介意。我在门前停了下来。

餐厅里挂着一盏恹恹的灯，我突然不想进去了。我不想去拜访那些回忆的幽灵，又或者担心那里根本没有过去的回忆。我将走进一间陌生的房间，里面是空无一人的桌子，墙上挂着十分陌生的画。也许我能找到一种怀旧和忧郁，如同指纹般涂抹在我的记忆里，让我想要留存的记忆变得模糊不堪。

一对孤独的情侣坐在靠窗的位子上。他们神情严肃，彼此不说话。男人像青蛙一样紧紧拧着眉头。他的约会对象胖乎乎的，眼神空洞。他们看着我，我看着他们。

我继续往前走。如果那里有什么东西对我有意义，我也不忍再见到它。如果什么都没有，我也不想知道。我走得快了一点，然后更快一点。

我沿着马路急匆匆地走向地铁站，看到整个街区都被推倒重建。我知道很多人对此感到烦恼——有些是老北京，但也有很多想要保存北京迷人古建筑的外国人。我内心深处的感觉是，北京不是我应该为之烦恼的地方。我曾看到中国游客成群结队地来到这里，对这座城市的新建筑和重新设计的公共空间惊叹不已，他们似乎为这座城市脱胎换骨的改变由衷地感到高兴。我又有什么资格，对这里什么该被挽救、什么该被放弃说三道四？

我想，那种疏离感，那种在一个从来不属于我的地方生活过一段时间的感觉，和我作为一个女性在中国的经历是存在某种相似之处的。这里不是我的国家，但另一方面，我们并没有太大的不同。街道、建筑、社会变化——它们不是我要去保护或凭吊的东西。这些并不重要，因为我将永远保留中国给予我的一切。在与小李共同养育孩子的过程中，我对孩子、对父母、对生命和爱的奥秘的看法都发生了永久的改变，这种影响不是一块不断移动的阴影，也不是一座可以夷为平地的建筑。说到底，连接我们的纽带才是最牢固的。说起我作为一个女性的生活时，说起我作为一个母亲、一个工作的女人、一个努力在生活和工作中都保持尊严和道德的女人时——在我看来，说起这一切时，我们是完全一样的。

致谢

这本和女人有关的书有件趣事：如果没有无数女人无形的爱和工作，它就不会存在。

两名来自我所在的德里写作社的朋友——索南·杜克帕－吉哈拉妮和乔蒂·潘德·拉瓦卡勒，她们才华横溢，带着严厉而克制的批评，同时借着爱与鼓励，阅读了这些章节的初稿。我的经纪人凯茜·罗宾斯和我的编辑克里斯蒂娜·波波洛一开始就对这本书的观点深信不疑，并竭尽全力推动它向前发展。我的母亲，在我成为母亲和写作的过程中一直引导着我，在我提及一些敏感的家族史时给予我慷慨的祝福。

对于我那些思想深刻、风趣幽默的朋友们，我要深表感谢，她们恰好也都是母亲——许多人被我召集起来阅读这本书的部分内容或者一起讨论这个话题。其中最令我难忘的包括（排名不分先后）阿莉莎·谢思、吉纳维芙·康纳斯、芭芭拉·德米克（她的影响贯穿全书，尤其是序言）、萨娜·苏德、乌莉·普茨、杰米·塔拉贝、梅达·科尔哈克·辛格、埃伦·巴里、伊丽莎白·肯尼迪、妮卢费尔·阿扎德、艾米·拉扎里季斯和琳迪·普里基特、凯欣德·库莫拉夫、伊莱恩·王、霍利·威廉姆斯、斯蒂芬妮·克莱恩–阿尔布兰特、阿尔潘·米尼耶和塔拉·威尔金森（我开玩笑说她是这本书的缪斯女神，而且在某种程度上她确实当之无愧），她们也在这些书页上留下了印记。我永远感谢北京宝宝群的妈妈们，尤其是詹妮弗·马。在我回中国做调查的时候，我和她有了一次愉快而且相当有益的团聚。伊莱恩和保罗在那次旅行中款待了我，在深夜与我畅谈并共饮日本威士忌，令我信心倍增。我还要感谢德里的写作社——阿努拉达、贾恩、苏嘉达、万寿、艾米、马拉、戈皮卡等等，它们的读书会和晚餐给我带来了强烈的群体意识、灵感和支持。

我在北京的朋友汤米·杨和妮可·刘，以及《洛杉矶时报》的前同事也为我在中国的行程提供了宝贵的帮助。阮德和我一起在头脑风暴中想出了副标题。我也代表这本书衷心地感谢双日出版公司和罗宾斯办公室这群聪明又耐心的人们所做的工作。

如果没有汤姆，我会迷失方向。他总是想出各种可能的方式鼓励我的工作，而且对于我以诚实的（但本质上存在偏见的）方式讲述我们最为困难、最具挑战性的日子，他丝毫没有退缩。我无法尽述我的感激和爱。

最后，我要向这本书中的女性致以最衷心、最诚挚的感谢与敬意。小李、普贾和玛丽会永远给我力量，推动我去做需要做的事。她们在所有方面都一直极具勇气，她们教给我的东西超乎她们自己的想象。为此，我要向她们行鞠躬礼和摸脚礼。

图书在版编目（CIP）数据

女人的事 /（美）梅根·斯塔克著；詹涓译．-- 上海：文汇出版社，2023.8
ISBN 978-7-5496-3978-6

Ⅰ．①女… Ⅱ．①梅… ②詹… Ⅲ．①纪实文学–美国–现代 Ⅳ．① I712.55

中国国家版本馆 CIP 数据核字 (2023) 第 037043 号

女人的事

作　　者／〔美〕梅根·斯塔克
译　　者／詹　涓
出版统筹／杨静武
责任编辑／何　璟
特邀编辑／蔡　笑　郑科鹏
营销编辑／陈　文　朱雨清
装帧设计／李照祥
内文制作／王春雪
出　　版／文匯出版社
上海市威海路 755 号
（邮政编码 200041）
发　　行／新经典发行有限公司
电　　话／010-68423599　邮　　箱／editor@readinglife.com
印刷装订／河北鹏润印刷有限公司
版　　次／2023 年 8 月第 1 版
印　　次／2023 年 8 月第 1 次印刷
开　　本／880×1230　1/32
字　　数／300 千
印　　张／13.5

ISBN 978-7-5496-3978-6
定　　价／69.00 元